D1720389

Dr. Frank Heinz Bauer

Bundeswehr und Nationale Volksarmee in der Aufstellungsphase 1947 bis 1956

— Stiefgeschwister des Kalten Krieges —

Detlef Mönch Druck und Verlag GmbH

Für Hildegard

1. Auflage
© 2004
Gesamtherstellung:
Detlef Mönch Druck u. Verlag GmbH, Essen

ISBN 3-934173-12-8

INHALTSVERZEICHNIS

Bundeswehr und Nationale Volksarmee in der Aufstellungsphase 1947 bis 1956.
Eine vergleichende Studie.

A. Einleitung

Das ebenso schnelle wie unspektakuläre Ende der fast ein halbes Jahrhundert andauernden globalen Auseinandersetzung zwischen den divergierenden Gesellschaftssystemen im Rahmen des Kalten Krieges hat das wissenschaftliche Interesse der Geschichtsforschung zunehmend auf die Phase der Entstehung und Formierung dieses Konflikts gelenkt. Ein wichtiger Teilaspekt in der Formationsphase des Kalten Krieges war die Planung und Durchführung der Aufstellung von Streitkräften in der Bundesrepublik Deutschland und der Deutschen Demokratischen Republik und deren Integration in die antagonistischen Bündnissysteme NATO und Warschauer Pakt, die fast zeitgleich Mitte der 50er Jahre ihren völkerrechtlich verbindlichen Abschluß fanden.

Mit der Einbettung der beiden deutschen Staaten in gegnerische Militärallianzen endete eine Entwicklung, die von der völligen Entmilitarisierung des Deutschen Reiches nach den Bestimmungen der Potsdamer Konferenz über die Grundsatzentscheidungen der Siegermächte für eine Wiederbewaffnung in beiden Teilen Deutschlands geführt hatte und ein Jahrzehnt zuvor kaum ein Zeitgenosse für möglich gehalten hätte.

Immerhin hatten die Vereinigten Staaten, Großbritannien und die Sowjetunion in Abwesenheit Frankreichs auf der Potsdamer Konferenz vom 17. Juli bis 2. August 1945 trotz bereits am Ende des Zweiten Weltkriegs offensichtlich gewordener gegensätzlicher gesellschafts- und wirtschaftspolitischer Vorstellungen und nicht zuletzt unterschiedlicher sicherheitspolitischer Interessen, die auch stark divergierende besatzungspolitische Auswirkungen wahrscheinlich erscheinen ließen, zumindest in der zentralen Forderung nach gänzlicher und dauerhafter Entmilitarisierung Deutschlands als Voraussetzung für den Erhalt des Friedens in Europa einen eindeutigen Konsens erzielen können.[1]

Die von den Vereinten Stabschefs der USA in der Direktive JCS 1067 im April 1945 fixierte Zielvorstellung, „Deutschland daran zu hindern, jemals wieder eine Bedrohung für den Weltfrieden zu werden",[2] brachte den alliierten Konsens in der zentralen Frage der Entmilitarisierung Deutschlands ebenso eindeutig zum Ausdruck wie die von den Siegermächten gemeinsam verfaßte „Erklärung in Anbetracht der Niederlage Deutschlands und Übernahme der obersten Regierungsgewalt in Deutschland vom 5. Juni 1945."[3]

---

1 Vgl. „Mitteilung über die Berliner Konferenz der drei Mächte", Text in: Amtsblatt des Kontrollrats in Deutschland, Ergänzungsblatt Nr. 1, Berlin 1946, S. 13 ff.
2 Foreign Relations of the United States (FRUS). The Diplomatic Papers. The Conferences at Malta and Yalta 1945, Washington 1955, S. 142 ff.
3 Text der Erklärung in Anbetracht der Niederlage Deutschlands und Übernahme der obersten Regierungsgewalt in Deutschland vom 5. Juni 1945 in: Scheuerlein, Gerhart, Der deutsche Staat in rechtlicher Sicht, Bonn und Berlin 1964, S. 15 f.

Obwohl die „hohe Zeit der Einigkeit"[4] zwischen den Alliierten spätestens nach der Konferenz von Jalta im Februar 1945 zu Ende gegangen war und bereits das Zusammentreffen der Siegermächte in Potsdam in einer „spürbar anderen Atmosphäre"[5] stattgefunden hatte, kam es unmittelbar nach Kriegsende noch nicht zu einem abrupten Abbruch der Zusammenarbeit zwischen den Vereinigten Staaten und der Sowjetunion. Zwar war das sowjetische Mißtrauen gegenüber den westlichen Alliierten bereits in den Kriegsjahren latent vorhanden gewesen, als Moskau die USA und Großbritannien verdächtigt hatte, willentlich und vorsätzlich die von Stalin immer wieder dringlich geforderte Errichtung einer zweiten Front gegen Deutschland zur Entlastung der Roten Armee zu verzögern, doch schien eine weitere Zusammenarbeit der Alliierten nicht ausgeschlossen. Immerhin war die ideologische Fixierung der Sowjetunion auf das im Jahr 1916 von Lenin verfaßte „Militärprogramm der proletarischen Revolution", welches die „Befreiung anderer Völker von der Bourgeoisie durch das siegreiche Proletariat sozialistischer Staaten"[6] in den Mittelpunkt der sowjetischen Militärdoktrin gestellt hatte, ebensowenig ein ernsthafter Grund für die Westalliierten gewesen, den Fortbestand der antagonistischen Kooperation während des Krieges zu gefährden wie die ständige gebetsmühlenartige Betonung der Unauflösbarkeit der Widersprüche zwischen Sozialismus und Imperialismus seitens offizieller sowjetischer Stellen.

Die bekannte Äußerung Stalins vom April 1945 gegenüber einer jugoslawischen Delegation, daß „... dieser Krieg nicht so ist wie in der Vergangenheit; wer immer ein Gebiet besetzt, erlegt ihm auch sein eigenes Gesellschaftssystem auf. Jeder führt sein eigenes System ein, so weit seine Armee vordringen kann...", die Ausgangspunkt vieler wissenschaftlicher Darstellungen der Geschichte des Kalten Krieges und der Formation zweier deutscher Staaten ist, verstellt leicht den Blick darauf, daß der Übergang von der militärischen Zusammenarbeit während des Zweiten Weltkrieges zur Konfrontationsordnung des Kalten Krieges und der Teilung Deutschlands keine zwangsläufige, von den Siegermächten konsequent angestrebte und umgesetzte Zielsetzung, sondern eine ergebnisoffene Fragestellung der Weltpolitik war.

Die amerikanische Politik, die sich traditionell isolationistisch eingestellt immer noch an der Maxime Washingtons aus dem Jahr 1796 orientierte, der davor gewarnt hatte, Bündnisse mit anderen Staaten zu vermeiden,[7] konnte nicht davon ausgehen, daß es innenpolitisch durchsetzbar sein würde, sich langfristig in Europa zu engagieren und eine aktive Rolle bei der Neugestaltung Europas zu übernehmen, denn die Befürchtungen des US-Präsidenten Franklin D. Roosevelt, daß die öffentliche Meinung in den USA es seiner Administration nicht gestatten werde, amerikanische Truppen länger als zwei Jahre nach

---

4 Yergin, Daniel, Shattered Peace. The origins of the cold war an the national security state, New York 1977, S. 62.

5 Grosser, Alfred, Deutschlandbilanz. Geschichte Deutschlands seit 1945, München 1970, S. 49.

6 Lenin, Wladimir Iljitsch, Das Militärprogramm der proletarischen Revolution. In: Werke, Bd. 23, Berlin (Ost) 1977, S. 74 ff.

7 Washington, George, Abschiedsbotschaft 1796, Müllheim/Baden 1948, S. 23.

Kriegsende in Europa zu halten, belegte, daß das dauerhafte Engagement der USA in Europa keineswegs eine berechenbare Größe der Nachkriegsordnung war, die eine Konfrontation mit der Sowjetunion geradezu zwangsläufig erscheinen lassen mußte.[8] Den deutschen Kommunisten im sowjetischen Exil um den späteren Präsidenten der DDR, Wilhelm Pieck, der an der Seite Stalins als dessen Ehrengast an der Siegesparade der Roten Armee anläßlich der bedingungslosen Kapitulation des Deutschen Reiches in Moskau teilnehmen durfte, wurde beispielsweise von sowjetischer Seite noch im Juni 1945 aufgetragen, gemeinsam mit den „übrigen antifaschistischen Kräfte(n) ... die Tätigkeit der Besatzungsmächte (sic!) im Kampf für die Vernichtung des Nazismus und Militarismus, für die Umerziehung des deutschen Volkes und für die Durchführung demokratischer Reformen zu unterstützen" und gegen die von Anhängern des alten Regimes zu erwartenden Versuche, einen Keil zwischen Anglo-Amerikaner und Russen zu treiben, „rücksichtslos" vorzugehen und dadurch die „Einheit Deutschlands zu sichern."[9]

Im gleichen Gespräch wurde Pieck von Stalin und Molotow allerdings auch darüber aufgeklärt, daß es trotz aller Einheit der Verbündeten möglicherweise künftig „zwei Deutschlands"[10] geben könnte, was die Unsicherheit über die künftige Gestalt der europäischen Nachkriegsordnung schlaglichtartig unter Beweis stellte.

Ähnlich unklar blieb die Rolle, die den deutschen Politikern unter den Bedingungen der Besatzungsherrschaft in den einzelnen Besatzungszonen zufallen würde und welche Kompetenzen die Besatzungsmächte an deutsche Organe kurz- und mittelfristig abzugeben bereit sein würden. Ganz sicher war lediglich, daß es auf absehbare Zeit keine eigenständige deutsche Außen- und Sicherheitspolitik geben würde und hierzu während der nationalsozialistischen Diktatur von Exil- und Widerstandsgruppen entwickelte Vorstellungen durch die Entmilitarisierungsbestimmungen obsolet geworden waren.

Vor allem die Übergriffe der Roten Armee an der deutschen Zivilbevölkerung, die trotz entsprechender Interventionen der SPD- und KPD-Führung bei der Sowjetischen Militäradministration nur langsam eingedämmt werden konnten,[11] als auch Stalins besatzungspolitische Direktive vom März 1945, die unter dem wenig weitsichtigen Motto „Raubt soviel ihr könnt"[12] stand, bedeuteten sicherlich nicht den Beginn einer gezielten Werbung um die Sympathie der deutschen Bevölkerung in der sowjetischen Besatzungszone mit dem langfristigen Ziel - einen Verbündeten zu gewinnen und eine Zweistaatlichkeit Deutschlands zu installieren.

8   FRUS, Diplomatic Papers. The Conferences of Malta and Yalta, S. 617.
9   SAPMO-BArch, NY 36 (Nachlaß Wilhelm Pieck) 629, Bl. 62 - 66, hier Bl. 62 (Besprechung vom 04.06.1945).
10 Ibid.
11 SAPMO-BArch, NY 90 (Nachlaß Otto Grotewohl) 125 (Bericht Grotewohls auf dem Bezirksparteitag der SPD und seine Bemühungen um Einstellung der Übergriffe).
12 Zitiert nach: Falin, Valentin Politische Erinnerungen, München 1993, S. 308.

Immerhin hatte die Proklamation Nr. 2 des Alliierten Kontrollrats vom 20. September 1945[13] den besatzungspolitischen Kurs im Hinblick auf die konsequente Entmilitarisierung Deutschlands eindeutig bestätigt und das Vorgehen der Sowjetischen Militäradministration (SMAD), die die militärische und ökonomische Entwaffnung der Deutschen als Voraussetzung für die „Überwindung der preußischen Militärseuche"[14] in den Mittelpunkt ihrer Aufgaben stellte, ließ ebenfalls keinen Zweifel daran aufkommen, daß die dauerhafte und endgültige Ausschaltung des deutschen Militärpotentials und nicht etwa Überlegungen und Planungen zur künftigen Nutzung der militärischen Ressourcen Deutschlands das angestrebte Ziel der Besatzungsmächte darstellte.

An der Tatsache, daß die Siegermächte des Zweiten Weltkriegs in den ersten Nachkriegsmonaten in allen Besatzungszonen rigoros und konsequent die angestrebte Entmilitarisierung betrieben und sich hierbei auch auf die Zustimmung der meisten Deutschen verlassen konnten, änderte auch der Tatbestand nichts, daß die Alliierten bereits im Herbst 1945 per Kontrollratsbeschluß die Ausrüstung der deutschen Polizei mit Handfeuerwaffen zuließen. In der Ausstattung der Polizei mit Gewehren konnte man zum damaligen Zeitpunkt sicherlich nicht den Startschuß für den „Aufbau der bewaffneten Kräfte der ersten Arbeiter- und Bauernmacht Deutschlands"[15] erkennen, wenngleich spätere DDR-Publikationen und auch Abhandlungen westlicher Historiker[16] zur Entstehungsgeschichte der Nationalen Volksarmee wegen der zweifellos vorhandenen militärischen Attribute der Polizeiformationen in der Sowjetischen Besatzungszone in Gestalt der einem Infanterieverband ähnelnden Bewaffnung, Gliederung und Unterbringung in Gemeinschaftsunterkünften und vor allem hinsichtlich der gezielten ideologischen Beeinflussung der Angehörigen der Volkspolizei diese These übernommen haben.

Als am 5. Januar 1946 der amerikanische Präsident Harry S. Truman seinem Außenminister Byrnes erklärte, er sei es nunmehr leid, die „Sowjets zu verhätscheln"[17] und am 8. Februar Stalin seinerseits daraufhin feststellte, daß der kapitalistische System unverändert der „Todfeind der sozialistischen Welt"[18] sei, deutete sich zwar eine dramatische Veränderung in den Beziehungen der beiden wichtigsten Siegermächte an, die in den USA sehr schnell eine Neuorientierung der amerikanischen Außenpolitik unter antiso-

13 Amtsblatt des Kontrollrats, Berlin 1945, Bd. 1, S. 8 - 18.
14 Tägliche Rundschau vom 10.08.1945.
15 Vgl. Opitz, Max, Die ersten Schritte beim Aufbau der demokratischen Volkspolizei in Dresden, in: Wir sind die Kraft. Der Weg der Deutschen Demokratischen Republik. Erinnerungen. Hrsg. vom ZK der SED, Berlin (Ost) 1959, S. 293.
16 Vgl. Forster, Thomas, Die NVA. Kernstück der Landesverteidigung der DDR, Köln 1983, S. 18. Forster beschreibt den Umweg, „... über die Schaffung der Polizei kommunistische militärische Verbände aufzubauen."
17 Truman, Harry S. , Memoirs, 2 Bde., Garden City 1956, Bd. 1, S. 599.
18 Zitiert bei Erdmann, Karl Dietrich, Die Zeit der Weltkriege, Abschnitt E. Das Ende des Reiches und die Entstehung der Republik Österreich, der Bundesrepublik Deutschland und der Deutschen Demokratischen Republik, Stuttgart 1976, S. 634 (Gebhardt, Handbuch der Deutschen Geschichte, 9. Auflage, hrsg. von Herbert Grundmann, Bd. IV, 2).

wjetischen Vorzeichen einleitete, aber den in Potsdam erzielten Grundkonsens noch nicht in Frage stellte. Die Äußerung des amerikanischen Außenministers Byrnes, der sich davon überzeugt zeigte, daß „Amerika notfalls einem bewaffneten Konflikt mit der Sowjetunion nicht ausweichen dürfe,“ zeigte jedoch, welche Dimension die Gegensätze zwischen den USA und der Sowjetunion inzwischen erreicht hatten, was bereits 1946 naturgemäß nicht ohne Auswirkungen auf das in Besatzungszonen aufgeteilte Deutschland bleiben konnte.

Zwar war der spätere erste Bundeskanzler, Konrad Adenauer, bereits 1946 von dem ihm als sicher geltenden „expansiven Charakter der sowjetischen Außenpolitik"[19] ausgegangen und zeigte sich auch in der Folgezeit als Präsident des Parlamentarischen Rates vor seiner Wahl zum Regierungschef offen für Fragen der Sicherheitspolitik, doch blieben derartige Überlegungen im vorstaatlichen Rahmen und außerhalb der Zuständigkeit deutscher Stellen. Schon in seiner ersten Grundsatzrede als Vorsitzender der Christlich-Demokratischen Union in der Aula der Kölner Universität hatte Adenauer seine Zuhörer darauf hingewiesen, daß Macht mit dem Wesen des Staates untrennbar verbunden sei und festgestellt, daß die Einrichtung, in der sich seiner Meinung nach dies am „sinnfälligsten und eindrucksvollsten" äußere, das Heer sei.[20] In der gleichen Rede forderte er von allen Deutschen die "Ausmerzung des nationalsozialistischen und militaristischen Geistes" ein, wobei er darauf hinwies, daß er Offiziere und Soldaten, die „in anständiger Weise ihre Pflicht erfüllt hatten",[21] nicht zu den Militaristen zählte. Obwohl Adenauer während der bürgerkriegsähnlichen Kämpfe der Novemberrevolution 1918 als Oberbürgermeister von Köln das Militär als Instrument zur Wiederherstellung der Ordnung in seiner Stadt erlebt hatte, blieb sein Interesse an militärischen Fragen minimal und der inzwischen siebzig Jahre alt gewordene Vorsitzende der CDU in der britischen Zone hatte außerdem als Kommunalpolitiker in der Vergangenheit oft genug die Nachteile einer Garnisonsstadt für die wirtschaftliche und soziale Entwicklung seiner Stadt öffentlich bitterlich beklagt.[22] Es stand somit kaum zu vermuten, daß ausgerechnet Adenauer zum Motor der westdeutschen Wiederbewaffnung werden würde.

Eine ähnlich distanzierte Haltung gegenüber dem Militär konnte zumindest auf den ersten Blick auch dem ebenfalls im Januar 1946 siebzig Jahre alt gewordenen Wilhelm Pieck unterstellt werden, der die für Adenauer mit den schlimmsten Erinnerungen an kommunistischen Terror und Unrecht verbundene Novemberrevolution 1918 in Berlin

---

19 Baring, Arnulf, Außenpolitik und Kanzlerdemokratie. Westdeutsche Innenpolitik im Zeichen der Europäischen Verteidigungsgemeinschaft, 2. Bde., München 1971, S. 359.
20 Konrad Adenauer. Reden 1917 - 1967. Eine Auswahl. Hrsg. von Hans Peter Schwarz, Stuttgart 1975, S. 85 (Rede vom 24.03.1946).
21 Ibid, S. 92.
22 Ibid, S. 71 (Entwurf einer für den 10.03.1933 im Vorfeld der Kölner Kommunalwahl geplanten Ansprache).

als Mitglied des Spartakusbundes auf der „anderen Seite der Barrikade" erlebt und die bestehende Ordnung mit Waffengewalt bekämpft hatte. Außerdem hatte Pieck bereits 1904 als Geschäftsführer des Zentralen Bildungsausschusses der SPD dazu aufgerufen, die Arbeiterjugend im antimilitaristischen Geist zu erziehen und war einer der Organisatoren der Friedensdemonstration vom 28. Mai 1915 gewesen, was 1916 zu seiner Kündigung durch den Parteivorstand geführt hatte. Zudem war Pieck wegen Kriegsdienstverweigerung im Juni 1917 zu einer Gefängnisstrafe verurteilt worden und im Oktober 1917 aus der kaiserlichen Armee desertiert.[23] Die Grußadressen anläßlich des 70. Geburtstages von Wilhelm Pieck, die vor allem den Antimilitarismus des Jubilars würdigten, ließen in der Öffentlichkeit der Ostzone ebenfalls sicherlich nicht den Eindruck aufkommen, daß sich Pieck zum Fürsprecher einer wie auch immer gearteten deutschen Aufrüstung machen könnte.

Hierbei wurde allerdings übersehen, daß Pieck 1932 zum Ehrensoldaten der Roten Armee ernannt worden war und sich als Mitglied verschiedener militärpolitischer Gremien seiner Partei bereits in der Weimarer Zeit intensiv mit militärischen Fragen befaßt und sehr konkrete sicherheitspolitische Vorstellungen entwickelt hatte. Trotz allem stand die 1938 erhobene und von dem designierten Vorsitzenden der SED mit Entschiedenheit mitgetragene Forderung der KPD nach Schaffung einer Volksarmee für das künftige Deutschland und die ein Jahr später auf der Berner Konferenz angemahnte enge Anlehnung der künftigen deutschen Streitkräfte an die Rote Armee[24] sicherlich zum damaligen Zeitpunkt nicht auf der politischen Tagesordnung.

Obwohl sich Pieck nicht zuletzt wegen seiner Tätigkeit in den deutschen Kriegsgefangenenlagern in der Sowjetunion einer der ersten Ansprechpartner Stalins für deutschlandpolitische Fragen entwickelt hatte, blieben militärische Fragen immer die uneingeschränkte Domäne des sowjetischen Staatschefs, der derartige Entscheidungen nicht einmal mit seinen engsten Mitarbeitern im Kreml besprach.[25] Darüber hinaus hatte Pieck immer wieder die schmerzhafte Erfahrung machen müssen, daß Stalin sowohl bei der geheimen militärischen Zusammenarbeit der Roten Armee mit der Reichswehr als auch bei Abschluß des deutsch-sowjetischen Nichtangriffspakts vom 23. August 1939 zu ungewöhnlichen Alleingängen bereit gewesen war und sowjetische Sicherheitsinteressen für Moskau einen höheren Stellenwert einnahmen, als Rücksichtnahme auf die militärpolitischen Programme der KPD.

Mit seiner Weisung, das von Pieck maßgeblich beeinflußte „Nationalkomitee Freies Deutschland" (NKFD) und den Bund Deutscher Offiziere (BDO) aufzulösen, hatte Stalin außerdem bereits Anfang November 1945 unmißverständlich zu verstehen gege-

23 Vgl. Voßke, Heinz, Wilhelm Pieck. Biographischer Abriß, Berlin (Ost) 1975, S. 55 - 72.
24 Vgl. Die Berner Konferenz der KPD (30. Januar - 01. Februar 1939), hrsg. und eingeleitet von Klaus Mammach, Berlin (Ost) 1974, S. 134 - 138.
25 Krushev Remembers, The Glasnost Tapes, Boston 1990, S.165.

ben, daß seitens der sowjetischen Besatzungsmacht keinerlei Interesse mehr an den in den vergangenen beiden Jahren in den Kriegsgefangenenlagern unter Führung exilierter deutscher Kommunisten entwickelten sicherheitspolitischen Vorstellungen bestanden. Obgleich bereits im Sommer 1946 ein Artikel des SED-Spitzenfunktionärs Fred Oelßner erschienen war, der sich mit dem zu bekämpfenden „Militarismus kapitalistischer Staaten" auseinandergesetzt und auf die seiner Ansicht nach vorhandene Notwendigkeit der „Schaffung fortschrittlicher Heere sozialistischer Staaten"[26] hingewiesen hatte, schien die Zeit für eine Beschäftigung mit militärpolitischen Fragen in der gerade erst gegründeten Sozialistischen Einheitspartei Deutschlands noch nicht reif zu sein.

Im folgenden Hauptteil soll untersucht und dargestellt werden, wie es zwischen 1947 und 1956 zur Planung und Aufstellung zweier deutscher Armeen und zur Einbindung der Bundeswehr und der Nationalen Volksarmee gekommen ist und welche politischen Grundsatzentscheidungen vor während und nach der Gründung der beiden deutschen Staaten zu dieser – vor dem Hintergrund der geschilderten Ausgangssituation am Ende des Zweiten Weltkriegs – zu dieser auf den ersten Blick erstaunlichen Entwicklung geführt haben.

Vor allem unter Berücksichtigung der durch die Aufstellung von Streitkräften lange Zeit irreversibel erschienenen staatlichen Teilung drängt sich die Frage nach Intentionen und Motiven der politisch Verantwortlichen in beiden deutschen Staaten auf, die diese Entwicklung mitgetragen haben.

Zugleich soll der Frage nachgegangen werden, welche Auswirkungen der Ost-West-Konflikt auf die Gestaltung der Sicherheits- und Militärpolitik in der Bundesrepublik Deutschland und der Deutschen Demokratischen Republik unter den jeweils herrschenden gesellschaftlichen und politischen Bedingungen hatte.

Außerdem soll untersucht werden, ob beziehungsweise ab wann man von einer eigenständigen sicherheitspolitischen Konzeption der beiden deutschen Staaten sprechen kann und inwieweit sich im Laufe des Untersuchungszeitraums das Abhängigkeitsverhältnis zur jeweiligen Führungsmacht verändert hat. Schließlich mußten Form und Gewicht der in Aussicht genommenen Streitkräfte innerhalb der sich im Kalten Krieg formierenden Blöcke gravierende Folgen für den politischen Status für die bei ihrer Gründung unter strenger Aufsicht der Besatzungsmächte stehenden deutschen Staaten mit sich bringen und Fragen der staatlichen Souveränität des ehemaligen Kriegsgegners und künftigen Bündnispartners aufwerfen.

Gerade unter diesem Gesichtspunkt bedeutete die Aufstellung von Streitkräften für die politisch Verantwortlichen in Ost und West von Anfang an mehr als die Lösung einer ohnehin nicht einfachen militärischen Organisationsaufgabe, sondern vielmehr um ein

---

26 *Neues Deutschland vom 18.07.1946.*

komplexes politisches Problem mit weitreichenden Konsequenzen im Rahmen einer globalen Systemauseinandersetzung, welche in letzter Konsequenz die staatliche Teilung Deutschlands zur Folge hatte.

Untrennbar verbunden mit der Aufstellung von westdeutschen Streitkräften war der strikte und entschiedene parlamentarische und außerparlamentarische Protest breiter Kreise und Schichten der Bevölkerung gegen die Wiederbewaffnung der Bundesrepublik, während hingegen in der DDR das Gesetz über die Schaffung der Nationalen Volksarmee am 18. Januar 1956 einstimmig von der Volkskammer verabschiedet wurde und es am 15. Januar 1956 sogar Demonstrationen der im Freien Deutschen Gewerkschaftsbund (FDGB) organisierten Arbeiterschaft gab, auf denen die Schaffung einer Volksarmee gefordert wurde.[27] Gerade dieser auffallende Gegensatz zwischen der kontrovers geführten Diskussion über die Wiederbewaffnung im pluralistisch verfaßten westdeutschen Staat und der offiziellen einmütigen Zustimmung der ostdeutschen Bevölkerung lädt zu einer quellenkritischen Untersuchung ein. Immerhin war der Auftrag an die Militärgeschichtsschreibung der DDR hinsichtlich der Beschreibung der Planung und Aufstellung der NVA eindeutig: „Indem wir die Geschichte der Nationalen Volksarmee als Ergebnis marxistisch-leninistischer Militärpolitik erforschen und darstellen, zeigen wir die hervorragende Leistung, die unser Zentralkomitee bei der Verteidigung des Sozialismus vollbracht hat, und tragen auf diese Weise dazu bei, das Vertrauen der Bürger der DDR in die Richtigkeit der Politik unseres Staates zu festigen. Wir erleichtern das Verständnis für die militärpolitischen Entscheidungen der Partei und fördern das Bewußtsein insbesondere der Armeeangehörigen, daß die Führung durch die marxistisch-leninistische Partei die Hauptquelle der Erfolge, Kraft und Stärke ist und daß es deshalb gilt, die Ergebenheit der Armee, jedes Soldaten, Unteroffiziers und Offiziers in die Sache der Partei der Arbeiterklasse unablässig zu festigen." Außerdem wurde der Geschichtsschreibung in der DDR zur Aufgabe gemacht, „die geschichtliche Entwicklung und die Rolle der Nationalen Volksarmee im Klassenkampf als Ergebnis der weitsichtigen, zielstrebigen Militärpolitik unserer Partei- und Staatsführung darzustellen."[28]

Ähnliches gilt für den Anspruch der Führung der SED, besonders bei der Auswahl der Offiziere „ein Grundprinzip der klugen, vorausschauenden und elastischen Militärpolitik unserer Partei" verwirklicht, „Tausende von Arbeiterjungen in relativ kurzer Zeit zu Offizieren ausgebildet zu haben"[29] und bei der Aufstellung der Nationalen Volksarmee nur zu einem sehr kleinen Teil auf Offiziere der Wehrmacht zurückgegriffen zu haben. Gerade in der Frage der sozialen Zusammensetzung des Offizierkorps begriff sich die

---

27 Vgl. *Armee für Frieden und Sozialismus. Geschichte der Nationalen Volksarmee*, Berlin (Ost) 1987, S. 81 - 84.

28 Hoffmann, Heinz, *Sozialistische Landesverteidigung. Aus Reden und Aufsätzen 1963 bis Februar 1970*, Berlin (Ost), Teil II, S. 902 f. (Referat des Ministers für Nationale Verteidigung auf der konstituierenden Sitzung des Redaktionskollegiums und des Autorenkollektivs zur Ausarbeitung einer „Geschichte der Nationalen Volksarmee der Deutschen Demokratischen Republik" am 04.12.1969.

29 Hoffmann, *Sozialistische Landesverteidigung* (Referat auf der Bildungskonferenz der NVA am 11.12.1968), S. 773 - 775.

NVA mit Stolz als Gegenbild zur Bundeswehr, die sich beim Aufbau eines Offizierkorps bewußt vor allem auf traditionelle Bildungseliten und ehemalige Generalstabsoffiziere aus der Reichswehr und der Wehrmacht stützte, von denen einige sogar noch in der kaiserlichen Armee gedient hatten. Hierzu soll im folgenden untersucht werden, welche unterschiedlichen Vorstellungen der militärischen Planer gerade bezüglich der sozialen und bildungsmäßigen Zusammensetzung in Ost und West existierten und inwieweit diese Überlegungen bei der Aufstellung der Verbände tatsächlich umgesetzt werden konnten.

Der Hauptteil der vorliegenden Arbeit ist in zwei Aabschnitte unterteilt, von denen sich der erste mit der Planung und Realisierung des westdeutschen Verteidigungsbeitrags, der zweite Hauptabschnitt mit den sicherheitspolitischen Weichenstellungen in der SBZ/DDR auseinandersetzt. Untergliedert sind beide Hauptabschnitte in mehrere Kapitel, wobei hierbei besonders markante politische Zäsuren die Gliederung der Arbeit bestimmt haben.

Ausgangspunkt für die Darstellung der sicherheitspolitischen Entwicklung in Westdeutschland ist die sich entwickelnde Diskussion über den deutschen Wehrbeitrag nach dem Zweiten Weltkrieg bis zum Beginn des Koreakrigs.

Anschließend wird im zweiten Kapitel der Verlauf der Debatte bis zur Ablösung des Besatzungsstatuts im Frühjahr 1951 dargestellt. Im dritten Kapitel wird die Zeitspanne zwischen der Revision des Besatzungsstatuts bis zu den entscheidenden Bundestagswahlen 1953 untersucht.

Ein weiterer Abschnitt beschreibt die wichtigsten sicherheitspolitischen Weichenstellungen seit der Bundestagswahl 1953 bis zum Scheitern der Konzeption einer Europäischen Verteidigungsgemeinschaft (EVG).

Mit der Darstellung der sicherheitspolitischen Diskussion nach dem Scheitern der EVG bis zur Aufnahme der Bundesrepublik in die NATO und der Aufstellung der ersten Verbände der Bundeswehr wird der erste Hauptabschnitt abgeschlossen.

Der zweite Hauptabschnitt ist in vier Kapitel unterteilt und beginnt aufgrund der Tatsache, daß sich im Laufe des Prozesses der ostdeutschen Aufrüstung immer wieder seitens der Sozialistischen Einheitspartei Deutschlands auf die militärpolitischen Lehren und Erfahrungen der KPD berufen wurde und nicht zuletzt in der Person Wilhelm Piecks eine augenfällige personelle Kontinuität zwischen der Führung der KPD und der späteren SED besteht, mit der Darstellung der Militärpolitik der KPD seit ihrer Gründung bis 1946.

Das zweite Kapitel beschreibt die Militärpolitik der im Jahr 1946 aus der Zwangsvereinigung von SPD und KPD hervorgegangenen Sozialistischen Einheitspartei Deutschlands bis zum Beginn des Koreakrieges.

Das dritte Kapitel setzt sich mit den sicherheitspolitischen Weichenstellungen in der DDR vom Ausbruch des Koreakrieges bis zur Niederschlagung des Volksaufstandes am 17. Juni 1953 auseinander. Das den zweiten Hauptabschnitt abschließende vierte Kapitel schildert die sicherheitspolitischen Entscheidungen zwischen Juni 1953 bis zur Aufstellung der ersten Einheit der Nationalen Volksarmee im Jahr 1956.

Im Schlußteil der Arbeit soll versucht werden, die in der Einleitung aufgeworfenen und im Hauptteil untersuchten Fragestellungen im Rahmen einer vergleichenden Gesamtschau zu beantworten und möglicherweise bestehende Unterschiede, Gemeinsamkeiten oder Parallelen, die den Prozeß der Aufstellung von Streitkräften in beiden deutschen Staaten maßgeblich bestimmt haben, aufzuzeigen.

Die Quellenlage für das Vorhaben kann als gut bezeichnet werden, denn mit der weitestgehenden Benutzungsfreigabe der Bestände des Bundesarchivs-Militärarchivs Freiburg, die für den Betrachtungszeitraum in Westdeutschland relevant sind (Bw 2 – Führungsstab der Streitkräfte, Bw 9 – Deutsche Dienststellen zur Vorbereitung der Europäischen Verteidigungsgemeinschaft) seit Mitte der 90er Jahre sind die wesentlichen Quellen der wissenschaftlichen Arbeit zugänglich gemacht worden. Mit dem Europa-Archiv, zahlreichen Quelleneditionen zur politischen Entwicklung in der Bundesrepublik Deutschland und deren Vorgeschichte, umfangreichen Editionen von Reden und Beschlüssen der politisch verantwortlichen Personen aus Regierung und Opposition, unter denen die Kabinettsprotokolle der Bundesregierung und die Verhandlungen den Deutschen Bundestages einen besonderen Stellenwert haben, standen weitere Materialien zur Erschließung zur Verfügung. Eine wichtige Ergänzung bildet die überaus umfangreiche Memoirenliteratur, die interessante Einblicke in verschiedene Politikfelder und Hierarchiebenen von unterschiedlichem historischen Wert für den Untersuchungszeitraum bietet.

Von besonderer Bedeutung für die Quellenarbeit war außerdem die vom Departement of State, Washington, herausgegebene Edition der Foreign Relations of the United States (FRUS), welche unter anderem die sicherheitspolitischen Überlegungen und Interessen der US-Administration als westliche Führungsmacht vor und während der Aufstellung westdeutscher Streitkräfte erschließen läßt.

Unter den Darstellungen des Prozesses der westdeutschen Wiederbewaffnung ragen vom Militärgeschichtlichen Forschungsamt der Bundeswehr herausgegebenen ersten beiden Bände der Reihe „Anfänge westdeutscher Sicherheitspolitik" hervor, die sich zu Standardwerken über die Frühzeit westdeutscher Sicherheitspolitik entwickelt haben.

Allerdings ist der für die vorliegende Untersuchung besonders relevante erste Band bereits 1982 erschienen und konnte aus Gründen der militärischen Geheimhaltung und des Datenschutzes noch nicht vollständig die inzwischen nicht mehr länger gesperrten Quellen aus den Beständen des Bundesarchivs- Militärarchivs berücksichtigen, was allerdings den wissenschaftlichen Wert der damaligen Forschungsarbeit in keiner Weise schmälert. Als sehr gut kann ebenfalls die Quellenlage für die Darstellung der Planung und Aufstellung ostdeutscher Streitkräfte gelten. Die relevanten Bestände des Bundesarchivs-Militärarchivs (DVH 1 – Stab der Hauptverwaltung Ausbildung, DVH 2 – Dienststellen der Hauptverwaltung Ausbildung, DVH 3 – Stab der Kasernierten Volkspolizei, VA-01 – Ministerium für Nationale Verteidigung der DDR und DVW 1/555... Protokolle des Kollegiums des Ministeriums für Nationale Verteidigung) sind ebenfalls seit Mitte der 90er Jahre für die Forschung freigegeben und archivalisch sehr gut aufbereitet.

Neben umfangreichen Quelleneditionen zur Geschichte der deutschen Arbeiterbewegung und der SED stehen in der Stiftung Archive der Parteien und Massenorganisationen der DDR im Bundesarchiv (SAPMO) in Berlin Lichterfelde die Bestände des Politbüros und des Sekretariats der SED (DY 30/I IV 2/2 ...), die Nachlässe Piecks (NY 36/...), Grotewohls (NY 90/...) und Ulbrichts (NY 182/...) zur Verfügung.

Die Reden und Schriften der politisch Verantwortlichen in der DDR sind ebenso wie die Protokolle der Parteitage und Parteikonferenzen der SED sehr gut ediert und leicht zugänglich. Weiterhin steht eine Fülle von Memoirenliteratur zur Verfügung, wobei vor allem die Erinnerungen des ehemaligen Verteidigungsministers Heinz Hoffmann und die Memoiren des in der Sowjetischen Militäradministration eingesetzten sowjetischen Generals Sergej Tjulpanow von besonderem Interesse waren, da beide Autoren gerade der militärischen Zusammenarbeit zwischen der sowjetischen Besatzungsmacht und den ostdeutschen staatlichen Stellen breiten Raum widmen.

Die im Jahr 1989 erschienene Dokumentensammlung des Militärgeschichtlichen Instituts der DDR über die Militär- und Sicherheitspolitik der DDR ist eine übersichtliche und hilfreiche Quellenedition für die Erforschung der Geschichte der Nationalen Volksarmee. Unter den zahlreichen Darstellungen des Militärgeschichtlichen Instituts der DDR zur Geschichte der Nationalen Volksarmee ragt das 1987 erschienene Buch „Armee für Frieden und Sozialismus" hervor, das die Gründung und den Aufbau der NVA beschreibt.

Vor dem Hintergrund der in der Einleitung bereits erwähnten Verpflichtung der offiziellen DDR-Geschichtsschreibung zur Parteilichkeit und dem in Ostdeutschland überaus stark ausgeprägten und die historische Arbeit oftmals über Gebühr einengenden Vorstellungen von militärischer Geheimhaltung entsprechen die vielfältigen Publikationen des Militärgeschichtlichen Instituts trotz interessanter Ansätze jedoch nicht in allen Details durchgängig den Vorstellungen kritischer Wissenschaftlichkeit.

Lange Zeit galt in der Bundesrepublik das bereits 1964 erstmals erschienene Buch von

Thomas Forster „Die NVA – Kernstück der Landesverteidigung" als Standardwerk für eine Beschäftigung mit der Geschichte der Nationalen Volksarmee und ihrer Vorläuferorganisationen, wobei sich der Autor unter den Bedingungen des Kalten Krieges vor allem auf veröffentlichte Quellen der DDR stützte und keinen Zugang zum Militärarchiv der DDR hatte.

1994 erschien im Auftrag des Militärgeschichtlichen Forschungsamts unter dem Titel „Volksarmee schaffen – ohne Geschrei" eine vielbeachtete Darstellung der sicherheitspolitischen Grundsatzentscheidungen in Ostdeutschland, die sich auf die Bestände des aus dem ehemaligen Militärarchiv der DDR hervorgegangenen Militärischen Zwischenarchivs in Potsdam stützte, dessen Akten – teilweise mit neuer Signatur versehen – inzwischen alle in Freiburg vereinnahmt wurden.

An dieser Stelle möchte der Verfasser es nicht versäumen, sich bei Herrn Albrecht Kästner vom Bundesarchiv-Militärarchiv in Freiburg und Herrn Oberst Dr. Hans Ehlert vom Militärgeschichtlichen Forschungsamt der Bundeswehr in Potsdam für die während der Archivaufenthalte gewährte freundliche und kompetente Unterstützung beim Sichten und Erschließen der umfangreichen Quellenbestände zu bedanken.

Zu besonderem Dank bin ich meiner akademischen Lehrerin, Frau Prof. Dr. Marie-Luise Recker, verpflichtet, ohne deren Anregung und außerordentliche Unterstützung diese Dissertation nicht entstanden wäre.

B. HAUPTTEIL

1. Die Wiederbewaffnung in Westdeutschland

1.1. Die Diskussion über den westdeutschen Wehrbeitrag bis zum Beginn des Koreakrieges

Angesichts der sich entwickelnden internationalen Polarität wurde das militärische Potential des ehemaligen Kriegsgegners Deutschland offenbar erstmals seit 1947 als eine Möglichkeit zur Herstellung eines Kräftegleichgewichts in militärisch-pragmatische Erwägungen westlicher Militärs einbezogen.[30]
Dies galt für die Operationsabteilung der US-Armee im Pentagon, die aus eigenem Antrieb seit 1947 die Nützlichkeit westdeutscher Truppen einkalkulierte[31] ebenso wie für Beamte des britischen Foreign Office, die bereits Anfang Januar 1948 die Einziehung Spaniens und Deutschlands in ein westeuropäisches Sicherheitssystem erwogen hatten.[32]
Erste halboffizielle deutsche Überlegungen zur Sicherheit der westlichen Besatzungszonen stellte ein Gremium an, das am 15. April 1947 von den Ministerpräsidenten der amerikanischen Besatzungszonen mit Zustimmung der US-Regierung in Leben gerufen wurde: Das „Deutsche Büro für Friedensfragen" (DBfF). Obwohl die ursprüngliche Aufgabe des DBfF allein darin bestanden hatte, die Vorstellungen der Besatzungsmächte im Hinblick auf Entmilitarisierung und Entnazifizierung von deutscher Seite aktiv zu unterstützen, [33] sah sich das Büro im Zuge des Ost-West-Konflikts immer stärker veranlaßt, zum Abschluß von Friedensverträgen auch zunehmend die Sicherheitsfrage für die Westzonen Deutschlands einzubeziehen und eigene Vorstellungen zu den operativen und militärpolitischen Aspekten einer möglichen deutschen Wiederbewaffnung zu entwickeln.
Unter Einbeziehung mehrerer hoher Offiziere der deutschen Wehrmacht wurde bereits im Juni 1948 unter der Federführung des Generalleutnants a. D. Dr. Hans Speidel ein erstes Gutachten zur „Sicherheit Westeuropas" erstellt.[34]
Das Memorandum stellte die Sicherheit Europas in Abhängigkeit derjenigen Westdeutschlands dar, wobei von einer Neutralität Deutschlands abgeraten und in einer westdeutschen Beteiligung an den von Speidel für erforderlich gehaltenen Verteidigungs-

---

30 Vgl. Anfänge westdeutscher Sicherheitspolitik, Bd. 1, S. 327.
31 Vgl. McGeehan, Robert, The German Rearmament Question. American Diplomacy and European Defence after World War II, Illinois 1971, S. 16.
32 Martin, Laurence, The American Decision to Rearm Germany, in: American Civil-Military Decisions. A Book of Case Studies, ed. by Harold Stein, Birmingham (Alabama), S. 646.
33 Piontkowitz, Heribert, Anfänge westdeutscher Außenpolitik 1946 - 1949. Das Deutsche Büro für Friedensfragen, Stuttgart 1978, S. 56.
34 Text in: Speidel, Hans, Aus unserer Zeit. Erinnerungen. Berlin, Frankfurt, Wien 1977, S. 454 - 465.

anstrengungen des Westens eine wichtige politische Option für die politische Zukunft gesehen wurde.

Die Arbeit und die Konzeptionen des Büros, die der Öffentlichkeit aus Gründen der Geheimhaltung weitgehend verborgen geblieben waren, erreichten allerdings im Herbst 1948 den Vorsitzenden des Parlamentarischen Rates, Konrad Adenauer und prägten dessen sicherheitspolitische Vorstellungen entscheidend.[35] Im Gegensatz zu der in den Denkschriften des DBfF seitens der Militärs geäußerten Vorstellung, bereits im Vorfeld eines künftigen Verteidigungsbeitrag politische Bedingungen an die Alliierten zu stellen, zog Adenauer eher einen militärischen Beitrag ohne politische Vorleistungen ins Kalkül und hoffte seinerseits, durch den integrativen und Vertrauen erzeugenden Effekt einer westdeutschen Teilleistung für die Verteidigung Europas die Eingliederung des kurz vor seiner Gründung stehenden Weststaates in das atlantische System rasch vollziehen zu können.

Die Denkschriften der deutschen Militärs, die Adenauer in dieser Zeit erreichten, stimmten weiterhin dahingehend überein, daß ihren Verfassern eine erfolgversprechende Verteidigung Westeuropas nur unter Einbeziehung des westdeutschen Potentials möglich schien. Ebenso waren die Militärexperten unabhängig voneinander zu der Überzeugung gelangt, daß eine mögliche Eingliederung deutscher Soldaten in eine westeuropäische Streitmacht nur unter bestimmten Vorbedingungen erfolgen durfte, wobei die gerade Forderung nach Abbau der von den ehemaligen Offizieren stark empfundenen pauschalen Diffamierung und Diskriminierung der deutschen Soldaten in allen Erscheinungsformen[36] im Vordergrund stand.

Außerdem hatte nach Ansicht der ehemaligen Offiziere die Initiative für einen westdeutschen Verteidigungsbeitrag unmißverständlich von den Westmächten auszugehen, wobei die politische, militärische und wirtschaftliche Gleichberechtigung der Bundesrepublik als von den Westmächten zu konzedierende Gegenleistung für die Aufstellung westdeutscher Streitkräfte genannt wurden.

Allerdings wurde in den Denkschriften die Furcht, die westdeutsche Aufrüstung im Rahmen des atlantischen Bündnisses könne die Wiedervereinigung verhindern, ebenfalls artikuliert. Diese Befürchtungen sollten durch die Hoffnung, daß sich durch eine „Politik der Stärke" die Wiedervereinigung im Laufe der Zeit erreicht werden könne, zerstreut werden. Bedingt durch die politischen Bedingungen in Westdeutschland drang der Inhalt dieser Memoranden so gut wie nicht an die Öffentlichkeit und wurde auch von den Mitgliedern des Parlamentarischen Rates, die sich mit Fragen der äußeren Sicherung des Bundesgebietes befaßten, „mit ängstlichen Seitenblicken auf die Besatzungsmächte umgangen."[37]

---

35 Vgl. Sommer, Theo, Wiederbewaffnung und Verteidigungspolitik, in: Die zweite Republik. 25 Jahre Bundesrepublik Deutschland, eine Bilanz, hrsg. von Richard Löwenthal und Hans-Peter Schwarz, Stuttgart 1974, S. 581.
36 Vgl. Anfänge westdeutscher Sicherheitspolitik, Bd. 1, S. 437.
37 Steltzer, Theodor, 60 Jahre Zeitgenosse, München 1966, S. 217.

Obwohl das Grundgesetz der Bundesrepublik Deutschland bereits im Jahr 1949 das individuelle Grundrecht auf Kriegsdienstverweigerung enthielt, sah die dieses trotz verschiedener Einzelbestimmungen, die auf Ansätze einer Wehrhoheit hinzudeuten schienen, konsequenterweise keine verfassungsmäßige Möglichkeit vor, ein militärisches Instrument zur äußeren Sicherung des Territoriums zu schaffen.[28] Vor diesem Hintergrund stellte der Parteivorstand der SPD am 11. September 1948 fest, daß das Problem der deutschen Wehrverfassung nicht in den Bereich der deutschen Zuständigkeit gehöre, wenngleich er sich in der Frage des westdeutschen Verteidigungsbeitrages nicht grundsätzlich ablehnend äußerte.

Zwar hatte Adenauer die Debatte über die Frage der westdeutschen Aufrüstung zur Jahreswende 1948/49 mit großer Aufmerksamkeit verfolgt,[39] verzichtete jedoch als Präsident des Parlamentarischen Rates zu diesem Zeitpunkt bewußt auf öffentliche Äußerungen über dieses sensible Politikfeld. Lediglich während einer Bonner Ansprache im Januar 1949, in der er einen westdeutschen Verteidigungsbeitrag ablehnte, klang erstmals an, was in nächster Zukunft ein Pfeiler seiner Sicherheitspolitik sein sollte: Durch die völlige Entwaffnung Deutschlands seien die Westalliierten seiner Meinung nach verpflichtet, den Schutz des westdeutschen Territoriums und seiner Bevölkerung zu übernehmen. Dieser Schutz beginne allerdings nicht am Rhein, sondern an Elbe und Weser. Damit war die Forderung nach einer alliierten Sicherheitsgarantie erstmals öffentlich gestellt.[40]

Von den offiziellen Stellungnahmen der westlichen Regierungen zur Frage einer westdeutschen Aufrüstung und den zu erwartenden innenpolitischen Widerständen ausgehend, war sich Adenauer auch nach seiner Wahl zum Bundeskanzler bewußt, daß die „Zeit für eine Bewaffnung Westdeutschlands noch nicht reif war"[41] und richtete sein politisches Handeln in dieser Frage darauf aus, daß die Westmächte über kurz oder lang nicht auf den deutschen Beitrag zu einer wirkungsvollen Verteidigung Westeuropas verzichten konnten und deshalb die Thematik ohnehin aus eigenem Interesse von sich aus aufgreifen würden.

Trotzdem schien es ihm geraten, durch zahlreiche vergebliche Bitten um eine alliierte Garantie der westdeutschen Sicherheit von Dezember 1949 bis zum Frühjahr 1950 öffentlich klar zu stellen, daß er sich einer deutschen Mitverantwortung für die Sicherheit Westeuropas nicht entziehen wolle.

38 Vgl. *Buczylowski, Ulrich, Kurt Schuhmacher und die deutsche Frage. Sicherheitspolitik und strategische Offensivkonzeption vom August 1950 bis September 1951*, Stuttgart 1951, *(Zeitpolitik, Reihe 2, Bd. 13) S. 50 ff.*

39 *Wettig, Gerhard, Entmilitarisierung und Wiederbewaffnung in Deutschland 1943 -1955. Internationale Auseinandersetzungen um die Rolle der Deutschen in Europa*, München 1967, S.247.

40 *Anfänge westdeutscher Sicherheitspolitik, Bd. 1, S. 439.*

41 *Adenauer, Erinnerungen Bd. 1, S. 341.*

Mit einem Interview im Cleveland Plain Dealer am 4. Dezember 1949[43] zog der Kanzler das Interesse der Weltöffentlichkeit auf sich, als er dem Bericht des Blattes zufolge erklärte, daß die Bundesrepublik einen Beitrag zur Verteidigung Europas im Rahmen einer europäischen Streitmacht leisten werde.

Die Sicherheit Europas sei seiner Ansicht nach durch den internationalen Kommunismus gefährdet und Westdeutschland zudem durch sowjetzonale Verbände bedroht. Von wenigen Ausnahmen abgesehen, bezog die internationale und nationale Presse ablehnend Stellung zu den Äußerungen des Bundeskanzlers und die Hohe Kommission erwog zuerst eine öffentliche Zurechtweisung des Kanzlers, beschloß jedoch, davon abzusehen. Das Gesetz Nr. 16 der Alliierten Hohen Kommission vom 19. Dezember 1949[44] zur „Ausschaltung des Militarismus" bewies den einhelligen Willen der westlichen Besatzungsmächte, auf ihren langfristigen Vorstellungen zur Entmilitarisierung zu beharren und wurde in der deutschen Öffentlichkeit als eine Art Strafaktion gegen die Unternehmungen der Bundesregierung bewertet. [45]

Die allzu deutlichen Hinweise des deutschen Bundeskanzlers auf ein westdeutsches Kontingent in einer europäischen Streitmacht hatten nicht nur die Vertreter der offiziellen westlichen Außenpolitik verärgert, sondern stießen auch in der Bundesrepublik auf fast einhellige Ablehnung. Wenn sich auch im Zuge eigener Sicherheitsüberlegungen bei den Westmächten hinter verschlossenen Türen bereits erste Gedanken einer aktiven Einbeziehung der Deutschen in ein westliches Verteidigungsbündnis entwickelt hatten, war Adenauer in dieser sensiblen Angelegenheit offensichtlich zu stark vorgeprescht und mußte um sich um Schadensbegrenzung bemühen. Die britische Regierung ließ im November und Dezember insgesamt sechs Mal durch ihre Sprecher erklären, daß sie nicht beabsichtige, ihre Entmilitarisierungspolitik zu revidieren,[46] wenngleich in der Erklärung vom 21. November 1949 bezeichnenderweise bereits die Einschränkung gemacht wurde, daß die Deutschlandpolitik der Besatzungsmächte schon öfter „dem Zwang der Ereignisse" angepaßt worden sei.[47] Der französische Ministerrat stellte im November 1949 in diesem Zusammenhang fest, daß er die Wiederherstellung einer deutschen Mili-tärmacht als „außerhalb jeder möglichen Diskussion"[48] betrachte, während für die USA Außenminister Dean Acheson und Hochkommissar John McCloy Anfang April 1950 öffentlich gegen eine Aufrüstung der Bundesrepublik Stellung bezogen. Als Begründung wurde das vitale Interesse der Vereinigten Staaten an der Errich-

---

42 Vgl. Wettig, Entmilitarisierung in Deutschland, S. 286 ff.
43 Ibid, S. 284 - 288.
44 Amtsblatt AHK Nr. 7 vom 19.12.1949, S. 72 ff.
45 Vgl. Anfänge westdeutscher Sicherheitspolitik, S. 452.
46 Azzola, Axel, Die Diskussion um die Aufrüstung der Bundesrepublik Deutschland im Unterhaus und in der Presse Großbritanniens, November 1949 - Juli 1952, Meisenheim 1971, (Marburger Abhandlungen zur Politikwissenschaft Bd. 12) S. 20 f.
47 Tönnies, Norbert, Der Weg zu den Waffen. Die Geschichte der deutschen Wiederbewaffnung 1947 - 1957, Köln 1957, S. 47.
48 Zit. bei Wettig, Entmilitarisierung in Deutschland, S. 281.

tung wirksamer und dauerhafter Kontrollen gegen das Wiedererstarken einer deutschen Kriegsmaschinerie angeführt.[49]

Allerdings war die Frage der deutschen Wiederbewaffnung trotz der konsequenten Entmilitarisierungspolitik der westlichen Regierungen angesichts des Ost-West-Konflikts in den langfristigen Perspektiven zumindest der Anglo-Amerikaner von Anfang an für eine positive Beantwortung offen geblieben. Präsident Harry S. Truman hatte die amerikanische Haltung im Frühsommer 1948 ausdrücklich auf die prinzipielle Möglichkeit einer späteren deutschen Mitgliedschaft in einer amerikanisch-europäischen Verteidigungsorganisation festgelegt,[50] während die Überlegungen des britischen Außenministers Ernest Bevin vom Januar des gleichen Jahres in eine ähnliche Richtung gewiesen hatten. [51] Nach Auffassung des State Departements vom 23. März 1949 sollte die Aufstellung westdeutscher Streitkräfte aber bis zu dem Zeitpunkt vermieden werden, an dem die „wichtigsten Mitglieder des westeuropäischen Verteidigungssystems nicht unter derzeit unvorhersehbaren, veränderten Umständen zu der Überzeugung gelangen, daß ein gewisses Maß deutscher Bewaffnung die Sicherheit Westeuropas im Ganzen eher stärken als schwächen würde."[52]

Obgleich der Bundeskanzler aufgrund der ihm vorliegenden Sicherheitsmemoranden deutscher Militärexperten die tatsächliche Haltung der Anglo-Amerikaner zu diesem Thema zu erahnen vermochte, mußten Planungen zu Fragen der äußeren Sicherheit ohne alliierte Aufforderung ein Tabu allerersten Grades bedeuten, wollte er das Erreichte nicht aufs Spiel setzen.

Obwohl die Entwicklung in der Frage eines westdeutschen Verteidigungsbeitrages in den Hauptstädten der drei Westmächte offensichtlich in Bewegung geraten war, brachte das Frühjahr keine Veränderung der sicherheitspolitischen Lage der Bundesrepublik.[53] Die offizielle Außenpolitik der westlichen Besatzungsmächte verfolgte weiterhin strikt den Kurs der Entmilitarisierung, der sich auch im „Gesetz Nr. 24"[54], welches ein Rüstungsproduktionsverbot für die deutsche Industrie beinhaltete, niederschlug. Versuche Adenauers, in Anbetracht der stetig wachsenden Stärke der als Polizei getarnten militärischen Verbände in der DDR[55] die Besatzungsmächte zur Genehmigung einer zentral geführten Bundespolizei zu bewegen, blieben ebenso erfolglos wie seine mehrfachen Bemühungen um eine Sicherheitsgarantie.

---

49 Vgl. Martin, Decision, S. 650 f.
50 Wettig, Entmilitarisierung in Deutschland, S. 235.
51 Thelen, Friedrich, Zur Wiederbewaffnung der Bundesrepublik Deutschland 1950 - 1955. Strategische Intentionen und Konzeptionen der westlichen Alliierten, Erlangen 1975, S. 19 f.
52 FRUS 1949, III, S. 123 (23. März 1949).
53 Vgl. Wettig, Entmilitarisierung in Deutschland, S. 295 ff.
54 Amtsblatt der AHK für Deutschland, Nr. 18, vom 8. Mai 1950, S. 250 - 283.
55 Nolte, Ernst, Deutschland und der Kalte Krieg, München, Zürich 1974, S. 287.

Erst die im Anschluß an die Konferenz der Außenminister der Westmächte in London von 11. bis 13. Mai 1950 erfolgte informelle Besprechung Adenauers mit den Hohen Kommissaren signalisierte dem Bundeskanzler, daß man sich nun doch mit dem Problem der Sicherheit der Bundesrepublik näher befaßt hatte und damit einverstanden sei, daß die Bundesrepublik mit Planungen zur Sicherung im Inneren beginne.[56] Daraufhin ernannte Adenauer am 24. Mai 1950 den bekannten General der Panzertruppe a. D. Gerhard Graf von Schwerin zum „Berater des Bundeskanzlers in Sicherheitsfragen".

Die Berufung eines hochrangigen ehemaligen Offiziers und nicht etwa eines Polizeisachverständigen machte überdeutlich, daß der Bundeskanzler einen zukünftigen militärischen Beitrag Westdeutschlands nicht ausschloß. Adenauer brachte in seinem ersten Gespräch mit Schwerin zum Ausdruck, daß er „einen sachverständigen Berater in militärischen und Sicherheitsfragen benötige" und an Vorschlägen zum „geräuschlosen Aufbau" einer mobilen Bundespolizei überaus interessiert sei. Der Bundeskanzler ließ weiterhin durchblicken, daß Schwerin auf Vorschlag des britischen Generals Sir Brian Robertson ernannt habe und bat seinen Sicherheitsberater um Präsentation von Namen ehemaliger deutscher Generale, die er „gelegentlich empfangen wolle, um auch nach außen zu dokumentieren, daß eine Diffamierung des Teiles der ehemaligen deutschen Wehrmacht, der nicht nazihörig gewesen sei und nur seine nationale Pflicht erfüllt habe, nicht gebilligt werden könne."[57]

Aufgrund der Tatsache, daß sich die Bundesregierung mit Fragen der Landesverteidigung nicht offiziell befassen durfte, war auch an den Aufbau eines offiziellen Sicherheitsressorts nicht zu denken und dementsprechend fand die Arbeit des „Büro Schwerin" und der später so genannten „Zentrale für den Heimatdienst" zunächst im Verborgenen statt. Dem Bundeskanzler mußte vor allem daran gelegen sein, die Existenz seines Beratungsbüros so lange wie möglich geheimzuhalten, denn eine „Enttarnung" des Arbeitsstabes Schwerin zur unrechten Zeit, hätte das Bundeskanzleramt innen- und außenpolitisch stark belastet. Erst am 12. September 1950 verifizierte eine Mitteilung des Bundespresseamtes in der Presse erschienene Vermutungen über die Tätigkeit ehemaliger deutscher Generale für die Bundesregierung in Sicherheitsfragen, obwohl es bereits im Juni mit Wissen und auf Wunsch Adenauers hin zu einer Erörterung anstehender Fragen zwischen Schwerin und dem Vorsitzenden der oppositionellen sozialdemokratischen Bundestagsfraktion gekommen war.[58]

---

56 Buchheim, Hans, Adenauers Sicherheitspolitik 1950 - 1951, in: Aspekte der deutschen Wiederbewaffnung bis 1955, Boppard 1975, S. 124.
57 Handakte Schwerin, Persönliche Aktennotiz: Verlauf des Besuchs beim Herrn Bundeskanzler am 24.05.1950, BA-MA Bw 9/3105, Bl. 12.
58 Vgl. beispielsweise Handakte Schwerin, Besprechungen mit Schumacher am 07.06.1950, BA-MA, Bw 9/3105, Bl. 31.

Dem Wunsch des Bundeskanzlers entsprechend, ihm zur Lage der inneren und äußeren Sicherheit der Bundesrepublik vorzutragen, entwarf Schwerin unterschiedliche Konzeptionen für den Aufbau einer mobilen Bundesgendarmerie. In seinem als streng geheim eingestuften „Gedankenbeitrag für den Aufbau einer mobilen Bundesgendarmerie" vom 29. Mai 1950[59] ging der ehemalige General davon aus, daß „... in jedem Fall mit dem Versuch einer Okkupation Westdeutschlands durch die sowjetischen Streitkräfte gerechnet werden muß." Für die Gesamtkriegsführung der Sowjetunion war es nach Schwerins Beurteilung von entscheidender Bedeutung, das „deutsche militärische Potential – personell und materiell – für eine Verwendung zugunsten der Westmächte frühzeitig auszuschalten."

Hinsichtlich der Rolle der Westmächte in einem möglichen Konflikt führte der Berater des Bundeskanzlers aus, daß „... dem augenblicklichen Kräfteverhältnis entsprechend, die Westmächte das Gebiet zwischen Elbe und Rhein als strategisches Vorfeld betrachten" und wies den Bundeskanzler darauf hin, daß „grundsätzliche Veränderungen der Lage nur mit Hilfe einer deutschen Wiederaufrüstung herbeigeführt werden könne." Hierfür hielt Schwerin 10 bis 12 Panzerdivisionen für erforderlich. Allerdings benötige die Bundesrepublik aufgrund der von Schwerin konstatierten „restlosen Vernichtung des gesamten militärischen Apparates in Westdeutschland" für die Aufstellung der Verbände einen Zeitraum von mindestens 2 bis 3 Jahren unter der Voraussetzung, daß die „Lieferung von Waffen und schwerem Kriegsgerät aus westlichen Quellen in ausreichender Zahl und Schnelligkeit gewährleistet wäre". Die Sicherheit vor der befürchteten sowjetischen Okkupation sollte durch die Aufstellung von starken deutschen und alliierten Verbänden gewährleistet werden, die nach Schwerins Ansicht derart beschaffen sein müßten, daß „dem russischen Generalstab ein Angriff mit Aussicht auf Erfolg nicht mehr möglich erscheint, oder einen ihm zu groß erscheinenden Kräfteeinsatz erforderlich machen würde."[60]

In der Denkschrift wurde allerdings darauf hingewiesen, daß „für die deutsche Wiederaufrüstung aus den bekannten Gründen keine Aussicht auf Verwirklichung besteht" und die Vorschläge hinsichtlich einer Wiederbewaffnung deswegen ohnehin als „reine Spekulationen"[61] zu betrachten seien.

Im Falle eines „Nationalen Notfalls" – so wurde der für möglich angesehene Überfall aus dem Osten paraphrasiert – könne der aufzustellenden Bundesgendarmerie folglich lediglich die Niederschlagung von Aufständen, die Lenkung der zu erwartenden Flüchtlingsbewegungen und die Evakuierung invasionsgefährdeter Gebiete obliegen.[62]

---

59 *Gedankenbeitrag für den Aufbau einer mobilen Bundesgendamerie vom 29.05.1950, BA-MA, Bw 9/3106, Bl. 7 - 11.*
60 *Ibid.*
61 *Ibid.*
62 *Ibid, Bl. 11.*

Damit hatte Schwerin dem Bundeskanzler mit seiner Denkschrift deutlich zu verstehen gegeben, daß die sicherheitspolitischen Interessen der Westmächte gewisse Kongruenzen mit denen der Bundesrepublik aufwiesen und die Einbeziehung des westdeutschen Potentials zur Verteidigung Westeuropas zumindest ein mit Interesse zu verfolgender Gedankengang der westlichen Besatzungsmächte sein mußte.

Schwerin übersah bei seinen ersten Planungen allerdings nicht, daß „... die erfolgreiche Verwirklichung dieser Lösung (der Aufstellung einer mobilen Bundespolizei) weitgehend von allseitigem guten Willen, engster Zusammenarbeit und eindeutig klaren Befehlen (sic!) der alliierten Besatzungstruppen abhängig ist"[63] und zeigte sich damit der vielfältigen Probleme im Zusammenhang mit seinen Überlegungen überaus bewußt.

Adenauer stützte sich aber nicht ausschließlich auf die Beurteilung Schwerins, sondern ließ sich auch über die Haltung des Generaloberst a. D. Franz Halder, dem ehemaligen Chef des Generalstabs des Heeres zur Aufstellung einer Bundespolizei informieren. Halder schien als Ansprechpartner für Adenauer und Schwerin nicht nur aufgrund seiner Tätigkeit als Generalstabchefs besonders geeignet zu sein, denn vor allem wegen seiner Beteiligung an Staatstreichplänen gegen das nationalsozialistische Regime und der mehrmonatigen Inhaftierung im Konzentrationslager im Anschluß an seine Amtsenthebung durch Hitler, galt Halder auch in anglo-amerikanischen Militärkreisen als politisch tragbar.

Franz Halder, der bereits seit Januar 1946 auf Betreiben der „Historical Division" als Leiter der „Operational History (German) Section" eingesetzt war und das im Zuge des Kalten Krieges gewachsene Informationsbedürfnis der Amerikaner nicht nur bezüglich der historischen Aufarbeitung der Operationen des Zweiten Weltkriegs, sondern auch deren zunehmendes Interesse an Studien ehemaliger deutscher Offiziere zur aktuellen militärischen Lage in Europa als Grundlage für die Operationsplanung und Ausbildung ihrer Streitkräfte mit Interesse und sicherlich auch persönlicher Genugtuung verfolgt hatte,[64] kam diesem Wunsch im Juni 1950 nach. Der ehemalige General, erblickte zwar in dem Begriff „Bundespolizei" eine Unwahrheit, die „voraussichtlich im Volke viel böses Blut hervorrufen wird," akzeptierte aber die „Notwendigkeit einer solchen Benennung aus taktischen Gründen."[65] Gleichzeitig betonte der ehemalige Chef des Generalstabs des Heeres, daß die amerikanische Seite inzwischen offensichtlich ein vitales Interesse an der Nutzung des westdeutschen Potentials gegen die sowjetische Bedrohung entwickelt

---

63   Handakte Schwerin, Skizzierung praktischer Möglichkeiten für den Aufbau von Cadre-Einheiten im Rahmen der Vereinigten Westeuropäischen Streitkräfte, Mai 1950, BA-MA, Bw 9/3105, Bl. 18.

64   Vgl. Burdick, Christoph, Vom Schwert zur Feder. Deutsche Kriegsgefangene im Dienst der Vorbereitung der amerikanischen Kriegsgeschichtsschreibung über den Zweiten Weltkrieg. Die organisatorische Entwicklung der Operational History (German) Section, in: MGM, 2 (1971), S. 69 - 80.

65   Der Standpunkt von Herrn Generaloberst Halder in der Frage einer deutschen Bundespolizei und der damit verbundenen Konsequenz der Einschaltung der Bundesrepublik in die militärische Abwehrfront Europas (14.06.1950), BA-MA, Bw 9/3106, Bl. 17.

habe, da unter den derzeitigen Bedingungen aus militärischer Sicht die „Verteidigung der westdeutschen Grenze unmöglich"[66] sei. Als Kernproblem der in Gang gekommenen sicherheitspolitischen Diskussion nannte Halder jedoch den seiner Meinung nach nicht mehr vorhandenen „Wehrwillen des deutschen Volkes", wobei er dies den Alliierten anlastete, die nach seiner Ansicht „... 5 Jahre lang keinen Versuch gescheut haben, den Deutschen jedes soldatische Selbstgefühl zu nehmen" und machte diese Politik für das Entstehen einer „feigen Lethargie, in die sich das deutsche Volk durch eigene und alliierte Propaganda ... hineingesteigert hat, wodurch es in seiner Masse die riesengroße Gefahr, die aus dem Osten droht nicht sieht und nicht sehen will" verantwortlich. Eine Bundespolizei könnte zudem seiner Auffassung nach nicht als „Grundstock für ein Heer" gelten, sondern lediglich als „Cadreformation, die die Aufnahme und Bewaffnung der Männer übernimmt, mit denen in einem Konfliktfall gerechnet werden kann."[67] Diese Bundespolizei dürfe sich darüber hinaus nach Überzeugung Halders nicht aus „Würdenträgern" zusammensetzen, sondern müsse vielmehr „... unten aus Fanatikern und oben aus kühlen Köpfen, die sich nicht durch Gegenpropaganda aus dem Innern aus dem Konzept bringen lassen"[68] zusammengesetzt sein.

Der Aufbau einer Bundespolizei entsprach im Juni 1950 exakt der Politik Adenauers, der mit Hilfe einer derartigen Zwischenlösung von der inneren Sicherheit zur äußeren Sicherheit einschließlich eines späteren militärischen Beitrages gelangen wollte und sich hierbei der inoffiziellen Zustimmung der Hochkommissare sicher zu sein glaubte, wenngleich sich diese bislang offiziell noch der Zustimmung zu Adenauers Vorhaben enthalten hatten.

Eine starke Bundespolizei widersprach nach Adenauers Auffassung nämlich nicht den alliierten Gesetzen und Vorschriften und konnte durch eine Grundgesetzänderung legal abgesichert werden. Darüber hinaus bot diese Lösung auf längere Sicht die Möglichkeit, Kader für einen Verteidigungsbeitrag der Bundesrepublik auszubilden, sobald dies von den Westmächten gefordert wurde[69] und stellte damit gleichsam eine natürliche Vorstufe auf dem Weg zu deutschen Streitkräften dar.

Am 7. Juni 1950 hatte Graf Schwerin die Gelegenheit zum Gedankenaustausch mit dem Oppositionsführer. Schumacher betonte gegenüber dem Sicherheitsberater des Regierungschefs, daß er „trotz parteimäßiger Gebundenheit an gewisse antimilitaristische Grundsätze Realist genug sei, um die Dinge so zu sehen, wie sie wären." Allerdings lehnte Schumacher gegenüber Schwerin eine Verteidigung Westeuropas am Rhein ab, da für die Deutschen seiner Meinung nach nur eine strategische Konzeption in Frage komme,

---

66 Ibid, Bl. 18.
67 ibid, Bl. 17.
68 Ibid, Bl. 18. Mit „Fanatikern" werden in der Quelle ehemalige deutsche Kriegsgefangene in sowjetischer Hand bezeichnet.
69 Mai, Gunther, Westliche Sicherheitspolitik im Kalten Krieg. Der Korea-Krieg und die deutsche Wiederbewaffnung 1950, Boppard 1977. (Militärgeschichte seit 1945, Bd. 4) S. 126.

„die die Entscheidung am Njemen und an der Weichsel, nicht aber am Rhein (sucht)." Außerdem äußerte Schumacher während der Unterredung die Befürchtung, daß die Sowjets einer „ernsthaften Aufrüstung" Deutschlands nicht tatenlos zusehen würden und sah hierdurch eine „eine Kriegsgefahr heraufbeschworen, der Deutschland dann noch ungerüstet zum Opfer fallen wird." Bezüglich der geplanten Aufstellung einer Bundesgendamerie machte der Politiker darauf aufmerksam, daß „jeder Verdacht, die Aufstellung geschähe auf Veranlassung der Alliierten, die sofortige und einmütige Ablehnung der Sozialdemokratie zur Folge haben werde. Die deutschen Arbeiter wären äußerst empfindlich in der Befürchtung, für Zwecke der Alliierten mißbraucht zu werden."[70]

Zusammenfassend bewertete Schwerin die Gedankengänge des Oppositionsführers als „berechtigt und von tiefem Verantwortungsgefühl getragen", beurteilte die Situation jedoch anders als Schumacher: „Die Westmächte, an der Spitze der USA, sind sich – militärisch gesehen – darüber im Klaren, daß eine wirksame Verteidigung Europas nur mit deutscher Beteiligung möglich ist. Man wird daher auf die Forderung auf aktive Teilnahme an der Europaverteidigung an uns stellen, sobald die politische Lage – auch unter Berücksichtigung der russischen Reaktionen – dies gestattet. Die USA besitzen die Machtmittel, um dieser Aufforderung wirksamen Nachdruck zu verleihen." Adenauers Berater zweifelte an, daß man sich deutscherseits diesem Druck erfolgreich widersetzen könne und sorgte sich über die Folgen einer ablehnenden Haltung der deutschen zur Wiederbewaffnung: „Die USA werden mit Recht geltend machen, daß sie nach diesem Kriege genügend für uns getan haben, um Gegenleistungen zu erwarten. Die Weltöffentlichkeit wird sich im Recht fühlen, wenn sie sagt, daß Deutschland gegenüber den Völkern des Westens eine moralische Schuld zu tilgen hat." Die Ablehnung der aktiven deutschen Teilnahme an der Verteidigung Westeuropas könnte die Bundesrepublik im Kriegsfall nicht vor der sowjetischen Okkupation retten, denn „das Interesse (der Sowjets) an der Sicherstellung des deutschen Potentials vor dem Zugriff des Westens ist dazu viel zu groß." Ebenfalls als unrealistisch wurde Plan einer deutschen Neutralität von Schwerin beurteilt. Der ehemalige General war sich nämlich in einem zentralen Punkt vollkommen sicher: „Die USA vertrauen der deutschen Kraft mehr, als allen sonstigen europäischen Völkern. Sie werden uns mehr geben und zusichern, wenn sie unseren Willen zur Kooperation sehen und spüren, daß ihr Geld bei uns besser angelegt ist, als bei anderen."

Für den Leiter der Zentrale für Heimatdienst reduzierte sich die deutsche Wiederaufrüstung lediglich auf eine einzige politische Grundsatzentscheidung: „Sollten wir uns dieser sehr realen Zukunftschance durch Selbstausschaltung begeben?"[71]

---

70 *Handakte Schwerin, Der Standpunkt von Herrn Dr. Schumacher in der Frage der Einschaltung der deutschen Bundesrepublik in die militärische Abwehrfront Europas am 07.06.1950*, BA-MA, Bw 9/3105, Bl. 31.
71 *Handakte Schwerin, Stellungnahme zu den Gedankengängen Dr. Schumachers (Besprechung vom 07.06.1950)*, ibid, Bl. 32.

Der Bundeskanzler war gerade dazu offensichtlich nicht bereit und fühlte sich und seine politischen Vorstellungen durch Schwerins militärische Lagebeurteilung bestätigt.

Die entwickelte „Polizeilösung" als Gegengewicht gegen die bereits in der DDR aufgestellten Verbände der kasernierten Volkspolizei blieb bis in den Frühsommer 1950 Kern der Sicherheitspolitik des Bundeskanzlers, bis der Koreakrieg die internationalen Rahmenbedingungen grundlegend veränderte.

1.2. Die sicherheitspolitische Diskussion in der Bundesrepublik vom Beginn des Koreakrieges bis zur Debatte um die Ablösung des Besatzungsstatuts im Frühjahr 1951

Der Ausbruch des Koreakrieges am 25. Juni 1950 wirkte auf die sicherheitspolitische Diskussion wie ein Katalysator.[72] Hatte als Konsequenz des Ost-West-Konflikts und des konventionellen Kräftegefälles zugunsten der UdSSR der Gedanke an deutsches Militär bereits latent im Raum gestanden und wurde von westlichen Regierungsvertretern die Aufstellung deutscher Verbände langfristig erwartet, fehlten vor dem Einmarsch kommunistischer nordkoreanischer Truppen in Südkorea jegliche zeitliche Prognosen für den Zeitpunkt der westdeutschen Wiederbewaffnung. Die berechtigten Zweifel, eine westdeutsche Aufrüstung gegen innenpolitische Widerstände überhaupt durchsetzen zu können, sowie die von zahlreichen Politikern und Militärs in Westdeutschland und im westlichen Ausland gleichermaßen geäußerte Befürchtung, daß mit der Bewaffnung der Bundesrepublik die Sowjetunion zu einer militärischen Präventivaktion provoziert würde,[73] hatten eine baldige Entscheidung letztlich sehr unwahrscheinlich erscheinen lassen. Der Koreakrieg schien die vorher in allen drei westlichen Hauptstädten zum Ausdruck gekommenen Befürchtungen über den Aggressionswillen der Sowjetunion zu bewahrheiten[74] und ließ die Bedrohung Westeuropas akut erscheinen. Nach Auffassung der amerikanischen Regierung hatten die Vorgänge in Korea gezeigt, daß die Kremlführung einen Krieg zwischen der kommunistischen und der demokratischen Welt offenbar für grundsätzlich unvermeidbar hielt.[75] Die US-Führung sah sich darüber hinaus in ihrer festen Überzeugung bestätigt, „daß der Kommunismus über subversive Handlungen herausgegangen ist, um unabhängige Nationen zu erobern und nun bewaffneten Überfall und Krieg riskieren wird."[76]

72 Vgl. Morsey, Rudolf, Die Bundesrepublik Deutschland, Entstehung und Entwicklung bis 1969, München 1987, S. 27.
73 Vgl. Wiggershaus, Norbert, Zum alliierten Pro und Contra eines westdeutschen Wehrbeitrages, in: Beiträge zur Militärgeschichte, hrsg. vom Militärgeschichtlichen Forschungsamt, Stuttgart 1982, 25. Bd., S. 447.
74 Vgl. Mai, Sicherheitspolitik, S. 22 ff.
75 FRUS 1950, I. S. 375 ff., (NSC 73/1 vom 29.7. 1950).
76 US-Präsident Truman am 28.06. 1950, zit. bei Mai, Sicherheitspolitik, S. 23.

Der Krieg in Korea wurde in der westlichen Welt als Beginn einer neuen globalen sowjetischen Offensive empfunden und da davon ausgegangen wurde, daß der Angriff auf Befehl oder zumindest mit Zustimmung Stalins erfolgt war,[77] löste er gerade in der Bundesrepublik vielfach die Furcht vor einem Dritten Weltkrieg aus. Graf Schwerin zeigte sich in einer Denkschrift für den Bundeskanzler davon überzeugt, daß „... der nordkoreanische Angriff von langer Hand vorbereitet und auf sowjetische Anweisung ausgelöst"[78] worden sei. Solange Deutschland und Europa „ein machtpolitisches Vakuum darstellen," könnte die Sowjetunion das „in großer politischer Verblendung geschaffene Vakuum ausnutzen und das europäische Potential durch einen raschen Angriff paralysieren."[79] Hierbei ging man auf westdeutscher Seite davon aus, daß die „Ostpolizei vor 1952 nicht in der Lage ist, an sowjetischen Offensivaktionen teilzunehmen", wohl aber „die Ordnung in der Sowjetzone aufrechterhalten ... und Aufgaben im Rücken der Sowjettruppen übernehmen" könne.[80] Damit wurde die Volkspolizei der DDR als militärischer Faktor bewertet. Mit einem Schlag war somit ein Szenario entstanden, wie es die strategischen Planungen der westlichen Generalstäbe antizipiert hatten, und nach wenigen Wochen war die Frage eines westdeutschen Wehrbeitrages selbst in der Öffentlichkeit der westlichen Staaten kein Tabu mehr.

Obwohl sich die ersten westlichen Befürchtungen hinsichtlich einer unmittelbar bevorstehenden sowjetischen Aggression bald als unbegründet erwiesen und die neue Lagebeurteilung vielmehr ergeben hatte, daß „Moskau derzeit keinen Konflikt wünsche,"[81] wurde in den westlichen Hauptstädten immer wieder die Überzeugung geäußert, daß die Sowjetunion ab 1952 sehr wohl in der Lage und willens sein werde, einen allgemeinen Krieg in Europa zu führen.

Zumal auch die französische Seite im Sommer 1950 erstmals offiziell in der Bedrohung der Sicherheit Westdeutschlands auch eine Bedrohung Frankreichs erblickte,[82] gewann die Frage eines westdeutschen Verteidigungsbeitrages zwangsläufig eine neue Aktualität. Im amerikanischen Verteidigungsministerium wurde die Frage nach der Bewaffnung der Bundesrepublik bereits nach weniger als 48 Stunden nach Kriegsausbruch in Korea aufgeworfen,[83] wobei die Generale die Bedeutung einer westdeutschen Bewaffnung für die Verteidigung Europas unterstrichen und die frühestmögliche Aufstellung westdeutscher Streitkräfte empfahlen.[84]

---

77 Morsey, Rudolf, Bundesrepublik Deutschland, S. 27.
78 Vgl. Denkschrift vom 10. Juli 1950 „Wie kann der Weltfriede gerettet werden?", BA-MA, Bw 9/3108, Bl. 52.
79 Ibid, Bl. 55.
80 Ibid.
81 FRUS 1950, I, S. 325 f.
82 Vgl. Mai, Sicherheitspolitik, S. 76.
83 Ibid, S. 26.
84 FRUS 1950, IV, S. 686 ff.

In einem 16 Punkte umfassenden Memorandum stellten die Vereinten Stabschefs fest, daß die Verteidigung Westeuropas, an welche die Sicherheit der USA gekoppelt sei, nicht ohne die Einbeziehung der westdeutschen personellen und industriellen Kapazität gewährleistet werden könnte.

Um Ängste der Europäer vor der Aufrüstung Deutschlands zu zerstreuen, sollte die Aufstellung deutscher Verbände zeitgleich mit der Aufrüstung der NATO-Länder erfolgen und als Maßstab für den Umfang der deutschen Streitkräfte sollte die Stärke der französischen Truppen gelten.

In ihrem Schlußsatz stellten die Stabschefs fest, daß sich für sie nicht die Frage stellte, „ob wir den Erfolg unserer politischen Ziele vis-à-vis Westdeutschland riskieren sollen, sondern, ob wir es uns leisten können, die Sicherheit der Vereinigten Staaten dadurch aufs Spiel zu setzen, daß wir nicht alle verfügbaren Kräfte nutzen."[85]

Mit Beginn des Krieges in Korea eröffneten sich dem Bundeskanzler vermehrt Chancen, seine sicherheitspolitischen Vorstellungen durchzusetzen, denn die deutlichen Anzeichen für eine gemeinsame alliierte Position zur Einbeziehung der Bundesrepublik in das westliche Sicherheitssystem und das subjektive Gefühl der Bedrohung der Westmächte durch die Sowjetunion schienen Adenauer darauf hinzuweisen, daß die Westalliierten in der Bundesrepublik immer mehr einen Verbündeten erblickten. Innenpolitisch trugen die Ereignisse in Fernost zur Festigung seiner politischen Position im Hinblick auf die äußerst unpopulären Pläne für die innere und äußere Sicherheit bei und Adenauer nutzte die Gunst der Stunde, durch gezielten Zweckpessimismus[86] die Plausibilität seiner bisherigen Überlegungen öffentlichkeitswirksam darzulegen.

Adenauer konnte davon ausgehen, daß eine erneute Sicherheitsinitiative seitens der Bundesregierung in der jetzigen Situation mit einer ernsthaften und wohlwollenden Prüfung durch die Westmächte rechnen konnte, zumal er ständig im Beisein der Hohen Kommissare auf die Gefährdung des Bundesgebietes durch die inzwischen fast 90.000 Mann[87] umfassenden halbmilitärischen Formationen der Volkspolizei hinwies und damit wirkungsvoll Parallelen zu den Auseinandersetzungen in Korea zog.

Vor allem die Existenz gepanzerter Gefechtsfahrzeuge beunruhigte den Kanzler, der allerdings nicht über die genaue Anzahl der sich im Besitz der Volkspolizei befindlichen Großgeräte informiert war.

In der Tat verfügte die Hauptverwaltung für Ausbildung in der DDR nämlich bereits seit 1949 über 19 Kampfpanzer vom Typ T 34, 19, Selbstfahrlafetten, 19 sowjetische Schützenpanzer vom Typ BA/64 und 26 Schlepper englischer Herkunft, wobei das Großgerät reinen Ausbildungszwecken diente und erst im Mai 1952 zahlenmäßig aufgestockt wurde.[88]

---

85 Ibid. Anfänge westdeutscher Sicherheitspolitik, Bd. 1, S. 511.
86 Vgl. Anfänge westdeutscher Sicherheitspolitik, Bd. 1, S. 511.
87 Handakte Schwerin vom 25.08.950, BA-MA, Bw 9/3108, Bl. 169 u. 191.
88 Vgl. Bericht über die Entwicklung der Kasernierten Volkspolizei 1953 - 1955, BA-MA, DVH 3/2070, Bl. 42.

Obgleich die angeführte Parallelität zwischen der ideologischen und politischen Teilung Koreas und Deutschlands einer systematischen Analyse letztlich nicht standhalten konnte[89] und der deutsche Regierungschef vor allem aufgrund der ihm zur Verfügung stehenden Informationen in Übereinstimmung mit der Beurteilung der Amerikaner wissen mußte, daß mit einem Angriff der Sowjetunion frühestens 1952 zu rechnen sein werde,[90] war Adenauer nunmehr überzeugt, daß er mit einem neuerlichen Vorstoß in Sachen Sicherheitspolitik die letzten Reste von Widerstand bei den Westalliierten überwinden konnte.[91]

In einer Besprechung am 17. Juli 1950 schlug Graf Schwerin in einer Unterredung mit General George Hays, dem stellvertretenden Hohen Kommissar der Vereinigten Staaten für Deutschland, die baldige Einberufung der von den Westalliierten als politisch tragbar angesehenen ehemaliger Truppenführer und Generalstabsoffiziere der Wehrmacht im Rahmen einer Expertenkommission zur Genehmigung vor. Hays akzeptierte die vorgeschlagenen Experten, achtete jedoch darauf, daß die Begriffe Generalstab und Generalstabsoffizier offiziell nicht verwendet werden durften.[92] Daß die Alliierten nun im Interesse ihrer Sicherheit sogar der Tätigkeit einer deutschen Militärexpertenkommission zustimmten, obwohl sie selbst mit ihrem im Dezember 1949 erlassenen Gesetz zur „Ausschaltung des Militarismus"[93] die Beschäftigung mit militärischen Fragen deutscherseits mit hoher Strafe verboten hatten, machte die politische Tragweite einer solchen Entscheidung und das Abweichen von den Beschlüssen der Potsdamer Konferenz überdeutlich. Auch mit der Frage, was mit ehemaligen deutschen Soldaten geschehen solle, die sich freiwillig zur Verteidigung Deutschlands an der Seite der Alliierten melden, hatte sich Hays offensichtlich schon beschäftigt. Der US-General fragte die deutsche Delegation, ob nicht die Möglichkeit bestünde, Angehörige von bestimmten Panzer-divisionen durch zivile oder militärische Stellen aufzufordern, sich an bestimmten Orten zu melden, um dort zu deutschen Kampfeinheiten zusammengefaßt und bewaffnet zu werden. Schwerin beantworte diese Frage bejahend und wies darauf hin, daß der Kontakt zu früheren Angehörigen bestimmter Einheiten ohne erhebliche Schwierigkeiten hergestellt werden könnte.[94]

Graf Schwerin und Adenauers Leiter der Verbindungsstelle zur Alliierten Hohen Kommission, Herbert Blankenhorn, gewannen aus dem Gespräch den Eindruck, „daß die Amerikaner nunmehr durchaus bereit sind, alle wichtigen Probleme nicht nur zu erörtern, sondern auch gemeinsam anzupacken, wobei bei allen Gesprächspartnern noch-

---

89 Vgl. Mai, Sicherheitspolitik, S. 5.
90 Vgl. Anfänge westdeutscher Sicherheitspolitik, Bd. 1, S. 370.
91 Adenauer, Erinnerungen, Bd. 1, S. 350.
92 Unterredung Blankenhorn, Hays, Schwerin am 17.07.1950, BA-MA, Bw 9/3105, Bl. 35 f. Vgl. auch Aktennotiz vom 27.09.1950, ibid., Bl. 181.
93 Amtsblatt der Alliierten Hohen Kommission für Deutschland, Nr. 16 vom 16.12.1949.
94 Handakte Schwerin, Aktennotiz vom 17.07.1950, BA-MA, Bw 9/3105, Bl. 39.

mals zum Ausdruck gebracht wurde, daß diese Fühlungnahmen in äußerster Vertraulichkeit vor sich gehen müßten."[95]

Während einer Besprechung am 18. Juli 1950 im Innenministerium, an der auch Bundesinnenminister Heinemann teilnahm, führte Schwerin aus, daß seitens der Amerikaner keine Einwände bestünden, „voll motorisierte, modern ausgerüstete und kasernierte (sic!) Polizeikräfte zu schaffen",[96] wobei der Aufbau der mobilen Polizeikräfte allerdings „aus politischen Gründen als conditio sine qua non" auf Länderbasis erfolgen müsse. Die angestrebte zentrale Führung sollte trotzdem durch ein Führungsorgan der Bundesregierung sichergestellt werden können.[97]

Am gleichen Tag holte Schwerin auch die Meinung Schumachers über seine Gespräche mit General Hays ein. Besonders der Gedanke Hays, ehemaliger Angehörige deutscher Divisionen zur Unterstützung der Alliierten im Falle einer sowjetischen Invasion einzusetzen, weckten bei dem sozialdemokratischen Oppositionsführer Befürchtungen: Viele der Kameradschaften standen nach Meinung Schumachers zur Zeit unter radikalem politischen Einfluß oder es bestände die Gefahr, daß sie solchen Einflüssen zugänglich würden, wenn man ihre Bildung zuließe. In diesem Zusammenhang erkannte Schumacher „gewisse Tendenzen in alliierten Kreisen, kampfbereite Elemente zu acceptieren, (sic!) auch wenn sie der ehemaligen SS oder ähnlichen parteihörigen Formationen angehört hätten." Obwohl Schwerin seinem Gesprächspartner versicherte, „... es könne Gewißheit dafür gegeben werden, daß nur solche Formationen zur Kadre-Bildung zugelassen würden, die unpolitische und rein soldatische Tendenzen aufwiesen," gelang es dem ehemaligen General offenbar nicht, die Befürchtungen Schumachers gänzlich zu zerstreuen.

Immerhin wurde dem Kanzler bereits am 20. Juli 1950 über das britische Hohe Kommissariat vertraulich mitgeteilt, daß die „Frage der Bildung einer Bundespolizei eingehend im politischen Ausschuß der Hohen Kommission besprochen worden ... und hierbei besonders auf französischer Seite eine wesentliche Auflockerung des bisherigen Widerstandes festzustellen gewesen sei." Außerdem wurde auch von amerikanischer Seite informell zu verstehen gegeben, daß der Bundeskanzler in der Frage der Aufstellung einer Bundespolizei „... eine im wesentlichen befriedigende Antwort erhalten würde."[98]

Einen Tag später schlug Schwerin in seinem „Memorandum über die Vorbereitung von Sofortmaßnahmen für den Katastrophenfall" vor, alle durch die Militärregierung erlassenen Verbote über die Einstellung ehemaliger Berufssoldaten in die Polizeikräfte der Länder beschleunigt aufzuheben.[99] Damit war der Personenkreis, aus dem die Zentrale

---

95 *Ibid, Bl. 42.*
96 *Aktennotiz des Grafen Schwerin vom 19.07.1950, BA-MA, Bw 9/3106 Bl. 19 - 21.*
97 *Ibid, Bl. 19.*
98 *Notiz für den Herrn Bundeskanzler vom 20.07.1950, BA-MA, Bw 9/3106, Bl. 23.*
99 *Stellungnahme zum Memorandum über die Vorbereitung von Sofortmaßnahmen für den Katastrophenfall vom 21.07.1950, ibid, Bl. 37.*

für Heimatdienst ihr Personal rekrutieren wollte, eindeutig festgelegt. Zur „raschen Niederschlagung von Aufstandsbewegungen" riet Schwerin dem Bundeskanzler zur Ausstattung der Bundespolizei mit „leichten Straßenpanzern, sowie mit Pioniermitteln zum Sprengen und Beseitigen von Barrikaden"[100] vor.

Inzwischen hatte Schwerin im Auftrag des Bundeskanzlers die Vorarbeiten für die Einberufung eines „Studienausschusses für deutsche Sicherheitsfragen" erarbeitet. Dieser Ausschuß sollte der Bundesregierung und vor allem dem Bundeskanzler als "beratendes und sachverständiges Organ für alle Fragen, die im Zusammenhang mit Sicherheits- und Rüstungsfragen des Bundesgebiets betreffen" dienen. Die Konstituierung des Ausschusses und die Auswahl seiner Mitglieder sollte durch Verfügung des Bundeskanzlers unter Mitwirkung und Kontrolle der Alliierten Hochkommissare erfolgen.

Weiterhin forderte Schwerin, daß „der inoffizielle Charakter des Ausschusses und die Notwendigkeit, seine Arbeiten unter völliger Diskretion und Vermeidung öffentlichen Interessenanteilnahme durchzuführen, ein Absetzen vom offiziellen Regierungsapparat" unabdingbar machen würde. Als Präsident der Versammlung wurden Generaloberst Heinrich von Vietinghoff, als Vizepräsident General Gustav von Wietersheim und als Generalsekretär General Adolf Heusinger vorgeschlagen, wobei letzterer zugleich als Leiter des Arbeitsstabs vorgesehen war. Als Ausschußmitglieder wurden außerdem die ehemaligen Generale Hans Speidel, Leo Geyr von Schweppenburg, Fridolin von Senger und Etterlin, Hans Röttiger und Graf Schwerin benannt.[101]

Bei der personellen Besetzung des Gremiums wurde offensichtlich bewußt auf Generale zurückgegriffen, die mehr als andere ehemalige deutsche Offiziere Distanz zum Nationalsozialismus gehalten hatten und nicht zuletzt aus diesem Grund bei den westlichen Alliierten besonderes Ansehen genossen.

Die Brisanz seines Vorschlags erkennend, forderte Schwerin: „Die Handhabung des gesamten Materials muß geräuschlos und ohne Aufsehen erfolgen, sowohl im Interesse sowohl der Alliierten, als auch der Deutschen."[102]

Sowohl bei vorgeschlagenen Personen, als auch mit dem Hinweis auf die strikte Geheimhaltung der Überlegungen, stieß Schwerin auf die Zustimmung der Alliierten, denn General Hays, dem geschäftsführenden Vorsitzenden der Alliierten Hohen Kommission, gab nicht nur seine Zustimmung zu den deutschen Vorschlägen, sondern betonte, „... daß es nicht zweckmäßig sei, so viele Personen zu Mitwissern zu machen. Dies träfe auch auf Minister zu (sic!)."[103] Schwerin und sein Begleiter beendeten das Gespräch mit dem festen

---

100 *Ibid.*
101 *Handakte Schwerin, Studienausschuß für deutsche Sicherheitsfragen, BA-MA, Bw 9/3105, Bl. 43. In der Quelle wird „General Senger von Eltlin" genannt. Gemeint ist jedoch General Fridolin von Senger und Etterlin, siehe ibid, Bl. 45.*
102 *Handakte Schwerin, Memorandum über die Inangriffnahme von Sicherheitsmaßnahmen für den Fall eines „Nationalen Notstandes" im Bundesgebiet vom 21.07.1950, BA-MA, ibid, Bl. 50 - 52, hier Bl. 51.*
103 *Handakte Schwerin, Aktennotiz über die Besprechung am 25.07.1950, ibid, Bl. 74.*

Eindruck, daß „diese Äußerung von General Hays sehr ernst gemeint war." Er (Hays) wollte damit augenscheinlich zum Ausdruck bringen, daß die Fortsetzung der Verhandlungen gefährdet sei, wenn ein zu großer Kreis von Mitwissern vorhanden sei, bei dem Indiskretion unvermeidbar wären."[104]

Am 28. Juli 1950 erfuhr Adenauer offiziell von der Alliierten Hohen Kommission, daß die Alliierten nunmehr bereit seien, der Aufstellung einer mobilen Polizeiformation auf Länderebene mit insgesamt 10 000 Mann zuzustimmen und die Alliierte Hohe Kommission es zudem begrüßen würde, „... wenn ihr Gelegenheit gegeben würde, Vorschläge für die Aufstellung einer Pol(izei) Org(anisation) baldmöglichst mit einem Vertreter der Bundesregierung zwanglos zu besprechen."[105]

Wie übermächtig die Rolle der Westmächte für die Sicherheitspolitik der Bundesrepublik zum damaligen Zeitpunkt und wie schwach dagegen die Stellung des westdeutschen Regierungschefs war, konnte unschwer daraus abgeleitet werden, daß die Alliierte Hohe Kommission in dem Schreiben an Adenauer ihre Bereitschaft zusichern mußte, den Artikel 91, Absatz 2 des Grundgesetzes[106] aufzuheben, worin die Bildung von größeren Polizeiverbänden ausdrücklich untersagt worden war Bevor die deutsche Seite mit diesbezüglichen Planungen überhaupt erst beginnen konnte, mußte das alliierte Placet zu einer Änderung des Grundgesetzes eingeholt werden.

Die von dem britischen Hohen Kommissar Sir Ivone Kirkpatrick vorgeschlagene „zwanglose Besprechung" fand am 4. August 1950 statt. Hierbei sondierten Vertreter des Bundesinnenministeriums die Haltung der Hohen Kommissare bezüglich der erarbeiteten Polizeivorschläge. Hier erfuhren die deutschen Vertreter hinsichtlich der Bewaffnungsfrage der künftigen Polizeiverbände, daß die Alliierten generell „... jede Bewaffnung gutheißen, die normalerweise von einer Polizei verwandt wird ... jedoch trotzdem genau wissen wollten, um welche Waffen es sich handelt und in welcher Anzahl sie verwendet würden."[107] Auch der während der Besprechung hinsichtlich der Bewaffnung unterbreitete Vorschlag von General Hays, Handgranaten besser als Tränengas zu bezeichnen, da letzteres „... das Publikum nicht so schlecht aufnimmt,"[108] machte deutlich, daß die alliierten Vertreter sich hier auf ein sehr glattes Parkett vorgewagt und auf Befindlichkeiten vielerlei Art Rücksicht zu nehmen hatten. Wie stark sich das Verhältnis zwischen der Bundesregierung und den Besatzungsmächten qualitativ verändert hatte, wurde auch

---

104 Ibid, B. 75.
105 Vgl. Alliierte Hohe Kommission für Deutschland an den Kanzler der Bundesrepublik Deutschland vom 28.07.1950, BA-MA, Bw 9/3106, Bl. 54.
106 Ibid. In dem Schreiben heißt es wörtlich: „... die Alliierte Hohe Kommission hat Ihren (Adenauers) Antrag sorgfältig geprüft und weiß die Motive, die zu diesem Antrag geführt haben, wohl zu würdigen. Sie ist bereit, das Verbot hinsichtlich des Art. 91, Abs. 2 des Grundgesetzes aufzuheben und die Aufstellung einer mobilen Polizeiformation von insgesamt 10 000 Mann in den den verschiedenen Ländern zu genehmigen..."
107 Niederschrift über die Besprechung mit der Alliierten Hohen Kommission am 04.08.1950 (Villa Deichmann), BA-MA Bw 9/3106 Bl. 59 - 74, hier Bl. 70.
108 Ibid, Bl. 66.

Anfang August deutlich, als der amerikanische Hohe Kommissar verfügte, daß Schwerin in seiner Eigenschaft als militärischer Berater Adenauers nunmehr Zugang zu vertraulichen und offiziellen Unterlagen des US-Oberkommandos zu gewähren sei.[109] Obwohl Graf Schwerin sehr schnell ernüchtert feststellen mußte, daß seine eigenen Quellen hinsichtlich der militärischen Entwicklung in der DDR offensichtlich zuverlässiger und aufschlußreicher waren, als die der alliierten Nachrichtendienste,[110] minderte dies nicht den Symbolcharakter der Maßnahme und wies auf das nachdrücklich gewandelte Verhältnis zwischen der Bundesrepublik und der westlichen Führungsmacht hin.

Gestärkt wurde die Haltung des Bundeskanzlers zwischenzeitlich durch die Äußerungen des britischen Oppositionsführers Winston Churchill vor der Beratenden Versammlung des Europarats in Straßburg am 11. August 1950.

Churchill sprach sich mit Nachdruck für eine deutsche Beteiligung in einer europäischen Armee aus. Nach eingehender Debatte sprach sich die Beratende Versammlung daraufhin in einer Resolution für die sofortige Aufstellung einer deutschen Armee unter der Verantwortlichkeit eines europäischen Verteidigungsministers aus. Die Resolution wurde mit 39 gegen 5 Stimmen bei 27 Enthaltungen angenommen, wobei mit Ausnahme der deutschen Sozialdemokraten alle deutschen Vertreter für die Annahme stimmten. [111]

Kurz zuvor hatte Schwerin von der britischen Delegation bei der Alliierten Hohen Kommission erfahren, daß man seitens der Hochkommissare gegen die geplante Einberufung eines deutschen Militärexpertenausschusses nicht einzuwenden habe – „sofern die Einberufung geheim gehalten wird."[112]

Besonders die Berufung des Generalobersten von Vietinghoff als Präsident der Expertenkommission stieß auf Zustimmung der britischen Verantwortlichen.

Auch gegen die Berufung eines „Kabinettsausschusses für die Fragen der äußeren Sicherheit" durch den Bundeskanzler hatte man seitens der Hochkommissare nichts einzuwenden, sondern sah in einem solchen Gremium vielmehr einen möglichen Verhandlungspartner für einen interalliierten Ausschuß, der die Probleme der äußeren Sicherheit der Bundesrepublik erörtern könnte.

Insgesamt zeigte sich die britische Seite davon überzeugt, daß das Problem eines möglichen deutschen Wehrbeitrags auf höchster politischer Ebene besprochen werde und zu erwarten sei, „... daß als Folge dieser Diskussion auf der kommenden Außenministerkonferenz in Washington interalliierte Beschlüsse gefaßt würden, die dann die anschließende praktische Arbeit ermöglichen."[113] Trotz der Versicherung, die in Gang gekom-

109 Aktennotiz Schwerin vom 06.08.1950, BA-MA, Bw 9/3108 Bl. 63.
110 Aktennotiz Schwerin vom 25.08.1950 „Gesamtbelegung der Sowjetzone", ibid, Bl. 169.
111 Europa – Archiv, Siebtes Jahr, Juli – Dezember 1952, S. 5024.
112 Handakte Schwerin, Aktennotiz über die Besprechung zwischen Mr. Christopher Steel und Graf Schwerin am 08.08.1950 nachmittags, BA-MA, Bw 9/3105, Bl. 100 - 103, hier Bl. 101.
113 Ibid, Bl. 103.

mene Entwicklung fördern zu wollen, baten die Briten darum, „daß deutscherseits alles vermieden würde, um durch unbedachte Schritte, Presseverlautbarungen oder Indiskretion, denjenigen Elementen Vorschub zu leisten, die diese Entwicklung stören möchten."[114] Innenpolitisch gestaltete sich die Situation für Adenauer wesentlich schwieriger, denn der auf einer Innenministerkonferenz der Länder formulierte Vorschlag, möglichst viele ehemalige Wehrmachtsangehörige in die Bundespolizei einzustellen, stieß vor allem bei sozialdemokratisch regierten Bundesländern auf entschiedenen Widerspruch und löste Befürchtungen vor dem „militanten Charakter" der Polizei aus.[115] Auch der dezente Hinweis des Verhandlungsführers aus dem Bundesinnenministerium, daß es sich hierbei um einen „ausdrücklichen Wunsch" des Vorsitzenden der Alliierten Hohen Kommission handele, der geäußert habe, „... in die mobilen Länderpolizeien möglichst viele fronterfahrene ehemalige Soldaten einzustellen", konnte die Ängste der Innenminister nicht zerstreuen, die zudem über den wahren Sachstand der in Gang gekommenen militärischen Überlegungen keine Kenntnis besaßen.

Am 14. August 1950 ließ der Bundeskanzler dem Kabinett eine Denkschrift vorstellen, die sich mit der äußeren Sicherheit der Bundesrepublik befaßte und eine Woche zuvor von den Generalleutnanten a. D. Dr. Hans Speidel und Adolf Heusinger sowie dem General der Infanterie a. D. Hermann Foertsch verfaßt worden war.[116]

Die Grundgedanken der Schrift bezogen sich auf die Sicherheitslage, die Struktur einer neuen deutschen Armee und nannte die Bedingungen, unter denen ein deutscher Verteidigungsbeitrag erwogen werden sollte. Als unabdingbare Voraussetzungen nannten die Autoren Gleichberechtigung und Sicherheit der Bundesrepublik. Zunächst sollte die Bereitschaft der Westalliierten zur Aufgabe des Besatzungsstatuts vorliegen und die völlige militärische Gleichberechtigung der Westdeutschen garantiert sein. Ausgehend von der Annahme, daß die atomare Überlegenheit der Vereinigten Staaten möglicherweise bis 1952 ihre Abschreckungskraft verlieren könne, hielten die Autoren die baldige Aufstellung westdeutscher Streitkräfte für zweckmäßig.

Neben einer als unerläßlich angesehenen Verteidigungsgarantie der NATO sollten zum militärischen Schutz der Aufstellung der Verbände zusätzliche westliche Truppen in die Bundesrepublik verlegt werden, damit sowjetische Präventivmaßnahmen zu einem größeren Risiko werden sollten. Auch wenn die Generale eindeutig eine militärische Lösung empfahlen, lehnten sie die Aufstellung von Polizeiverbänden als Vorstufe einer Wiederbewaffnung nicht grundweg ab.[117]

114 *Ibid, Bl. 100.*
115 *Aktenvermerk über die Besprechung mit Herrn Präsident Egidi, Innenministerium, und den Herren v. Kienle und Fischer, Z.f.H. am 11.08.1950. BA-MA, Bw 9/3106 Bl. 73.*
116 *Denkschrift „Gedanken zur äußeren Sicherheit der Bundesrepublik" (vom 07.08. 1950), Text in: Speidel, Aus unserer Zeit, S. 477 ff.*
117 *Ibid.*

Bezeichnenderweise erfolgte keine Diskussion der Denkschrift im Kabinett und der Kanzler informierte die Ministerrunde ebenfalls über seine bevorstehende Sicherheitsinitiative nicht.[118] Adenauer wußte nur zu genau, daß die Ablehnung eines Verteidigungsbeitrags und die Aversion gegen die mögliche Aufstellung deutscher Truppen in der Bundesrepublik weitverbreitet war, sich durch alle politischen Gruppierungen der Gesellschaft zog und auch vor seinen Mitarbeitern bis hinein in das Bundeskabinett nicht halt machte.

Die für Adenauer typische Auslegung seiner Richtlinienkompetenz als Kanzler traf auf den sensiblen Politikbereich der äußeren Sicherheit in besonderem Maße zu und bestimmte die Haltung des Kabinetts zur Frage der westdeutschen Wiederbewaffnung von Anfang an, obwohl in seinem Kabinett zu diesem Zeitpunkt sehr geteilte Auffassungen zum Problem der Sicherheit Westdeutschlands existierten.

Schwerin nahm die Dissonanzen im Kabinett sofort zum Anlaß, dem Bundeskanzler die Bildung eines „Besonderen Kabinettsausschusses für Angelegenheiten der äußeren Sicherheit" vorzuschlagen, dessen Mitglieder sich „... ihrer hohen Verantwortung bei der Besprechung und Bearbeitung derartiger Angelegenheiten bewußt sein (müßten)."

Obwohl es sich bei den Mitgliedern dieses Ausschusses ausschließlich um Kabinettsmitglieder handeln sollte, wurde angemahnt, daß „die Auswahl des in Sicherheitsfragen einzuweihenden Personenkreises dementsprechend nach besonders scharfen Gesichtspunkten und erst nach sorgfältigster Prüfung zu erfolgen (hat)."[119]

„Sicherheitsfragen aller Art sind geheimste Staatsangelegenheiten,"[120] führte Schwerin zur Begründung seines ungewöhnlichen Vorschlags an und konnte sich sicher sein, daß der Bundeskanzler dies ebenso beurteilte und die Konsequenzen hieraus selbst für die Arbeit im Kabinett zu ziehen bereit war.

Auf der Sitzung mit den Hohen Kommissaren am 17. August 1950 stellte der Kanzler mit Blick auf die innenpolitische Stimmung in Westdeutschland klar, daß er von den Besatzungsmächte deutliche Signale erwartete, die Bundesrepublik wirksam verteidigen zu wollen und stellte wiederum die Forderung nach einer Sicherheitsgarantie der Westalliierten und einer entscheidenden Verstärkung der alliierten Truppen auf.[121]

Trotz Churchills eindeutigem öffentlichen Votum für eine westdeutschen Beitrag zur Verteidigung Europas hielt sich Adenauer mit dem Angebot eines militärischen Kontingents auffällig zurück. Obgleich er eine solche Option auch diesmal nicht vollkommen

---

118 Handakte Schwerin, Protokoll der Besprechung vom 08.09.1950. BA-MA, Bw 9/3105, Bl. 104 - 107.
119 Handakte Schwerin, Bildung eines „Besonderen Kabinettsausschusses für Angelegenheiten der äußeren Sicherheit vom 15.08.1950, BA-MA, Bw 9/3105, Bl. 109 - 110, hier Bl. 110. Als Mitglieder des Ausschusses wurden vorgeschlagen: Bundeskanzler, Vizekanzler, Bundesinnenminister, Bundesfinanzminister, Bundesverkehrsminister, Bundespostminister, Bundesarbeitsminister, Staatssekretär für Auswärtige Angelegenheiten, Staatssekretär für Innere Angelegenheiten. „Sorgfältigster Prüfung" ist in der Quelle unterstrichen.
120 Ibid, Bl. 109. Der Satz ist in der Quelle vollständig unterstrichen.
121 Adenauer, Erinnerungen, Bd. 1, S. 356 ff.

ausschloß,[122] zielte Adenauer jetzt anscheinend darauf ab, die drei Westalliierten zu einer entsprechenden Aufforderung an die Bundesregierung zu veranlassen. Neu war sein gegenüber den Westalliierten geäußerter Wunsch, eine Bundespolizei in Stärke von 150.000 Mann als Reaktion auf die von ihm angenommene Bedrohung durch die militärisch ausgebildeten Kader der Volkspolizei der DDR aufstellen zu dürfen.[123]

Zwar hatte das von den Besatzungsmächten gebilligte Grundgesetz die Verantwortung für die innere Sicherheit in die Kompetenz der Bundesregierung gelegt, doch löste diese Forderung im Hinblick auf die paramilitärische Aufgabenstellung und den zahlenmäßigen Umfang dieser Polizeiformation Befürchtungen vor einer möglichen Entwicklung der Bundespolizei zu einer westdeutschen Nationalarmee aus. In der Tat sah Adenauer in einer starken Bundespolizei die Möglichkeit, Kader für einen Verteidigungsbeitrag auszubilden, sobald dies von den Westmächten gefordert wurde,[124] betrachtete allerdings diese Vorstufe zu einer Wiederbewaffnung als integralen Teil eines umfassenden Sicherheitssystems auf europäisch-atlantischer Basis und nicht als Grundsteinlegung für eine deutsche Nationalarmee. Zugleich versicherte er den Alliierten, daß die Aufstellung des geplanten Freiwilligenverbandes nur mit Zustimmung der SPD erfolgen werde und informierte den Oppositionsführer Schumacher vom Inhalt des Gesprächs. Die Fraktionschefs seiner Regierungskoalition erfuhren dagegen erst am 22. August von den Plänen des Bundeskanzlers,[125] während sich das Kabinett erst weitere drei Tage später mit den Problemen westdeutscher Sicherheit auseinandersetzen konnte und hierbei von Adenauer auf die von ihm favorisierte „Polizeilösung" eingeschworen wurde.

Kurz zuvor war der Regierungschef informiert worden, daß die Volkspolizei nunmehr über 38 Bereitschaften mit einer Gesamtstärke von 53.000 Mann verfüge und bis August 1950 die Umgliederung der militärisch ausgebildeten Einheiten zur „Volksarmee" in der DDR geplant sei.[126]

Damit wurde zum ersten Mal in Schwerins Akten die Bezeichnung „Volksarmee" für die sich formierenden Streitkräfte in der DDR benutzt. Weiterhin war in dem vertraulichen Bericht davon die Rede, daß Walter Ulbricht und das Politbüro der SED die Ansicht vertreten, daß die ehemaligen Wehrmachtoffiziere ihre Aufgabe als Spezialisten beim organisatorischen Aufbau der militärischen Einheiten der Volkspolizei erfüllt hätten und nun nicht mehr gebraucht würden.[127] Ulbricht würde bei der Umsetzung dieser Forderung

---

122 Vgl. Sicherheitspolitik der Bundesrepublik Deutschland, Dokumentation 1945 - 1977, hrsg. von Klaus von Schubert, Köln 1978, Bd. 1. S. 73 f. (Pressekonferenz vom 20. August 1950).
123 Adenauer, Erinnerungen, Bd. 1, S. 350.
124 Vgl. Mai, Sicherheitspolitik, S. 216.
125 Vgl. Brentano an Adenauer vom 22. August 1950, in: Baring, Arnulf, Sehr verehrter Herr Bundeskanzler! Heinrich von Brentano im Briefwechsel mit Konrad Adenauer 1949 -1964, Hamburg 1974, S. 52 f.
126 Aktennotiz Schwerin vom 08.08.1950, BA-MA Bw 9/3108, Bl. 191.
127 Ibid, S. 174.

von Volkspolizeikommandeuren aus der SED unterstützt, die sich den ehemaligen Offizieren fachlich unterlegen fühlten und die sowjetischen Berater darüber hinaus „mehr auf das Urteil der deutschen militärischen Sachverständigen geben, als auf das altbewährter kommunistischer Führer."[128] Insgesamt wurden die militärischen Fähigkeiten der Volkpolizeioffiziere – soweit es sich nicht um ehemalige Wehrmachtoffiziere handelte – in Bonn als eher gering eingeschätzt und davon ausgegangen, daß die Gefahr eines sowjetischen Angriffs auf absehbarer Zeit überhaupt nicht bestand.[129] Die traditionelle Distanz der deutschen Kommunisten zum Militär und der daraus resultierende Mangel an Militärexperten in der SED wurde in Bonn als beruhigend empfunden.

Inzwischen bemühte sich die Zentrale für Heimatdienst um die personelle Erfassung aller gedienten Wehrmachtsangehörigen, da diese als „... die Voraussetzung für alle Remilitarisierungsmaßnahmen, besonders für die Cadre-Bildung" bewertet wurde. Hierzu wurde die Verlegung der unter Viermächte-Kontrolle stehenden Kartei der Wehrmachtauskunftstelle Berlin nach Koblenz vorgeschlagen, um das „wertvolle Material eventuellem sowjetischen Zugriff zu entziehen."[130] Der ursprünglich gemachte Vorschlag, eine Fragebogenaktion der Alliierten zur Erfassung der gedienten Wehrmachtsangehörigen durchzuführen, verfiel hingegen nach einem Gespräch im Innenministerium der Ablehnung: „Jedermann erkennt sofort Sinn und Zweck der Erfassung. Bei der allgemeinen Furcht und Einstellung vor möglicher kommender Entwicklung werden viele versuchen, sich dieser Erfassung zu entziehen oder falsche Angaben zu machen, deren Kontrolle nicht durchführbar ist."[131]

Von der Existenz eines Sicherheitsmemorandums,[132] das Adenauer dem amerikanischen Hochkommissar McCloy am 29. August 1950 als Diskussionsgrundlage für die im September geplante Konferenz der Außenminister der Westmächte in New York aushändigte, erfuhr das Kabinett bezeichnenderweise erst zwei Tage später.

Trotz einhelliger Empörung über das Vorgehen des Kanzlers[133] bedeutete die nachträgliche Zustimmung des Kabinetts, das von der Übergabe des Memorandums durch die Tagespresse erfahren hatte, die endgültige Legitimierung des von Adenauer eingeschlagenen sicherheitspolitischen Kurses. In dem Sicherheitsmemorandum wies der Bundes-

---

128 Ibid, S. 175.
129 Vgl. Handakte Schwerin, „Aide Mémoire für die Besprechung des Herrn Bundeskanzlers vom 17.08.1950", BA-MA, Bw 9/3105 Bl. 121.
130 Handakte Schwerin, „Vortragsnotiz für Herrn Min.Dir. Blankenhorn zur Vorlage beim Bundeskanzler vom 21.08.1950", ibid, Bl. 218 „Voraussetzung" ist in der Quelle unterstrichen.
131 Handakte Schwerin, Aktennotiz „Erfassung kriegsgedienter Soldaten und des jüngeren Nachwuchses im Wege einer Fragebogenaktion", ibid, Bl.141 - 143, hier Bl. 142.
132 Handakte Schwerin, „Memorandum des Bundeskanzlers Konrad Adenauer über die Sicherung des Bundesgebietes nach innen und außen" vom 29.8.1950, ibid, Bl. 148 - 155.
133 Heinemann, Gustav, Was Dr. Adenauer vergißt. Notizen zu einer Biographie, in: Ders.: Im Schnittpunkt der Zeit, Reden und Aufsätze, Darmstadt 1957, S. 99.

kanzler gegenüber den Westmächten darauf hin, daß sich „... der ganze Ernst der Situation aus der Betrachtung der in der Ostzone versammelten sowjetischen Kräfte und der dort im beschleunigten Aufbau befindlichen Volkspolizei (ergibt).“[134] Der konstatierte bei letzterer die „Entwicklung von der Polizei zur Polizei-Armee“[135] und führte gegenüber den Alliierten aus, daß die Volkspolizei in „naher Zukunft etwa 150.000 Mann umfassen wird, die nach Gesamtplanung auf rund 300.000 Mann gebracht werden soll.“[136]

Der Bundeskanzler stellte seinerseits fest, daß die Verteidigung der Bundesrepublik den Besatzungstruppen obläge und wiederholte dringend seine Bitte um Verstärkung der Besatzungstruppen: „Denn die Verstärkung dieser Besatzungstruppen in Westeuropa kann allein der (westdeutschen) Bevölkerung sichtbar den Willen der Westmächte kundtun, daß Westdeutschland im Ernstfall auch verteidigt wird. Eine solche Verstärkung ... ist auch deshalb notwendig, weil nur hinter dem Schutz einer ausreichenden Zahl gut ausgerüsteter alliierter Divisionen die gegenwärtig in Westeuropa anlaufenden Verteidigungsmaßnahmen ungestört durchgeführt werden können. Der Bundeskanzler hat ferner wiederholt seine Bereitschaft erklärt, im Falle der Bildung einer internationalen westeuropäischen Armee einen Beitrag in Form eines deutschen Kontingents zu leisten. Damit ist eindeutig zum Ausdruck gebracht, daß der Bundeskanzler eine Remilitarisierung Deutschlands durch Aufstellung einer eigenen nationalen militärischen Macht ablehnt.“[137]

Der Bundeskanzler schlug nun seinerseits in dem Memorandum vor, umgehend auf Bundesebene eine Schutzpolizei als Gegengewicht zur ostzonalen Volkspolizei aufzustellen und dadurch einer von ihm befürchteten Entwicklung nach koreanischem Vorbild entgegenzutreten. Abschließend stellte der Regierungschef in realistischer Selbsteinschätzung der eigenen Position im internationalen Gefüge fest: „Da mit den Vorbereitungen sofort begonnen werden muß, ist es erforderlich, daß die Alliierte Hohe Kommission der Bundesregierung die Weisung (sic!) erteilt, die notwendigen Schritte zur Schaffung dieser Schutzpolizei einzuleiten.“[138]

In einem Zusatz zu dem Memorandum wurde der aufzustellenden Bundespolizei die Aufgabe zugewiesen, die „Sicherung der Regierungen des Bundes und der Länder vor revolutionären Versuchen zur Machtübernahme und Sabotageakten der 5. Kolonne“ und der „Schutz der Grenzen des Bundesgebietes gegen das gewaltsame Eindringen von illegalen staatsfeindlichen Kräften, die den Bestand der Bundesrepublik gefährden könnten“ zu übernehmen. Darunter fielen nach Ansicht Adenauers „in erster Linie die Verbände der Volkspolizei der Ostzone, sowie die unter ihrem Einfluß stehenden Kräfte

---

134 *Handakte Schwerin „Aide Mémoire für die Besprechung des Herrn Bundeskanzlers am 17.08.1950“, BA-MA, Bw 9/3105, Bl. 159.*
135 *Ibid, Bl. 150.*
136 *Ibid, Bl. 151.*
137 *Ibid, Bl. 154.*
138 *Ibid, Bl. 155.*

der FDJ." Hinsichtlich der personellen Zusammensetzung wurde den Alliierten vorgeschlagen, auf „gediente ehemalige Soldaten" zurückzugreifen.[139]
Die Ausrüstung der Formationen sollte aus automatischen Handfeuerwaffen, Handgranaten, Maschinengewehren, Granatwerfern, sowie leichten Straßenpanzern bestehen.[140]
Diese neugeschaffene Bundespolizei sollte einheitlich uniformiert, ausgerüstet und auch
kaserniert sein. Insgesamt sollte die Bundespolizei 120.000 Freiwillige umfassen und in
den Laufbahnrichtlinien den Bestimmungen der Schutzpolizei der Weimarer Republik
angeglichen werden. Ein besonderer Parlamentsausschuß sollte über die Einhaltung der
politischen Richtlinien wachen und insgesamt sollte die alliierte Kontrolle durch das alliierte Sicherheitsamt in Koblenz wahrgenommen werden.[141]
Vor allem letzteres sollte vorhandene Befürchtungen der Westmächte vor dem Aufbau
einer kasernierten deutschen Polizei mit militärähnlichem Charakter zerstreuen und
unterstrich den engen sicherheitspolitischen Gestaltungsrahmen des Bonner Regierungschefs. Von McCloy hatte Adenauer inzwischen erfahren, daß dieser nicht nur die zahlenmäßige Verstärkung der geplanten Bundespolizei befürwortete, sondern sich auch seit
August 1950 immer wieder dafür eingesetzt hatte, Widerstände des französischen
Hohen Kommissars André Francois-Poncet gegen die zentrale Führung deutscher Polizeikräfte zugunsten einer föderativen Führungsstruktur zu überwinden.[142]
Dementsprechend sah er in dem amerikanischen Hochkommissar einen einflußreichen
Fürsprecher seiner sicherheitspolitischen Auffassungen.
Allerdings nahm Innenminister Gustav Heinemann, im Dritten Reich mit der Beken-
nenden Kirche im Widerstand gegen Hitler verbunden und nun Präses der Synode der
Evangelischen Kirche in Deutschland, die Forderungen und vor allem die Vorgehens-
weise des Bundeskanzlers in der Polizeifrage zum Anlaß, am 31. August 1950 seinen
Rücktritt zu erklären, was den wohlkalkulierten konfessionell-koalitionstechnischen
Proporz im Kabinett empfindlich störte und zu Befürchtungen Anlaß geben mußte, daß
sich große Teile der protestantischen Wählerschaft bei den nächsten Wahlen von den
Unionsparteien abwenden könnten.
Mit seiner Ansicht, daß eine zu enge Westbindung der Bundesrepublik zur Vertiefung
der Spaltung Deutschlands und eine Wiederbewaffnung angesichts des sowjetischen
Sicherheitsbedürfnisses zu einem Krieg auf deutschem Boden führen müsse, stand
Heinemann, der sich darüber hinaus als Ressortminister übergangen und persönlich
gedemütigt fühlte,[143] sicherlich nicht allein und machte deutlich, daß Adenauer in der

---

139 Zusatz zu dem Memorandum des Herrn Bundeskanzlers an die Alliierte Hohe Kommission am 29.08.1950, BA-MA, Bw 9/ 3106
   Bl. 108 f.
140 Ibid, Bl. 109 f.
141 Ibid, Bl. 110.
142 Vgl. Aktennotiz Schwerin betreffend „Absicht einer weiteren gestaffelten Pol. Verstärkung" vom 28.08.1950, BA-MA, Bw 9/3106 Bl. 102.
143 Heinemann, Adenauer, S. 101.

Gestaltung seiner Sicherheitspolitik im Herbst 1950 keinesfalls von einer einheitlichen Unterstützung seiner Politik durch die Unionsparteien ausgehen konnte.

War die Kritik an dem Vorgehen des Kanzlers bei der Überreichung des Sicherheitsmemorandums an McCloy unüberhörbar, gewann die langfristig konzipierte Sicherheitspolitik Adenauers trotzdem weiterhin Gestalt und Gewicht.

Der zweite Teil des Memorandums brachte nämlich zwar verklausuliert, aber unmißverständlich zum Ausdruck, daß für die Bundesregierung eine Beteiligung der Bundesrepublik an der Verteidigung Westeuropas nur dann in Frage käme, wenn eine erhebliche Ausweitung des politischen Handlungsspielraums und der Selbstbestimmung dieses Engagement aus Sicht der Westdeutschen sinnvoll erscheinen ließe. Dazu zählte vor allem der Abschluß von Friedensverträgen mit den ehemaligen Kriegsgegnern und die Regelung der künftigen Beziehungen der Bundesrepublik zu den Besatzungsmächten durch ein Vertragssystem.[144]

Bis Ende August war der inneramerikanische Meinungsbildungsprozeß in der Frage einer deutschen Wiederbewaffnung fast abgeschlossen.

Sowohl das State Departement als auch das Pentagon empfahlen in einem gemeinsamen Schreiben an den Präsidenten ein Konzept für die Verteidigung Westeuropas,[145] das unter anderem die Verstärkung der amerikanischen Truppen in Europa auf eine Gesamtstärke von fünfeinhalb Divisionen, die Aufstellung einer europäischen Verteidigungsmacht im Rahmen und unter Führung der NATO aus nationalen Kontingenten, einschließlich eines deutschen, vorsah. Weiterhin wurde die unverzügliche Formierung westdeutscher Streitkräfte in „angemessener Stärke" und die frühestmögliche Teilnahme der Bundesrepublik an der NATO-Organisation gefordert.

Der amerikanische Außenminister Acheson verband den Gesamtkomplex einschließlich der Frage der westdeutschen Aufrüstung zu einem „single package", einem nur im Ganzen zu akzeptierenden oder zu verwerfenden Vorschlag an die Partner in Europa.[146]

Damit wurden die Europäer vor die Alternative gestellt, mit der dringend für nötig erachteten Verstärkung der amerikanischen Truppen in Europa auch eine westdeutsche Aufrüstung zu akzeptieren oder mit der Ablehnung eines deutschen Kontingents die Zurücknahme der Angebote zu riskieren. Präsident Truman billigte die Empfehlung inhaltlich und in der Form des Paketvorschlags nach mehrtägigen Beratungen am 9. September 1950.[147]

Als entscheidend für die Haltung der USA erwies sich die Erkenntnis, daß ohne den Bonner Beitrag die in Aussicht genommene Streitkräfteplanung der Alliierten in Mittel-

---

144 Vgl. „Memorandum zur Frage der Neuordnung der Beziehungen der Bundesrepublik zu den Besatzungsmächten" vom 29.8. 1950; Text in: Handakte Schwerin, Eintrag 29.08.1950, BA-MA, Bw 9/3105, Bl. 148 - 160.
145 FRUS 1950, III, S. 273 - 178, (NSC 82).
146 Vgl. Mai, Sicherheitspolitik, S. 34 f.
147 Vgl. Martin, Decision, S. 654.

europa nicht realisiert werden konnte. Ebenso trug die Befürchtung, daß die Deutschen vor diesem Hintergrund den politischen Preis für ihre Mitarbeit drastisch erhöhen könnten, zu einer derart raschen Entscheidung bei.

Obwohl hiermit faktisch die Vorentscheidung für eine deutsche Wiederbewaffnung getroffen war, kündigte der Präsident vor der Öffentlichkeit lediglich die Verstärkung der amerikanischen Truppen in Europa für den Fall an, daß die westeuropäischen Staaten entsprechende Maßnahmen treffen würden und ging mit keinem Wort auf die geplante militärische Einbeziehung der Bundesrepublik an der Seite des Westens ein.[148] Wenn auch die Aufstellung einer Verteidigungsstreitmacht der NATO in Westeuropa in die Kompetenz des gesamten Bündnisses fiel, so war die Frage eines westdeutschen Verteidigungsbeitrags weiterhin eine Angelegenheit für eine gemeinsame Entscheidung der Besatzungsmächte.

Dementsprechend wurden der amerikanische und der britische Außenminister davon unterrichtet, daß Washington die Frage der Verteidigung Europas einschließlich der westdeutschen Beteiligung auf der am 12. September 1950 beginnenden Außenministerkonferenz der drei Westmächte erörtern und auch auf die Tagesordnung der unmittelbar darauf folgenden NATO-Ratstagung setzen wollte.

Zwar hatten sich die Briten sich im Vorfeld der Konferenz noch nicht gewillt gezeigt, der Neuschaffung einer deutschen Armee zuzustimmen, bekundeten jedoch ihre generelle Bereitschaft, über die Einbeziehung des deutschen Kontingents diskutieren zu wollen.[149] Gleichzeitig redete die britische Regierung mit der Forderung nach Aufstellung einer westdeutschen Bundespolizei einer konkreten und weitreichenden Zwischenlösung das Wort und fügte als Diskussionsgrundlage eine Denkschrift der britischen Stabschefs[150] bei, die bereits konkrete Vorstellungen für einen deutschen Militärbeitrag enthielt.

Insgesamt bedeutete die britische Haltung eine beträchtliche Unterstützung der amerikanischen Position gerade im Hinblick auf Frankreich, das weiterhin sein Hauptinteresse in der Verhinderung einer deutschen Nationalarmee und deren möglichen Vorstufen sah.

Obwohl die New Yorker Außenministerkonferenz unter diesen Ausgangsbedingungen noch keinen konkreten Lösungsvorschlag für die Art und Weise der westdeutschen Wiederbewaffnung hatte erarbeiten können, konnte nach einem interalliierten Klärungsprozeß trotzdem ein Kommuniqué verfaßt werden, das erhebliche Zugeständnisse an die Bundesrepublik vorsah. Neben der Anerkennung der Bundesregierung als einzig legitimierte deutsche Regierung und einer Sicherheitsgarantie für das Bundesgebiet stellten die Alliierten zugleich die Beendigung des Kriegszustands in Aussicht und kündig-

---

148 Keesings Archiv der Gegenwart 1950, S. 2573, 9.9. 1950.
149 FRUS 1950, IV, S. 716 f. (Briefwechsel Bevin - Acheson)
150 FRUS 1950 III, S. 265 f. (German Association with the Defence of the West, 18.08. 1950).

ten bedeutende Schritte auf dem Weg der Bundesrepublik zur Souveränität an. Unter anderem sollte die Errichtung eines Außenministeriums, die Aufnahme diplomatischer Beziehungen gestattet und eine weitreichende Revision von Industrie- und Produktionsbeschränkungen angestrebt werden[151].

Allerdings war die von der Bundesregierung vorgeschlagene Aufstellung einer militärischen oder halbmilitärischen Bundespolizei von den Alliierten nicht zugelassen worden, was einen erheblichen Rückschlag für die Sicherheitspolitik Adenauers bedeutete, wenngleich dieser ohnehin nicht mit der Erfüllung aller Forderungen und Wünsche seines Sicherheitsmemorandums gerechnet hatte.

Entscheidend war für Adenauer in dieser Situation vielmehr, daß die Alliierten offensichtlich seine Verknüpfung von Gleichberechtigung und Bewaffnung akzeptierten und er dadurch seine Verhandlungsposition gegenüber den Westalliierten entscheidend gestärkt sah.

Obschon die NATO-Ratstagung aufgrund des französischen Widerstands kein klares Votum für die deutsche Wiederbewaffnung abgegeben hatte, wurde dem Kanzler trotz teilweise widersprüchlicher und unvollkommener Information durch die Hohen Kommissare klar, daß die Westalliierten langfristig einen offiziellen westdeutschen Verteidigungsbeitrag wünschten und planungsmäßig vorbereiteten. Der deutsche Regierungschef akzeptierte die New Yorker Weichenstellung gegen die Polizeilösung, legte das Konzept der verdeckten Aufrüstungsvorbereitung zu den Akten und ersetzte es sofort durch Planungen für einen offiziellen militärischen Verteidigungsbeitrag. Offensichtlich hatte die bislang anvisierte Polizeilösung für den Bundeskanzler nur den Charakter einer Interimslösung getragen.

Die Ergebnisse der New Yorker Konferenz bedeuteten damit eine Zäsur in der historischen Entwicklung, da ab diesem Zeitpunkt nicht mehr über die Bundesrepublik, sondern offensichtlich mit ihr gemeinsam über die zukünftige Sicherheitspolitik verhandelt wurde.

Adenauer hatte seinerseits bereits im Vorfeld der Konferenz seit August 1950 alle sich bietenden Möglichkeiten genutzt, die offensichtlichen innenpolitischen Widerstände weiter Kreise der Bevölkerung gegen seinen Kurs der Wiederbewaffnung gezielt einzudämmen und sich neue Wählerschichten zu erschließen, nachdem ihm der Rücktritt seines Innenministers Heinemann die Gefahr der innenpolitischen Isolierung und Abnahme seiner Popularität deutlich vor Augen geführt hatte.

Vor allem seit dem Bundeskanzler bewußt geworden war, daß die Aufstellung eines westdeutschen Truppenkontingents Personal der ehemaligen Wehrmacht und die Mitarbeit ehemaliger Berufssoldaten erfordern würde, bemühte sich Adenauer gezielt um diesen

151 Europa - Archiv, 5 (1950), S. 3406 f.

Personenkreis und empfing am 26. August 1950 eine von Schwerin nach dem Kriterium der politischen „Unbedenklichkeit"[152] sorgfältig ausgewählte Delegation hochrangiger ehemaliger Wehrmachtoffiziere. Damit setzte der Regierungschef ein deutliches Zeichen wider die von den meisten ehemaligen Soldaten als ungerecht empfundenen Diffamierungen, wenngleich Probleme der materiellen Versorgung der früheren Berufssoldaten während des Empfangs im Vordergrund standen. Gerade mit Blick auf die ehemaligen Soldaten beschäftigte sich die Zentrale für Heimatdienst in einer Studie bereits über die künftige Ergänzung des Offizierkorps der neu aufzustellenden deutschen Streitkräfte legte Graf Schwerin 1950 folgende Kriterien fest:

„1. Für die Auslese des Offizier-Nachwuchses müssen allein der Wert der Persönlichkeit und die soldatische Veranlagung maßgebend sein. Irgendwelche Rücksichten auf Stand und Herkunft darf es nicht geben. Durch enge Verwurzelung in allen Schichten des Volkes sollen dem Offizierkorps neue und unverbrauchte Kraftquellen erschlossen werden.

2. Den Offizierberuf soll nur ergreifen, wer von dessen hohen und idealen Aufgaben für Staat und Volk durchdrungen ist. Ein Offizier-Anwärter, bei dem sich während der Ausbildungszeit herausgestellt hat, daß er wegen geistiger, körperlicher oder moralischer Mängel die volle Eignung zum Offizier nicht erlangen wird, sollte frühzeitig wieder aus der Offizierlaufbahn ausgeschieden werden."[153]

Vor allem mit Blick auf die in Bonn genau beobachtete Rekrutierungspraxis der bewaffneten Kräfte in der DDR, die sich bei der Rekrutierung ihres Offizierkorps gezielt und bewußt auf die Arbeiterschaft stützten, war folgende Festlegung der Studie von besonderer Relevanz, da hierbei die Gegensätzlichkeit der Ansichten über die künftige Struktur und soziale Zusammensetzung des Offizierkorps der Streitkräfte in Ostdeutschland und in der Bundesrepublik besonders verdeutlichten: „Von Offizieren, die als Repräsentanten deutscher Truppenkontingente in einer internationalen Streitmacht laufend mit Offizieren fremder Heere zusammenkommen, ist ein hoher Bildungsgrad zu fordern. Da das geistige Niveau des Offiziers außerdem mitbestimmend ist für das Ansehen, welches das Offizierkorps in der Öffentlichkeit und bei Untergebenen genießt, und da ferner die heutige Vielseitigkeit des militärischen Organismus an den Offizier erhöhte Anforderungen stellt, wird die Einstellung als Offizieranwärter von dem Besitz des Reifezeugnisses abhängig zu machen sein."[154]

Abweichend von der Forderung nach dem Reifezeugnis wurde allerdings festgelegt:

„Hingegen wird bei Unteroffizieren und Mannschaften aus der Truppe, die aufgrund ihrer besonderen Leistungen, ihrer hohen Persönlichkeitswerte und ihres ausreichenden

---

152 *Namentliche Liste ehem. Generale, deren Empfang unbedenklich. Handakte Schwerin, BA-MA, Bw 9/3105, Bl. 2.*
153 *Studie VIII 1950 (Offizierergänzung Truppenoffizierlaufbahn), BA-MA, Bw 9/1369, Bl. 6.*
154 *Ibid, Bl. 7. In der Quelle sind „hoher Bildungsstand" und „Besitz des Reifezeugnisses" unterstrichen.*

Allgemeinwissens in die Offizierlaufbahn übergeführt werden, auf den Besitz des Reifezeugnisses verzichtet werden können."[155] Damit knüpften die militärischen Planer in der Bundesrepublik an das seit Bestehen des Deutschen Reichs rechtsverbindliche Auslesekriterium des Abiturs für Offiziere an, das erst durch Hitler am 30. September 1942[156] unter dem Eindruck der überhohen Offizierverluste aufgehoben wurde. Gleichzeitig wurde damit die Wiederverwendung von Wehrmachtoffizieren, die nach 1942 auch ohne Abitur zum Offizier befördert worden waren, nicht generell ausgeschlossen und der Zugang zur Offizierlaufbahn auf eine breitere soziale Basis gestellt werden.

Um das weitere Erstarken der Front seiner innenpolitischen Gegner zu verhindern, ging der Kanzler am 28. August 1950 ein ungewöhnliches Bündnis mit dem Vorsitzenden des Deutschen Gewerkschaftsbundes ein: Der DGB-Vorsitzende Hans Böckler zeigte sich einverstanden, in der innenpolitischen Auseinandersetzung um einen deutschen Wehrbeitrag stillzuhalten, wenn Adenauer sich im Gegenzug zu Reformen in der Mitbestimmungsfrage bereit erklären würde.[157]

Damit war es Adenauer gelungen, den erwarteten entschiedenen Protest dieser mächtigen gesellschaftlichen Gruppe gegen seine Politik zumindest spürbar abzuschwächen. Um die theoretischen Voraussetzungen für die Aufstellung eines deutschen Kontingents im Rahmen einer übernationalen Streitmacht zu entwickeln und ihre militärpolitischen, strategisch-operativen und organisatorischen Grundlagen zu untersuchen, tagten die bereits im Frühsommer ausgewählten Mitglieder des „Studienausschusses für deutsche Sicherheitsfragen" im Oktober 1950 im Eifelkloster Himmerod. Ziel der Arbeitstagung, die auch mit Rücksicht auf die bereits dargestellten Vorgaben der Alliierten unter strengster Geheimhaltung stattfand – aus Tarnungsgründen wurde die Tagung amtsintern als „Zusammenziehung der Versicherungsagenten"[158] bezeichnet – war die Erarbeitung einer umfassenden Denkschrift zum Problem des deutschen Verteidigungsbeitrags für den Bundespräsidenten, den Kanzler und einen ausgewählten Kreis von Kabinettsmitgliedern. Um alles zu vermeiden, was dem gegenseitigen Vertrauen von Regierung und Opposition in Sicherheitsfragen hätte abträglich sein können, sollte General a. D. Speidel das Ergebnis der Tagung dem Oppositionsführer vortragen.[159] Die operativen Vorstellungen der schließlich bis zum 9. Oktober 1950 erarbeiteten „Himmeroder Denkschrift"[160] gingen von einer Verzahnung deutscher und alliierter Truppen bei der

---

155 Ibid.
156 Vgl. Bald, Detlef, Der Deutsche Offizier. Sozial- und Bildungsgeschichte des deutschen Offizierkorps im 20. Jahrhundert, München 1982, S. 116.
157 Pirker, Theodor, Die SPD nach Hitler, Die Geschichte der Sozialdemokratischen Partei Deutschlands 1945 - 1964, München 1965, S. 135.
158 Handakte Schwerin, Aktenvermerk betreffend Unterredung mit Bundesminister Wildermuth am 04.08.1950, BA-MA, Bw 9/3105, Bl. 91.
159 Vgl. Speidel, Aus unserer Zeit, S. 275.

Verteidigung Westeuropas so weit ostwärts wie möglich aus und hielten hierfür die Aufstellung von 12 westdeutschen Heeresdivisionen mit Luftwaffen- und Marinekontingenten für unabdingbar.

Neben der Erörterung operativer Fragen stand auch das Problem der Einordnung der künftigen Streitkräfte in Staat und Gesellschaft der Bundesrepublik, sowie die Integration dieser Kontingente in eine europäische Streitmacht im Blickpunkt des Gremiums.

Von den Westmächten erwartete man als Gegenleistung für den deutschen Beitrag zur Absicherung Europas die volle Souveränität, militärische Gleichberechtigung in struktureller und materieller Hinsicht, die Aufhebung alliierter Gesetze über Entmilitarisierung und die Rehabilitierung des deutschen Soldaten.

Als wichtigste innenpolitische Forderung nannte der Expertenausschuß die Zustimmung von Opposition und Gewerkschaften zum Wehrbeitrag, die Abgabe einer Ehrenerklärung für den deutschen Soldaten durch die Bundesregierung und nicht zuletzt die Regelung der Versorgung früherer Soldaten.

Auch wenn von nun an in Adenauers Umgebung bereits von der Ernennung eines „Ministers für äußere Sicherheit" gesprochen wurde, mußte der Regierungschef alles vermeiden, was die in Gang geratene hitzige Diskussion über den Wehrbeitrag anheizen konnte und alle öffentliche Äußerungen unterlassen, die geeignet schienen, seine innenpolitischen Schwierigkeiten noch zu verschlimmern.

Keine Institution des öffentlichen Lebens in Westdeutschland hat sich unmittelbar nach dem Zweiten Weltkrieg mit gleichem Engagement in die Diskussion um die Entmilitarisierung und später um einen Verteidigungsbeitrag eingeschaltet wie die Kirchen der beiden großen christlichen Konfessionen.[161]

Gerade die evangelische Kirche sah nach dem durch den Zweiten Weltkrieg verursachten Verlust der protestantischen Kerngebiete im Osten des Reiches die Gefahr eines drohenden Übergewichts des Katholizismus im westlichen Teilstaat[162] und deswegen in der Wahrung der weiteren staatlichen Einheit Deutschlands das Primärziel der deutschen Nachkriegspolitik.

Eine auf – wenn auch nur zeitlich begrenzte – Teilung angelegte Politik, wie das Konzept der Westbindung Adenauers, mußte konsequenterweise automatisch die Interessen der EKD verletzten und auf massiven Widerstand stoßen.

Neben dem zurückgetretenen Innenminister Heinemann, der keine Chancen für eine friedliche Wiedervereinigungspolitik unter den Bedingungen der deutschen Aufrüstung

160 Rautenberg, Hans-Jürgen und Norbert Wiggershaus, Die „Himmeroder Denkschrift" vom Oktober 1950. Politische und militärische Überlegungen für einen Beitrag der Bundesrepublik Deutschland zur westeuropäischen Verteidigung, in: MGM 1/77, Textedition der „Denkschrift des militärischen Expertenausschusses über die Aufstellung eines deutschen Kontingents im Rahmen einer übernationalen Streitmacht zur Verteidigung Westeuropas vom 9. Oktober 1950", S. 168 - 189.
161 Anfänge westdeutscher Sicherheitspolitik, Bd. 1, S. 533.
162 Vgl. Evangelische Kirche in Deutschland und die Wiederaufrüstungsdiskussion in der Bundesrepublik, hrsg. von Wolf Werner Rausch und Christian Walther, Gütersloh 1978, S. 14.

erkennen konnte und den die von vielen Deutschen geteilten Befürchtungen vor einer Wiederkehr des Militarismus plagten, galt vor allem der Kirchenpräsident Martin Niemöller als Exponent des Unbehagens, das viele Protestanten am Anfang der Ära Adenauer empfanden.

Der einflußreiche Niemöller stand von Anfang an zur Bonner Politik in Opposition und entwickelte sich zu einem der eloquentesten und erbittertsten Gegner der Bonner Außenpolitik und vor allem Konrad Adenauers.

In der Bundesrepublik sah Niemöller, der auch das Kirchliche Außenamt der EKD leitete, von Anfang an „... ein Kind, das im Vatikan gezeugt und in Washington geboren wurde."[163] Neben der ethisch begründeten Ablehnung der Aufrüstung beschuldigte er den Bundeskanzler in seinem offenen Brief vom 4. Oktober 1950 [164] gegen den Willen und gegen die Interessen des deutschen Volkes die Wiederaufrüstung zu betreiben, forderte Neuwahlen für den Bundestag und drohte Widerstand für den Fall eines westdeutschen militärischen Kontingents zu einer europäischen Streitmacht an. Zwar nahm Adenauer die von Niemöller geäußerten Vorwürfe gerade im Hinblick auf ihre schwer abzuschätzende Wirkung auf die protestantische Wählerschaft außerordentlich ernst, übersah aber nicht, daß es auch einflußreiche Vertreter der evangelischen Kirche gab, die für seine Sicherheitspolitik aus christlich – protestantischer Sicht unmißverständlich Stellung bezogen.

So zeigte die EKD keineswegs ein Bild der Geschlossenheit in der Ablehnung eines Verteidigungsbeitrags.

Allerdings war es Niemöller mit seinem Brief gelungen, bei dem amerikanischen Hochkommissar John McCloy Befürchtungen und Zweifel zu wecken, ob es Adenauer wirklich gelingen würde „die breite Basis im Empfinden des deutschen Volkes zu finden, um die Politik der Eingliederung Westdeutschlands in die europäische Abwehrfront durchzuführen."[165]

In Josef Kardinal Frings fand Adenauer einen prominenten katholischen Kirchenführer, der sich bereits im Juli 1950[166] öffentlich zur Pflicht des Christen bekannt hatte, den Staat gegen Angriffe von außen zu verteidigen und damit die Sicherheitspolitik des Kanzlers wirksam unterstützte. Wenngleich es auch eine tendenzielle katholische Opposition gegen den sicherheitspolitischen Kurs des Kanzlers gab, blieb diese jedoch weitgehend ohne politische Bedeutung und war eher ein Beleg für die These, daß sich Zustimmung, Indifferenz oder Ablehnung zur Frage eines militärischen Beitrags in allen Schichten der Bevölkerung, Parteien und Kirchen anzutreffen war.

---

163 Zitiert nach Schwarz, Hans-Peter, Die Ära Adenauer. Gründerjahre der Republik 1949 -1957; Epochenwechsel 1957 -1963, 2 Bände, Stuttgart und Wiesbaden 1981 - 1983, Bd. 1. S. 123.
164 Text in: Europa - Archiv, 5 (1950), S. 3584 f.
165 Handakte Schwerin, Vortragsnotiz vom 18.10.1950 (Besuch General Speidel bei McCloy), BA-MA, Bw 9/3105, Bl. 194.
166 Keesings Archiv der Gegenwart, (1950), S. 2501 f. (Predigt Frings am 23.7. 1950).

Fast noch problematischer als die Position des Kanzlers stellte sich die Haltung der oppositionellen SPD und ihres Vorsitzenden dar:
Die Ablehnung des deutschen Wehrbeitrags durch die Sozialdemokraten erfolgte vorwiegend unter dem Gesichtspunkt der Priorität der Wiedervereinigung stützte sich dabei auf die bereits dargestellte weitverbreitete pazifistische und antimilitaristische Grundhaltung unter den Parteimitgliedern.[167]
Einerseits war Schumacher, der auch engen Kontakt zu den Generalen, die den Kanzler berieten hielt, entschlossen, seine Partei auf den Kurs eines Wehrbeitrags zu bringen, und hatte sogar gefordert, daß „... falls tatsächlich ein deutscher Verteidigungsbeitrag erfolge, der Westen stark genug sein muß, die entscheidenden Schlachten sofort ostwärts von Njemen und Weichsel zu schlagen."[168] Andererseits reihte er sich selbst und seine Partei im Kampf gegen die Politik des Bundeskanzlers öffentlichkeitswirksam an die Seite der entschiedenen Wiederaufrüstungsgegner um Niemöller ein. Besonders im Zusammengehen mit Niemöller sah Schumacher eine reale Chance, auf der Woge der breiten „Ohne-mich-Bewegung" in der Bevölkerung doch noch zur Macht zu gelangen. Allerdings brachte gerade die Janusköpfigkeit seiner Haltung in der Wehrfrage den Oppo-sitionsführer auch in der eigenen Partei in Bedrängnis und Schumacher wurde im Verlauf der weiteren Diskussion teilweise zum Gefangenen seiner eigenen Taktik.[169]
Allerdings mußte Adenauer seinen Versuch, einen Schulterschluß mit der Opposition in der Frage eines westdeutschen Militärbeitrags zu erreichen, ebenfalls als gescheitert ansehen.
Inzwischen hatten die USA bis Mitte Oktober 1950 ihr Modell für eine Aufrüstung Deutschlands präzisiert. Der amerikanische Plan[170] einer „European Defence Force" sah einen militärischen und wirtschaftlichen westdeutschen Verteidigungsbeitrag vor.
Die vorgesehenen Heeresverbände sollten mit nichtdeutschen Verbänden in Korps und andere Großverbände integriert werden.
Die Aufstellung einer deutschen Luftwaffe wurde nicht in Erwägung gezogen, da die Luftunterstützung für die deutschen Divisionen von den alliierten taktischen Luftwaffenverbänden geleistet werden sollte.
Neben den grundlegenden Sicherungen durch Integration und zentrale Ausrüstung trat die zahlenmäßige Beschränkung der deutschen Truppen auf maximal ein Fünftel der verfügbaren europäischen Gesamtstärke. Weiterhin war die Aufrechterhaltung bestehender Industriebeschränkungen durch das alliierte Militärische Sicherheitsamt und die Über-

---

167 *Miller, Susanne und Potthoff, Heinrich, Kleine Geschichte der SPD, Darstellung und Dokumentation 1848 - 1990, Bonn 1991,* S. 199.
168 *Zitiert nach Buczylowski, Ulrich, Kurt Schumacher und die deutsche Frage. Sicherheitspolitik und strategische Offensivkonzeption vom August 1950 bis September 1951, Stuttgart 1951 (Zeitpolitik Reihe 2, Bd. 13), S. 108.*
169 *Schwarz, Hans-Peter, Die Ära Adenauer, S. 122.*
170 *FRUS 1950, III, S. 376.*

wachung der Offizierauswahl als zusätzliche Kontrolle des deutschen Potentials vorgesehen. Damit liefen die amerikanischen Vorschläge zum Teil der deutschen Forderung nach politischer und militärischer Gleichberechtigung zuwider und zeigte die amerikanische Bereitschaft, auf französische Vorstellungen hinsichtlich der Kontrolle des westdeutschen Wehrbeitrags Rücksicht zu nehmen. Allerdings machten die Amerikaner keinen Hehl daraus, daß die französische Seite bis zum 28. Oktober 1950 den Vorschlägen zustimmen mußte, wollte sie nicht das gesamte amerikanische Leistungsangebot in Frage stellen, auf das die Franzosen dringend angewiesen waren.[171]

Die militärischen Probleme Frankreichs in Indochina waren durch die Räumung des gesamten Nordens von Tonkin und durch den Fall der Festung Dong-Khé weithin sichtbar geworden und verstärkten die Abhängigkeit Frankreichs von amerikanischer Unterstützung.

Damit wirkten die Vorgänge in Indochina direkt auf die anstehenden Entscheidungen in Europa und schwächten die bisher ablehnende französische Position in der Frage der westdeutschen Wiederbewaffnung gegenüber den amerikanischen Vorschlägen zunehmend.

Um nicht durch die Ablehnung eines westdeutschen Truppenkontingents den offiziellen Bruch mit den USA zu riskieren,[172] entschied sich der französische Ministerrat am 21. Oktober 1950 für eine supranationale Lösung der westeuropäischen Verteidigung und westdeutschen Bewaffnung, die nach offizieller französischer Auffassung nicht als westdeutsche Aufrüstung bezeichnet werden konnte.[173]

Der sogenannte „Pleven-Plan"[174] ging von der Aufstellung deutscher Truppen im Rahmen einer europäischen Armee aus, die unter einer einheitlichen politischen und militärischen Autorität stehen sollten. Die deutschen Kontingente sollten auf der Basis der kleinstmöglichen Einheit, des Bataillons, in die europäische Armee eingegliedert werden, während allen anderen Teilnehmern nicht nur die Fortexistenz ihrer nationalen Verteidigungsministerien, sondern auch die Beibehaltung eigener Streitkräfte gestattet sein sollte. Abgesehen vom zweifelhaften militärischen Wert der projektierten nationalgemischten Divisionen bestand die schwerwiegendste Herabsetzung des zukünftigen westdeutschen Partners jedoch in der kaum verhüllten Absicht des Pleven-Planes, die Bundesrepublik von der Mitgliedschaft in der NATO und damit von der politischen Souveränität auszuschließen.[175]

171 Vgl. Anfänge westdeutscher Sicherheitspolitik, Bd. 1, S. 392.
172 Vgl. Loth, Wilfried, Sozialismus und Internationalismus. Die französischen Sozialisten und die Nachkriegsordnung Europas 1940 - 1950, Stuttgart 1977 (Studien zur Zeitgeschichte Bd. 9), S. 289.
173 Europa. Dokumente der Europäischen Einigung, 3 Teilbände, München 1962, S. 817 ff. (Schuman - Rede vor der Beratenden Versammlung des Europarats am 24.11. 1950)
174 Europa - Archiv, 5 (1950), S. 35118 ff. (24.10. 1950).
175 Wettig, Entmilitarisierung in Deutschland, S. 369.

Adenauer reagierte in einer ersten Stellungnahme zum Pleven-Plan mit Ablehnung, verzichtete aber in öffentlichen Verlautbarungen auf ein eindeutiges Nein der Bundesregierung.

In seiner offiziellen Äußerung vom 28. Oktober 1950 richtete der deutsche Regierungschef seine Kritik auf die vielfältigen Diskriminierungen des Pleven-Plans und betonte, daß die Bundesregierung unter keinen Umständen von den Bedingungen vollständiger Gleichberechtigung mit allen anderen Kontingenten abrücken werde.[176]

Auf die vage Versicherung des französischen Ministerpräsidenten, daß Diskriminierungen der Bundesrepublik ausgeschlossen sein würden, betrachtete Adenauer den Plan trotz seiner fragwürdigen militärischen Effizienz in seiner Regierungserklärung vom 8. November 1950[177] plötzlich „als einen wesentlichen Beitrag zur Integration Europas".

Die in der gleichen Bundestagsdebatte geäußerte Bereitschaft des Kanzlers, „gern bei der Beratung des Pleven-Plans mitzuarbeiten",[178] konnte nicht darüber hinwegtäuschen, daß Adenauer die Situation dergestalt einschätzte, daß die „Entscheidung über den französischen Plan in der Hauptsache bei den Vereinigten Staaten liegt".[179]

Dementsprechend vermied er eindeutig ablehnende Äußerungen zum Pleven-Plan und wartete die Reaktion der USA zu den Vorschlägen ab. Da die französische Konzeption nicht die von den USA favorisierte Aufstellung einer europäischen Armee unter einheitlichem atlantischen Oberkommando vorsah, war Adenauer überzeugt, daß das Nebeneinander von europäischen und nationalen Streitkräften den Intentionen der USA entgegenlief und deswegen nach Einschätzung Konrad Adenauers ohnehin lediglich geringe Realisierungschancen hatte.

Die in der Bundestagsdebatte geäußerten offiziellen Ansichten Adenauers zum Pleven-Plan wurden wiederum nicht gemeinsam mit den Kabinettsmitgliedern abgesprochen, sondern der Ministerrunde lediglich zur billigenden Kenntnisnahme seitens des Bundeskanzlers erst kurz vor Beginn der Debatte vorgelegt, so daß die Abgeordneten der Regierungsfraktionen nicht mehr über den Inhalt der Resolution unterrichtet werden konnten.[180]

Offensichtlich war Adenauer bereit, nicht nur das Kabinett, sondern vor allem auch die Regierungsfraktionen durch überraschende Alleingänge bewußt zu übergehen, um Kritik an seiner Sicherheitspolitik aus den eigenen Reihen im Vorfeld auszuschalten und die Abgeordneten der Regierungsparteien dadurch zur Geschlossenheit zu zwingen.

176 Presseäußerung des Bundeskanzlers, 28.10.1950. Presse- und Informationsamt der Bundesregierung. Presseäußerungen des Bundeskanzlers, Bonn (1950).
177 Verhandlungen des Deutschen Bundestages, Stenographische Berichte, 1. Wahlperiode, Bd. 5, 98. Sitzung, 8.11.1950, S. 3602A.
178 Ibid.
179 Adenauer, Konrad, Adenauer, Rhöndorfer Ausgabe, hrsg. von Rudolf Morsey und Hans-Peter Schwarz, Teegespräche, 1950 - 1954, Berlin 1983, S. 12. (Teegespräch vom 27.10.1950).
180 Die Kabinettsprotokolle der Bundesregierung, hrsg. für das Bundesarchiv von Hans Booms, 5 Bände, Boppard am Rhein 1984 - 1989, Bd. 2, 109. Kabinettssitzung vom 7.11. 1950, S. 815.

Dieser provozierende Umgang des Regierungschefs mit seinen politischen Freunden und die insbesondere von FDP und Deutscher Partei angemahnte sofortige partnerschaftliche Gleichberechtigung innerhalb eines militärischen Bündnisses stellte Adenauers Politik der Vorleistungen generell in Frage und führte zu ernsten Verstimmungen im Regierungslager, das zusehends weniger Bereitschaft zeigte, die Alleingänge des Regierungschefs zu tolerieren.

Nachdem die Wiederbewaffnung nichtsdestotrotz außenpolitisch immer konkretere Formen annahm, wollte der Kanzler die Vertretung seiner sicherheitspolitischen Ziele gegenüber dem Parlament und der Öffentlichkeit nunmehr einem Politiker anvertrauen, der zusätzlich die notwendigen Besprechungen mit den Besatzungsmächten übernehmen sollte. Mit der Berufung des Gewerkschaftssekretärs Theodor Blank zum „Beauftragten des Bundeskanzlers für die mit der Vermehrung der alliierten Truppen zusammenhängenden Fragen" und der Auflösung der ZfH setzte Adenauer ein deutliches Zeichen, daß die Zeit des geheimen Planens vorüber war.

Das Problem des deutschen Verteidigungsbeitrags wurde durch die Ernennung Blanks innen- und außenpolitisch bewußt auf eine höhere Verhandlungsebene gehoben. [181] Damit einhergehend, nahmen auch personelle Planungen für den künftigen Verteidigungsbeitrag der Bundesrepublik konkretere Formen an und es wurde in der Dienststelle Blank eine Prüfstelle „Godesberg" eingerichtet, die sich unter anderem mit der Ausarbeitung von Richtlinien für die Wiedereinstellung von Offizieren, der künftigen Gestaltung des Beförderungsablaufs, der Gestaltung des allgemeinen Dienstes und der Rehabilitierung von ehemaligen Soldaten, die aus politischen Gründen degradiert worden waren, beschäftigen sollte. Besondere Aufmerksamkeit sollte hierbei der „Ausarbeitung von Vorschlägen zur Gewährleistung einer nach demokratischen Grundsätzen gesteuerten Personalpolitik"[182] gewidmet werden.

Obwohl spätestens seit der Berufung Blanks das öffentliche Interesse an sicherheitspolitischen Fragen zugenommen hatte und immer offener über einen deutschen Wehrbeitrag nachgedacht wurde, bemühte sich die Bonner Regierung immer noch vergeblich, „alles zu tun, um Presse, Rundfunk und Parteien in geeigneter Form davon zu überzeugen, daß der Ausdruck „Remilitarisierung" als eine die Wiederbewaffnung stark vorbelastende Begriffsbestimmung aus dem Sprach- und Schriftverkehr gestrichen werden muß."[183] An Stelle des negativ besetzten Begriffs „Remilitarisierung" sollte im offiziellen Sprachgebrauch die „Eingliederung in die europäische Abwehrfront aus Notwehr" Verwendung finden. Damit glaubte man in der Zentrale für Heimatdienst wirksam verhindern zu

---

181 Vgl. Anfänge westdeutscher Sicherheitspolitik, Bd. 1, S. 569.
182 Aktennotiz Blank vom 02.11.1950 „Aufgabengebiete der Prüfstelle für pers. Erfassung Godesberg", Bw 9/3105, Bl. 231 u. 232, hier Bl. 231.
183 Handakte Schwerin, Vortragsnotiz betreffend „Remilitarisierung" vom 02.11.1950, BA-MA, Bw 9/3105, Bl. 234.

können, daß „die neue deutsche Wehrmacht immer mit dem Odem eines unter Zwang der Zeit wiedererstandenen Militarismus wie mit einem schleichenden Gift behaftet sein (würde)."[184] Trotz der Bonner regierungsamtlichen Bemühungen um sprachliche Feinheiten schaltete sich am 3. November 1950 die Kremlführung direkt in die Diskussion um die sich abzeichnende westdeutsche „Eingliederung in die europäische Abwehrfront aus Notwehr" im Rahmen einer europäischen Armee ein. Moskau schlug die sofortige Wiedereinberufung des Rates der Außenminister der vier Siegermächte vor, „um die Frage der Erfüllung des Potsdamer Abkommens hinsichtlich der Entmilitarisierung Deutschlands zu prüfen."[185]

Die Remilitarisierung Deutschlands sollte nach Ansicht Stalins durch die Reaktivierung des Potsdamer Abkommens, also das Angebot einer provisorischen gesamtdeutschen Regierung, durch den Abschluß eines Friedensvertrages mit Deutschland und den Abzug der Besatzungstruppen binnen Jahresfrist im engen Einvernehmen aller Siegermächte verhindert werden.

Begleitet wurde dieser Vorstoß von einer Kampagne der SED, die unter dem von dem Ministerpräsidenten der DDR, Otto Grotewohl, ausgegebenen Slogan „Deutsche an einen Tisch" dem Bundeskanzler den Vorschlag übermittelte, einen aus Vertretern beider Staaten paritätisch zusammengesetzten „Gesamtdeutschen Konstituierenden Rat" zu gründen.[186] Als die westlichen Siegermächte daraufhin ernsthafte Anstrengungen zur Vorbereitung einer Viererkonferenz unternahmen, befürchtete Adenauer, die Siegermächte könnten sich im Interesse einer Entspannung in Europa durch die Wiederherstellung eines geeinten und unbewaffneten Deutschlands in Neutralität auf Kosten der Bundesrepublik arrangieren, obwohl er sich ein für allemal zugunsten der Westbindung des von ihm regierten deutschen Teilstaates entschieden hatte.[187]

Auch wenn sich diese Sorge des Bundeskanzlers schnell als unbegründet herausstellte, irritierte ihn der durch einen Brief Grotewohls ausgelöste deutschlandpolitische Impuls, der die gesamte Tragweite des bedingungslosen Westkurses im Hinblick auf die Einheit Deutschands offenlegte: Grotewohl sah durch die „Spaltung Deutschlands einen nationalen Notstand herbeigeführt, der durch die Remilitarisierung und Einbeziehung Westdeutschlands in die Pläne der Kriegsvorbereitungen verschärft wurde."[188] Hier wurde der unlösliche Zusammenhang von Aufrüstung und Wiedervereinigung, aufgrund dessen die Frage nach den Alternativen zur Politik der Westorientierung immer häufiger und nachdrücklicher gestellt wurden, schlaglichtartig einer breiten Öffentlichkeit deutlich.

184 Ibid.
185 Text in: Europa - Archiv, 6, (1951) S. 3711.
186 Vgl. Birke, Adolf, Nation ohne Haus, Deutschland 1945 - 1961, Berlin 1989, S. 296 f.
187 Vgl. Anfänge westdeutscher Sicherheitspolitik, Bd. 2, S. 276.
188 Europa - Archiv, 6, (1951) S. 3716 f. (Brief Grotewohls vom 30.11.1950).

Auch wenn die angesprochene Konzeption eines neutralisierten und wiedervereinten Deutschlands keine politische Wertgröße in Adenauers Denken darstellte, sah sich der Kanzler mit einer Idee konfrontiert, deren Faszination gerade in konservativ-nationalen Kreisen der Wählerschaft großen Widerhall fand. Den starken neutralistischen Tendenzen auch in der eigenen Partei erfolgreich entgegenzutreten, wurde zu einer Überlebensfrage der Regierung Adenauer, die von nun an versuchte, die Wiederbewaffnung im Rahmen eines deutschlandpolitischen Konzepts darzustellen. Der Erhalt der Bundesrepublik als liberal-demokratischer Rechtsstaat erhielt Priorität, denn Adenauer hielt erst eine im Rüstungswettlauf mit dem Westen geschwächte Sowjetunion hinsichtlich einer territorialen Neugestaltung Deutschlands für verhandlungs- und konzessionsbereit. Mit der Schaffung eines Kausalzusammenhangs zwischen der von ihm verfolgten Politik der Stärke und dem Wiedervereinigungsanspruch schuf sich der Bundeskanzler einen neuen deutschlandpolitischen Gestaltungsrahmen, der sich innenpolitisch als Fundament für die von ihm angestrebte militärische Westintegration erweisen sollte.

Inzwischen hatten sich die Westalliierten zusammen mit der NATO dahingehend geeinigt, daß im Rahmen des Nordatlantikpakts mit dem sofortigen Aufbau deutscher Verbände und der Produktion militärischer Güter begonnen und nebenbei ohne Zeitdruck nach einer langfristigen politischen Lösung in der Frage des politischen Überbaus der geplanten Europäischen Verteidigungsgemeinschaft (EVG) gesucht werden sollte. Damit war der französischen Regierung durch das Eingehen auf den Pleven-Plan die grundsätzliche Zustimmung zur deutschen Aufrüstung abgerungen und gleichzeitig das Problem der zu erwartenden geringen militärischen Effizienz der geplanten Streitmacht erst einmal aufgeschoben worden.

Beunruhigt durch den psychologischen Schaden, den die anhaltende Ungewißheit über einen westdeutschen Verteidigungsbeitrag in der Bevölkerung der Bundesrepublik bereits hinterlassen hatte, erinnerte der Bundeskanzler die Alliierten an die Notwendigkeit eines alliierten Entgegenkommens in der Frage der Ablösung des Besatzungsstatuts und beklagte sich, daß er über den Fortgang der Verhandlungen innerhalb der NATO nichts erfuhr.[189]

Am 18. Dezember 1950 forderte der NATO-Rat die drei westlichen Besatzungsmächte auf, mit der Bundesregierung die Frage der deutschen Beteiligung an der Verteidigung Europas und einer vertraglichen Neuregelung der westalliierten Beziehungen zu diskutieren. Hierzu sollte Adenauer künftig vertraulich über die Vorstellungen der NATO informiert werden. Dabei sollte dem Kanzler zu verstehen gegeben werden, daß Vereinbarungen über einen westdeutschen Wehrbeitrag logischerweise mit der Modifikation

189 Vgl. *Anfänge westdeutscher Sicherheitspolitik, Bd. 2.*, S. 24.

des Besatzungsstatuts einhergingen. Gleichzeitig waren sich die Westalliierten darin einig, daß man bei aller Dringlichkeit der Fragen bei den Deutschen nicht den Eindruck erwecken durfte, daß es sich hierbei um offizielle alliierte Vorschläge handele, die Adenauer unter der Stellung von Gegenforderung ablehnen konnte.

Der alliierte Hinweis, daß die Bundesrepublik zuerst die Anerkennung der deutschen Vorkriegsschulden und der deutschen Nachkriegsschulden aus der alliierten Auslandshilfe als Vorbedingung für weitere Gespräche hinsichtlich der Ablösung des Besatzungsstatuts akzeptieren müßte, konnte nicht verbergen, daß auf Seiten der NATO ein großes Interesse an der baldigen militärischen Beteiligung der Bundesrepublik an der Verteidigung Westeuropas bestand. Die am 18. Dezember 1950 formulierte „Forward Strategy" [190] der NATO brachte die Dringlichkeit der Einbeziehung des westdeutschen Potentials zur Verteidigung Westeuropas eindeutig zum Ausdruck.

Am 9. Januar 1951 begannen die Militärexpertengespräche auf dem Petersberg, wobei die Erklärung der Hochkommission, daß jeder militärische Beitrag der Bundesrepublik im Rahmen der NATO erfolgen müsse, auf vollste Zustimmung der deutschen Delegation unter der Leitung Blanks stieß.[191]

Die deutsche Delegation, die keinerlei Informationen über die konkreten Inhalte der vom NATO-Rat gebilligten Empfehlungen hinsichtlich der deutschen Wiederbewaffnung erhalten hatte, stellte folgende Bedingungen für den deutschen Militärbeitrag:

1. Die westdeutsche Aufrüstung sollte durch angemessene, in der Bundesrepublik stationierte alliierte Land- und Luftstreitkräfte gedeckt werden.
2. Die Besatzungsrechte sollten durch vertragliche Übereinkünfte abgelöst werden.
3. Die alliierte Hochkommission sollte in einen Rat der Botschafter umgewandelt werden.
4. Die westdeutschen Einheiten sollten hinsichtlich ihrer Organisation, Bewaffnung und Kommandostruktur militärische Gleichberechtigung genießen.
5. Der Bundesrepublik müsse eine angemessene finanzielle Unterstützung gewährt werden.[192]

Zeitgleich mit dem Beginn der Beratungen auf dem Petersberg begannen in Paris die Gespräche über den von der französischen Regierung als Modus der deutschen Wiederbewaffnung immer noch favorisierten Pleven-Plan, an denen ebenfalls eine deutsche Delegation teilnahm. Offiziell hatte Adenauer die Delegation in Paris angewiesen, die deutsche Bereitschaft zur Mitarbeit deutlich herauszustellen, Zeit zu gewinnen und von Anfang an die deutsche Gleichberechtigung zu fordern. Im Gegensatz hierzu bezeichnete Adenauer gegenüber dem amerikanischen Hochkommissar John McCloy die Konzeption

---

190 MC 26, 22.10.1950, Text in: *Handbuch der NATO, hrsg. von Franz-Wilhelm Engel, Frankfurt am Main 1957, S.71 f.*
191 *FRUS 1951, III, Teil 1, S. 990.*
192 *FRUS 1951, III, 1951, Teil 1, S. 994.*

Plevens intern als derart unzureichend, daß er dafür Sorge getragen habe, daß keine Informationen darüber an die deutsche Öffentlichkeit gelangten.[195] Der Bundeskanzler hatte wohl bereits erfahren, daß nicht nur seine eigenen militärischen Berater dem Pleven-Plan sehr skeptisch gegenüberstanden, sondern auch der britische Verteidigungsminister, der in einer privaten Äußerung den Vorschlag als „disgusting and nauseos, military folly and political madness"[194] bezeichnet hatte und dessen Ansicht zu dem Vorschlag Plevens offensichtlich sowohl in anglo-amerikanischen, als auch durchaus in französischen[195] Militärkreisen geteilt wurde.

Die Doppelgleisigkeit in der Verhandlungsführung stellte die Regierung Adenauer zunehmend vor ernste Schwierigkeiten, denn während in der sich immer mehr entkrampfenden Atmosphäre der Petersberger Gespräche der Meinungsaustausch sich auf den rein militärischen Komplex konzentrierte und gute Fortschritte erkennbar waren, zeichnete sich in Paris kein Weiterkommen ab. Im Gegenteil sah Adenauer die Gefahr, daß man sich – amerikanischen Wünschen entsprechend – auf die sofortige Aufstellung westdeutscher Truppen einigen konnte, ohne die von Koalition und Opposition gleichermaßen als Vorbedingung angestrebte Verbesserung des politischen Status der Bundesrepublik erreichen zu können.

Von großer Symbolkraft für das gewandelte Verhältnis der Bundesrepublik zu den Westalliierten war die erste offizielle Begegnung der militärischen Berater Adenauers Heusinger und Speidel mit dem amerikanischen General Dwight D. Eisenhower, die am 21. Februar 1951 im Hause von McCloy in Bad Homburg stattfand. Die beiden deutschen Soldaten hatten sich zunächst geweigert, mit dem NATO-Oberbefehlshaber zusammenzutreffen, da dieser aus seiner Aversion gegen das deutsche Militär niemals einen Hehl gemacht hatte und bestanden darauf, daß Eisenhower seine bisherige negative Einstellung zum deutschen Militär öffentlich bedauerte und widerrufe.

Vom amerikanischen Hochkommissar erhielt Speidel im Vorfeld der Veranstaltung die Versicherung, daß Eisenhower zur Entschuldigung bereit sei und den von Heusinger und Speidel vorbereiteten Text einer Ehrenerklärung für die deutschen Soldaten akzeptierte. Nach einem halbstündigen Gespräch kamen die drei Generäle Arm in Arm zu den anderen Gästen der Veranstaltung zurück und Eisenhower entschuldigte sich vor den Anwesenden. Bezeichnenderweise kamen die Beteiligten überein, den Text der Ehrenerklärung mit Rücksicht auf die politischen Ambitionen des NATO-Oberbefehlshabers vorerst nicht im Wortlaut zu veröffentlichen, da negative Rückwirkungen in der öffentlichen Meinung in den USA und Frankreich befürchtet wurden, wohingegen in der

193 FRUS 1951, III, Teil 1, S. 771 (Konferenz über die Bildung einer Europäischen Armee, Memorandum der französischen Delegation, 15.2. 1951).
194 Poole, History of the Joint Chiefs of Staff, Bd. 4, S. 212.
195 FRUS 1950, III, S. 428 f.

Dienststelle Blank Eisenhowers Worte mit großer Genugtuung zur Kenntnis genommen und als Durchbruch auf dem Wege der gleichberechtigten Verständigung bewertet wurden.[196]

Die am 6. März 1951 erfolgte kleine Revision des Besatzungsstatuts vermochte nicht zu verdecken, daß es sich hierbei lediglich um die Umsetzung bereits im Vorjahr gefaßter okkupationsrechtlicher Beschlüsse handelte und keineswegs den von der Regierung Adenauer angestrebten Durchbruch in Richtung der Gleichberechtigung Deutschlands gegenüber den Westmächten bedeutete. Die innerdeutsche Ausgangslage in der Frage einer militärischen Westintegration wurde durch die Revision des Besatzungsstatuts in keinerlei Hinsicht verändert, sondern deutete nach Ansicht der Kritiker Adenauers im Gegenteil eher darauf hin, daß die Alliierten die deutsche Gleichberechtigung lediglich für eine Zukunftsprojektion zu halten schienen.

1.3. Die sicherheitspolitische Diskussion von der kleinen Revision des Besatzungs-statuts im Frühjahr 1951 bis zu den Bundestagswahlen 1953

Ungeachtet der Tatsache, daß Adenauer im Zuge der Revision des Besatzungstatuts am 15. März 1951 das Amt des Außenministers übernommen und die Westmächte am 9. Juli 1951 den Kriegszustand mit Deutschland offiziell für beendet erklärt hatten, konnte der Bundeskanzler im Sommer 1951 keinen sichtbaren außenpolitischen Erfolg vorweisen. Nachdem die New Yorker Außenministerkonferenz vom September 1950 der Errichtung einer deutschen Bundespolizei in Stärke von 30.000 Mann grundsätzlich zugestimmt hatte, passierte am 16. März 1951 das Gesetz über die Aufstellung des Bundesgrenzschutzes den Bundestag. Allerdings umfaßte der Bundesgrenzschutz lediglich 10.000 Beamte und Adenauer konnte den am 28. Juni 1951 im Kabinett gefaßten Beschluß, den Bundesgrenzschutz auf 20.000 Beamte zu vergrößern aus innenpolitischen Gründen zunächst nicht realisieren.[197]

Mit der Berufung des ehemaligen Generals der Infanterie Gerhard Matzky zum ersten Inspekteur des Bundesgrenzschutzes und die bewußte Konzentration bei der Rekrutierung des Grenzschutzpersonals auf ehemalige Offiziere und Unteroffiziere der Wehrmacht,[198] die sich nach Einschätzung ihres Inspekteurs in ihrer überwiegenden Mehrheit als „Soldaten und nicht als Polizeiangehörige"[199] fühlten, war es zumindest gelungen, einen militärischen Personalkader für eine künftige bundesdeutsche Armee zu schaffen,

196 Vgl. Anfänge westdeutscher Sicherheitspolitik, Bd. 1, S. 700 f.
197 Vgl. Anlage zu BNr. 61 100/9 B- 298/53, BA-MA, Bw 9/68, Bl. 31 f.
198 Vgl. Vortrag des Inspekteurs des BGS (Gerhard Matzky) Ausschuß für Fragen der europäischen Sicherheit am 13.07.1953, ibid, Bl. 84.
199 Vgl. Notiz Nr. 68/54 Betr.: BGS vom 04.11.1954, ibid, Bl. 39.

auf den man zurückgreifen würde können, wenn die politische Entwicklung dies eines Tages möglich machen sollte.

Zwar hatten die Hochkommissare die Bonner Anliegen wohlwollend zur Kenntnis genommen, zeigten sich aber immer noch nicht mit der vollständigen Aufhebung des Besatzungsstatuts einverstanden.

Das erklärte Ziel des deutschen Regierungschefs, ein Junktim zwischen Ablösung des Besatzungsstatuts und deutschem Verteidigungsbeitrag herzustellen, war eindeutig verfehlt worden.

Statt dessen kam es zu einem Eklat im Kabinett, als der Kanzler die Ministerrunde am 6. Juli 1951 davon in Kenntnis setzte, daß er den ihm durch den amerikanischen Hochkommissar McCloy übermittelten Vorstellungen zur deutschen Wiederbewaffnung bereits zugestimmt habe.

Nicht der amerikanische Vorschlag, der die Aufstellung von 12 deutschen Divisionen unter nationaler Führung und eigenen Luftwaffenanteilen vorsah, sondern die erneute eigenmächtige Vorgehensweise des Kanzlers, der die Vorwürfe aus dem Kabinett mit der lapidaren Bemerkung vom Tisch wischte, daß es sich um eine eilige Angelegenheit handele und deswegen keine vorherige Abstimmung im Kabinett möglich gewesen sei, löste die Kritik der Minister aus. Gerade die Freien Demokraten wollten der Sicherheitspolitik einen für ihre Wählerschaft sichtbaren Stempel aufdrücken und schienen nicht länger gewillt, die Gestaltung der Außen- und Sicherheitspolitik einzig dem Bundeskanzler zu überlassen.

Auch wenn der Vorstoß des FDP-Fraktionsvorsitzenden August-Martin Euler, den Kanzler zur Abgabe des Außenamtes zu bewegen,[200] letztlich am Widerstand des Bundeskanzlers scheiterte, war damit der Versuch gemacht, den Regierungschef in die Koalitions- und Kabinettsdisziplin einzubinden und der in der Außen- und Sicherheitspolitik sichtbar praktizierten autoritären Kanzlerdemokratie Grenzen aufzuzeigen. Adenauer war vor dem Hintergrund der Gefahr eines sich zur Koalitionskrise ausweitenden schwelenden Konflikts mit seinem Kabinett schnell um politische Schadensbegrenzung bemüht und zeigte sich gegenüber dem Koalitionspartner in der Frage einer frühzeitigen Einbeziehung des Kabinetts in sensiblen Kernbereichen seiner Regierungspolitik von diesem Zeitpunkt an kompromißbereiter.

Aufgrund der entschiedenen französischen Ablehnung eines deutschen NATO-Beitritts kam es im Sommer 1951 zu einem amerikanischen Kurswechsel zur Unterstützung der Europaarmeekonzeption, weil diese nach anglo-amerikanischer Ansicht die größten Realisierungschancen für die als dringlich empfundene schnellstmögliche Aufstellung deutscher Truppen barg.

---

200 *Brief Eulers, 13.7. 1951 an Adenauer, in : Baring Arnulf, Sehr verehrter Herr Bundeskanzler, Heinrich v. Brentano im Briefwechsel mit Konrad Adenauer 1949 -1964, Hamburg 1974, S. 76.*

Nachdem die amerikanische Regierung dem Bundeskanzler ihre revidierte Haltung zur Europaarmee signalisiert hatte, war Adenauer sofort bereit, die geplante Europäische Verteidigungsgemeinschaft als langfristiges Instrument seiner Sicherheitspolitik zu betrachten. Dabei behielt er sich allerdings vor, die westdeutsche Aufrüstung nicht ausschließlich vom positiven Ausgang der Gespräche in Paris abhängig zu machen, falls sich dort keine raschen Ergebnisse erzielen lassen würden.[201]

Als Richtlinie für die Verhandlungen über die EVG ordnete Adenauer jetzt an, unbeschadet einer Weiterverfolgung des Europaarmeekonzepts eine Zwischenlösung anzustreben, um den deutschen Verteidigungsbeitrag entsprechend den deutschen militärischen Vorschlägen der Petersberger Gespräche rasch zu verwirklichen. Durch eine schnelle Verhandlungsführung wollte der Regierungschef die immer stärker werdende innerdeutsche Diskussion über eine Neutralisierung Deutschlands als Alternative zu der von ihm konsequent verfolgten Politik der Westbindung im Keim ersticken und das langfristige Ziel einer NATO-Mitgliedschaft der Bundesrepublik auch gegen den Widerstand Frankreichs nicht aus den Augen verlieren.

Die Konferenz der Außenminister der drei Westmächte in Washington vom 10. bis 14. September 1951 zeigte erneut die Schwierigkeiten bei einer einheitlichen alliierten Meinungsbildung hinsichtlich der politischen Zukunft Westdeutschlands. Allerdings einigten sich die Außenminister darauf, daß die Politik ihrer Regierungen „die Integration eines demokratischen Deutschlands in eine kontinentale europäische Gemeinschaft auf der Grundlage der Gleichberechtigung zum Ziel hat."[202] Gleichzeitig wurde festgelegt, das Besatzungsstatut durch einen Generalvertrag (Deutschlandvertrag) zu ersetzen, der dann durch das Abkommen über den Beitritt der Bundesrepublik zur Europäischen Verteidigungsgemeinschaft ergänzt werden sollte. Damit war im Prinzip die Koppelung beider Projekte von den Westmächten akzeptiert und das Adenauersche Junktim von Wehrbeitrag und Souveränität schien sich durchgesetzt zu haben.

Als jedoch der Kanzler am 24. September 1951 auf Schloß Ernich mit den Hohen Kommissaren zusammentraf, um sich die Ergebnisse der Washingtoner Konferenz erläutern zu lassen und über weitere Verhandlungsschritte zu sprechen, mußte er enttäuscht feststellen, daß ihm ein Entwurf präsentiert wurde, der keineswegs die gewünschte vertragliche Ablösung des Besatzungsstatuts vorsah. Vielmehr bedeutete der Entwurf im Grunde nur eine weitere Teilrevision des Besatzungsstatuts, die jedoch weit hinter den Zielsetzungen der Bundesregierung zurückgeblieben war.[203]

Der Generalvertrag,[204] den die Hochkommissare vorschlugen und auf den sich Adenauer nach einigen unerquicklichen Sitzungen relativ rasch einließ, enthielt weiterhin gravie-

201 Adenauer, Erinnerungen, Bd. 1, S. 455.
202 Europa - Archiv 6 (1951), S.4398 f.
203 Vgl. Adenauer, Erinnerungen, Bd. 1, S. 474 ff.

rende Vorbehaltsrechte der Westmächte. Die Alliierten begründeten ihr Festhalten an den weit gefaßten Vorbehaltsrechten zum einen mit der Schutzbedürftigkeit ihrer stationierten Streitkräfte, vor allem für den Fall eines Notstandes in der Bundesrepublik, zum anderen aber auch durch gemeinsame Siegerrechte für Deutschland als Ganzes und Berlin.

Zugleich war jedoch unübersehbar, daß die Vorbehaltsrechte dazu dienen sollten, Möglichkeiten zur Intervention offenzulassen, da die Bundesrepublik den Westalliierten immer noch nicht stabil genug zu sein schien, in die unkontrollierbare Selbständigkeit entlassen zu werden.[205]

Obwohl die Washingtoner Konferenz durch ihr Junktim festgelegt hatte, daß die deutsche Aufrüstung im Rahmen der EVG zu erfolgen hätte, drängten die militärischen und politischen Berater des Bundeskanzlers, die Mitgliedschaft in der NATO als deutsche Vorbedingung für den Beitritt zur Europäischen Verteidigungsgemeinschaft bei den Alliierten durchzusetzen.[206]

Adenauer ging auf das Drängen seiner Berater ein und bestand auf entsprechende Zusicherungen der Alliierten, daß die Bundesrepublik nicht außerhalb der NATO verbleiben werde, nachdem sie ihren Verteidigungsbeitrag geleistet hatte.

In einem privaten Gespräch mit dem amerikanischen Hochkommissar McCloy erfuhr Adenauer, daß man seitens der US-Amerikaner offensichtlich bereit war, diesen westdeutschen Wunsch auch entgegen den französischen Vorbehalten bezüglich einer Mitgliedschaft der Bundesrepublik in der NATO diplomatisch zu unterstützen.[207]

Nach dem Wahlsieg der Konservativen in Großbritannien im Oktober 1951 mit Premierminister Churchill an der Spitze konnte Adenauer davon ausgehen, daß er in der britischen Regierung einen gewichtigen Verbündeten in seinem Kampf um die deutsche NATO-Mitgliedschaft gefunden hatte. Daran, daß die Europäische Verteidigungsgemeinschaft nicht seinen Vorstellungen von einer multinational organisierten Europaarmee entsprach, die er in seiner Rede vor der Beratenden Versammlung des Europarats im August 1950 gefordert hatte, ließ Churchill keinen Zweifel aufkommen.

Trotz erheblicher militärischer und politischer Vorbehalte gegenüber der EVG sah die neue britische Regierung in der geplanten europäischen Integration jedoch kurzfristig die einzige Möglichkeit, den traditionellen deutsch-französischen Gegensatz zu beenden und somit die als dringend erforderlich angesehene schnelle Einbindung der Bundesrepublik in die Verteidigung Westeuropas zu erreichen.

204 Text des Generalvertrags (Deutschlandvertrag) vom 26.05. 1952 in: Die Auswärtige Politik der Bundesrepublik Deutschland, hrsg. vom Auswärtigen Amt, Köln 1972, S. 208 - 213.
205 Vgl. Birke, Nation ohne Haus, S. 299.
206 Vgl. Baring, Außenpolitik in Adenauers Kanzlerdemokratie. Bonns Beitrag zur Europäischen Verteidigungsgemeinschaft, München, Wien 1969 (Schriften des Forschungsinstituts der Deutschen Gesellschaft für Auswärtige Politik, Bd. 28), S. 113.
207 FRUS 1951, III, Teil 2, S. 1550.

Um der französischen Regierung interne Schwierigkeiten zu ersparen, waren die Briten bereit, die Realisierung des deutschen NATO-Beitritts auf einen späteren Zeitpunkt zu verschieben.

Adenauer war zu diesem Zeitpunkt offensichtlich überzeugt, daß die Bundesrepublik nach dem Beitritt zur EVG „durch den Gang der Entwicklung ganz von selbst"[208] Mitglied der NATO werden würde und zeigte sich in seiner Verhandlungsführung mit Blick auf französische Befürchtungen dementsprechend auch bereit, hinsichtlich der Integration Westdeutschlands in den Nordatlantikpakt zeitliche Verzögerungen in Kauf zu nehmen.

Als die Hochkommissare am 17. November 1951 ihren Bericht über den Stand der Verhandlungen mit der Bundesregierung über den Generalvertrag vereinbarungsgemäß ihren Außenministern vorlegten, waren sie der Auffassung, daß die Bundesregierung nur unter sehr großen Schwierigkeiten die hierfür erforderliche Mehrheit im Bundestag gewinnen könnte.

Je länger die Verhandlungen andauerten, desto größer werde nach Auffassung der Hochkommissare der innenpolitische Druck von seiten der Sozialdemokraten, aber auch aus den Reihen der Regierungskoalition auf den Bundeskanzler, noch mehr Konzessionen von den Westmächten zu fordern.[209]

Diese Einschätzung war durchaus zutreffend, denn schließlich hatte der mit Militärfragen befaßte Fritz Erler als Bundestagsabgeordneter der SPD auf einer Diskussionsveranstaltung im Dezember 1951 erklärt, daß seine Partei „selbstverständlich für den Westen und den Verteidigungsbeitrag" stehe, aber man „diese Schritte vernünftig und mit Überlegung machen (solle), denn die Zeit dränge gar nicht" und man sich den USA zuerst „etwas bieten lassen (solle)... wie die Garantie und den Überblick, wo und wie Deutschland verteidigt werden solle." Erler forderte vielmehr die Verstärkung der amerikanischen Truppen in Deutschland und bezeichnete die in der vorangegangenen Diskussion geäußerte Furcht vor einem erlahmenden Interesse der USA als unbegründet: „Die USA könnten gar nicht Westeuropa und Deutschland sich selbst überlassen beziehungsweise ohne uns (die Deutschen) verteidigen."[210]

Aufgrund der großen Bereitschaft des Bundeskanzlers zu Zugeständnissen an die Alliierten und nicht zuletzt deren Kenntnis über die Haltung der oppositionellen Sozialdemokraten, die hierdurch indirekt die Position des Bundeskanzler in den Verhandlungen stärkten, lag der Generalvertrag bereits Ende November 1951 in seinen politischen Grundzügen fest, während Vereinbarungen technischer Natur über die weitere Stationierung und Finanzierung westalliierter Truppen auf westdeutschem Boden immer noch offenstanden.

---

208 Adenauer, Erinnerungen, Bd. 1, S. 521.
209 Anfänge westdeutscher Sicherheitspolitik, Bd. 2. S. 74.
210 Handakte Blank (Notizen über Gespräche 1951 - 54) Vortrag des Abgeordneten Dr. Tillmann vor der Evangelischen Akademie Hermannsburg am 04.12.1998. BA-MA, Bw 9/2814, Bl. 6.

Erst nach dem Ende Dezember 1951 in Paris gefaßten Beschluß der Außenminister der Beneluxstaaten, Frankreichs, Italiens und der Bundesrepublik, die Aufstellung der Europaarmee bis zum 30. Juni 1954 in die Wege geleitet zu haben, bemühte sich der Regierungschef um die parlamentarische Zustimmung zu seiner Politik.

Für die Öffentlichkeit nur andeutungsweise sichtbar, hatte sich zu Beginn des Jahres 1952 in der Unionsfraktion erheblicher Unmut über die selbstherrliche Handhabung der verteidigungspolitischen Angelegenheiten durch den Bundeskanzler angesammelt. Dabei ging es in dem Konflikt zwischen den Parlamentariern und dem Regierungschef weniger um den konkreten Inhalt dessen, was die Bundesregierung mit den Westalliierten aushandelte, sondern um die Mitgestaltung der internationalen Politik durch die die Regierung tragenden Fraktionen des Deutschen Bundestages.[211]

Die Taktik des Bundeskanzlers, die Vertragswerke durch Fraktion und Parlament nicht in Einzelpunkten zu beraten, sondern en bloc diskutieren und ratifizieren zu lassen und der aufgestaute Unmut wegen mangelnder Information und Partizipation an der Gestaltung der Sicherheitspolitik belastete immer mehr das Verhältnis zwischen den Koalitionsparteien. Die oppositionelle SPD befand in Anbetracht des deutschen Ausschlusses vom Entscheidungsprozeß der NATO die Verhandlungsergebnisse als inakzeptabel und bewertete die Arbeit des Bundeskanzlers als Verletzung nationaler deutscher Interessen. Schumacher sah in dem von Adenauer ausgehandelten Vertragswerk „... eine ganz plumpe Siegesfeier der alliierten klerikalen Koalition über das ganze deutsche Volk"[112] und kritisierte vor allem, daß Frankreich im Gegensatz zu Deutschland lediglich eine Hälfte seiner Streitkräfte in die EVG einbringen wolle, während die andere Hälfte der Truppen weiterhin für nationale Aufgaben in Übersee bereitgehalten werden dürfte. Darin sah er den Grundsatz der Gleichberechtigung erheblich in Frage gestellt.

Obgleich die von der Opposition geäußerte Kritik auf großen Widerhall in der Öffentlichkeit gestoßen war, hatte der Bundestag mit den Stimmen der Mehrheit des Parlaments die Verhandlungsführung der Bundesregierung letztlich doch noch prinzipiell genehmigt und die EVG als Rahmen für die westdeutsche Aufrüstung akzeptiert.

Indem der NATO-Rat am 22. Februar 1952 alle die Europäische Verteidigungsgemeinschaft betreffenden Berichte billigte,[213] erhob er die EVG zur offiziellen NATO-Politik und schuf damit ein Ergebnis, das im Dezember 1950, als die Europaarmee lediglich ein mehrheitlich ungeliebter Bestandteil einer Kompromißformel war, kein Beobachter erwartet hatte.

In organisatorischer Hinsicht wurde das Verhältnis zwischen EVG und NATO ganz von den Bedürfnissen des Nordatlantikpakts dominiert, der sich dahingehend durchsetzen

---

211 Vgl. *Anfänge westdeutscher Sicherheitspolitik*, Bd. 2, S. 301 ff.
212 Albrecht, Willy, *Kurt Schumacher, Reden, Schriften, Korrespondenzen 1945 - 1952*, Bonn und Berlin 1985, S. 902.
213 FRUS, 1952 - 1954, V, Teil 1, S. 137 f.

konnte, die strategische und politische Ausrichtung der EVG ausschließlich durch NATO-Instanzen erfolgen zu lassen. Allerdings setzte die französische Seite durch, daß die vom NATO-Rat bereits erwogene Rekrutierung deutscher Soldaten im Rahmen einer Zwischenlösung vor der Ratifizierung der EVG endgültig fallen gelassen wurde, obwohl die Notwendigkeit der sofortigen Aufstellung westdeutscher Verbände durch die amerikanische Seite immer wieder betont worden war.

Zeitgleich mit den wegweisenden Beschlüssen des NATO-Rats kam es durch die Vorgehensweise der französischen Regierung, die den bisherigen Hochkommissar in Saarbrücken zum Botschafter ernannt hatte und damit offensichtlich den ökonomischen und politischen Anschluß des Saarlandes an Frankreich vorantreiben wollte, zu einer ersten nach außen deutlich gewordenen Irritation Adenauers im Zusammenhang mit der Verifizierung der Europäischen Verteidigungsgemeinschaft. Den ersten Bundeskanzler beschlichen ernste Zweifel, ob die gewählte Form der deutschen Aufrüstung im Rahmen einer Europaarmee tatsächlich realisierbar war, oder aber die Wiederbewaffnung nur direkt an der Seite der USA im Rahmen der NATO mit Aussicht auf Erfolg durchzusetzen sei.[214] Wohl in erster Linie aus taktischen Gründen stellte der deutsche Regierungschef seine Zweifel zurück und vermied es auch im Interesse der weiteren Verhandlungsführung, eine unmittelbare Verbindungslinie zwischen Saarproblematik und EVG-Vertrag zu ziehen.

Immerhin hatte ihn der Militärische Chefdelegierte der Bundesregierung bei der NATO, General a. D. Hans Speidel, am 23. Januar 1952 von seinen Zusammenkünften mit Feldmarschall Bernhard Law Montgomery und General Alfred M. Gruenther, dem NATO-Oberbefehlshaber in Europa, über deren Einschätzung der Lage informiert. Montgomery sei kein Freund einer europäischen Verteidigungsgemeinschaft berichtete Speidel dem Bundeskanzler: Jede einheitlich ausgebildete und geführte nationale Armee, die unter einem gemeinsamen Oberbefehlshaber mit anderen Armeen in einer Koalition zusammengefaßt werde, erscheine Montgomery als zweckmäßigere Lösung.[115]

Der Feldmarschall habe nämlich außerdem von Churchill erfahren, daß dieser eine „gute und starke deutsche Armee" haben wolle, die langfristig zur Koalitionsarmee treten würde. Deutschland müsse nach Meinung Churchills „baldmöglichst in den NATO-Pakt aufgenommen werden, auch wenn Frankreich sich dagegen sträube."[216] Als Speidel noch am gleichen Tag US-General Gruenther den deutschen Wunsch vortrug, an Planung und Führung der Verteidigung des Westens beteiligt zu werden, versicherte ihm Gruenther: „Sie (die Deutschen) werden ihren Platz in der obersten Führung und

---

214 Vgl. Anfänge westdeutscher Sicherheitspolitik, Bd. 2, S. 306 ff.
215 Vgl. Aufzeichnung über die Gespräche mit Feldmarschall Montgomery und General Gruenther am 23.01.1952 im Hauptquartier SHAPE. BA-MA, Bw 9/81, Bl. 25.
216 Ibid, S. 26.

Planung haben." Weiterhin kündigte der NATO-Oberbefehlshaber an, daß auch ohne Mitgliedschaft in der NATO sofort deutsche Generalstabsoffiziere mit den selben Rechten und Pflichten aufgenommen werden würden. Der Amerikaner ließ außerdem durchblicken, daß die EVG seiner Meinung nach lediglich als „politische Aushilfslösung" angesehen würde und nicht als „militärischer Idealfall"[217] Gruenther wies Speidel darauf hin, daß es für die öffentliche Meinung in den USA wichtig sei, daß die innenpolitischen Gegensätze in Deutschland in der Frage der Wiederbewaffnung „... hinter dem großen Ziele der westlichen Verteidigung bei allen Parteien zurücktreten müßten und nicht das Bild einer offenen Gegnerschaft" gegen den Wehrbeitrag entstünde. Er forderte, daß die „Verteidigung der freien Welt ein Anliegen des ganzen (deutschen) Volkes"[218] sein müsse und fragte Speidel nach der Möglichkeit, „einmal von militärischer Seite aus mit den Führern der SPD zu sprechen." Speidel berichtete dem amerikanischen General von solchen Gesprächen und versicherte ihm, „... daß über die grundsätzliche Notwendigkeit einer gemeinsamen Verteidigung des Westens, also eines deutschen Beitrags, bei den Führern der SPD kein Zweifel herrsche. Die Schwierigkeiten in der Verwirklichung lägen in der Form und auf dem innerpolitischen Sektor, nicht etwa im Verhältnis zu den Vereinigten Staaten."[219]

Mit der Versicherung, daß es „... im übrigen selbstverständlich sei, daß Deutschland in die NATO aufgenommen werden müsse,"[220] beendete Gruenther das Gespräch mit dem deutschen Chefdelegierten. Damit war Adenauer über die langfristigen Ziele und Interessen der Angloamerikaner informiert und konnte seine langfristig angelegte Politik flexibel den tagespolitischen Gegebenheiten anpassen. Der Bundeskanzler konnte sich jetzt sicher sein, daß das Interesse der Westmächte an der Einbeziehung der Bundesrepublik in die gemeinsame Abwehrfront gegen die Sowjetunion von Tag zu Tag größer wurde und die Bundesrepublik unübersehbar zu einem wichtigen Faktor im sicherheitspolitischen Kalkül der Westalliierten geworden war.

In einer internen Studie ging das Amt Blank bereits im Januar 1952 davon aus, daß „... die Politik der Westmächte Deutschland gegenüber gekennzeichnet (ist) durch den Wunsch, uns in das arbeitsteilige Wirtschaftssystem des Westens einzubeziehen, uns durch die Teilnahme am wirtschaftlichen und sozialen Aufstiegsprozeß gegen die Infiltrationen des Bolschewismus zu schützen und uns zum „Schaufenster" des Westens gegenüber dem Osten zu machen. Nachdem Deutschland in der ersten Phase nach dem Zusammenbruch durch die Westmächte bewußt wirtschaftlich und politisch schwach gehalten, in der zweiten Phase aber wirtschaftlich gestärkt wurde, ist es in der nunmeh-

---

217 *Ibid, S. 30.*
218 *Ibid, S. 28. In der Quelle ist „ganzen" gesperrt geschrieben.*
219 *Ibid, S. 28.*
220 *Ibid, S. 30.*

rigen dritten Phase das Ziel der westlichen Politik, Deutschland auch politisch wieder stark zu machen. Im Zuge dieser Entwicklung erwartet man eine deutsche Beteiligung im Rahmen einer übernationalen Armee des Westens."[221]

Gleichzeitig wurde in der Denkschrift vor der Gefahr eines Bürgerkriegs unter Beteiligung der ostdeutschen Volkspolizei gewarnt: Ein Bürgerkrieg, bei dem die „5. Kolonne" und die gerade hierfür geschulte Volkspolizei sich voll auswirken könnte, würde zum Chaos und sehr schnell zum Terror führen. In der Frage des Wehrbeitrages wurde festgestellt: „Der Wehrbeitrag darf nicht isoliert, nicht als „Ding an sich" betrachtet werden. Er ist nicht auszulassender Bestandteil des Integrationsprozesses ... Amerika hat sicher den Willen, Europa als Bollwerk gegen den Bolschewismus sowohl wirtschaftlich wie militärisch zu halten. Es wird dazu aber auf Dauer nicht in der Lage sein, wenn es nämlich feststellen muß, daß seine in Europa investierten Mittel wie in ein Faß ohne Boden geworfen werden."[222] Daraus wurde für die Politik der Bundesrepublik gefolgert: „Es wird in erster Linie von uns abhängen, ob es glückt, die Kräfte Europas zusammenzufassen und den Amerikanern zu beweisen, daß sie ihre Mittel in Europa nicht unnütz einsetzen. Wir können und sollten die Triebkraft der Integration in Europa sein, weil wir infolge unserer geographischen Lage gegenüber dem Bolschewismus am gefährdetsten sind, und weil wir es auch am leichtesten haben, uns in eine übernationale Gemeinschaft einzugliedern, da wir nicht mehr wie die anderen Völker hierfür Souveränitäten aufzugeben haben."[223]

Zum Themenkreis Gleichberechtigung Deutschlands in einem künftigen Bündnis wurde geäußert: „Sie (die Gleichberechtigung) ist selbstverständliche Voraussetzung, soweit sie sich auf die völlige Gleichberechtigung der deutschen Verbände mit denen anderer Nationen hinsichtlich Unterstellungsverhältnis, Einsatzmöglichkeiten, Organisation und Schlagkraft beziehen. Die Westmächte erwarten von uns eine wesentliche Stärkung ihres militärischen Potentials. Sie wissen, daß wir dieser Erwartung nur gerecht werden können, wenn wir unsere militärischen Kräfte und Fähigkeiten im Rahmen einer höheren Ordnung frei entfalten können. Sie werden sich darüber klar sein, daß ein möglicher Wehrbeitrag nur bei echter Bejahung, nicht aber unter Druck gegeben werden kann. Wenn wir auch hin und wieder an uns unverständlich erscheinenden Maßnahmen einzelner westalliierter Dienststellen eine Einschränkung unserer Freiheit feststellen müssen, die nicht der Behandlung eines wirklichen Partners (sic!) entspricht, so können wir doch nicht glauben, man wisse in Washington, London oder Paris nicht, daß es sinnlos ist, vor eine Quadriga neben drei schnelle Renner als viertes ein Pferd zu spannen, dessen Vorderbeine gefesselt sind.[224]

---

221 Denkschrift „Gibt es für uns eine Neutralität?" von General a. D. Erich Dethleffsen, Januar 1952, BA-MA, Bw 9/81, Bl. 8.
222 Ibid, Bl. 13.
223 Ibid, Bl. 14.
224 Ibid, Bl. 19.

Man wolle seitens der Deutschen „keine Liebesehe mit dem Westen eingehen, wohl aber eine Vernunftheirat, die gegenseitiges Vertrauen und beiderseitige Opfer verlange."[225] Als größtes Problem für die Durchführung des Wehrbeitrags wurde allerdings die ablehnende Haltung der deutschen Bevölkerung zum Wehrbeitrag angesehen: „Man kann sicher nicht verlangen, daß ein Volk, dem jahrelang Soldat und Wehr als minderwertig hingestellt wurden, so schnell umdenken lernt, wie manche erhoffen. Die Zeit der Internierung zur Integration war kurz. Es muß aber eben diese Umstellung erreicht werden, bis der erste junge Deutsche durch die Wehrpflicht zur Waffe gerufen wird."[226] Als die schwierigen Verhandlungen über die EVG und den Deutschlandvertrag im März 1952 offensichtlich in ihre Endphase gingen, schaltete sich – von Adenauer und westlichen Politikern nicht unerwartet – die Sowjetunion, die sich bis dahin vor allem der SED als Sprachrohr ihrer Ablehnung gegenüber den westdeutschen Wiederbewaffnungsplänen bedient hatte, aktiv und direkt in die Diskussion ein.

Zwar war die Stalin-Note vom 10. März 1952[227] offiziell an die drei Westalliierten gerichtet, doch zielte ihr Inhalt vor allem auf innenpolitische Wirkung in der Bundesrepublik, insbesondere in sozialdemokratischen und nationalen Kreisen. Die Vorschläge der Kremlführung enthielten eine Aufforderung zu unverzüglichen Konsultationen zum Abschluß eines Friedensvertrages mit Deutschland unter unmittelbarer Beteiligung einer gesamtdeutschen Regierung. Vorgesehen war die Wiederherstellung eines geeinten Deutschlands, konstituiert aus Bundesrepublik und DDR, Abzug der Besatzungstruppen spätestens ein Jahr nach Inkrafttreten der Friedensregelung bei gleichzeitiger Aufgabe sämtlicher ausländischer Stützpunkte, Aufstellung deutscher Streitkräfte, soweit sie zur Landesverteidigung notwendig erschienen und Verzicht des zu gründenden deutschen Staates auf Bildung einer Koalition oder eines Militärbündnisses gegen eine am Zweiten Weltkrieg beteiligte Macht bei gleichzeitiger Festschreibung des territorialen Status quo jenseits von Oder und Neiße.

Damit hatte die Sowjetunion ihr Interesse an einer deutschen Wiedervereinigung auf der Basis der bewaffneten Neutralität signalisiert. Obwohl die Note nicht an die Bundesrepublik gerichtet war, bemühte sich der Regierungschef sofort mit Nachdruck darum, die Westalliierten rasch auf eine unnachgiebige Haltung festzulegen und vereinbarte mit den drei Hochkommissaren, in den Verhandlungen über die Europäische Verteidigungsgemeinschaft so fortzufahren, „als wenn es die Note nicht gäbe!"[228] Um jedoch nicht als Gegner der deutschen Wiedervereinigung zu erscheinen und dadurch die auf unbedingten Westkurs ausgerichtete Politik des Bundeskanzlers zu gefährden, lehnten die West-

225 *Ibid, Bl. 20.*
226 *Ibid, Bl. 20.*
227 *Text in: Keesings Archiv der Gegenwart, 1952, S. 3387 B.*
228 *Adenauer, Erinnerungen, Bd. 2, S. 70.*

mächte die sowjetische Offerte nicht einfach ab, sondern stellten in ihren gleichlautenden Antwortnoten vom 25. März 1952[229] mit ihrer „Forderung nach freien gesamtdeutschen Wahlen" eine Gegenforderung als Voraussetzung für weitere Verhandlungen über den Vorschlag Stalins auf.

Als Moskau wider westliches Erwarten sogar auf die zur Bedingung von Verhandlungen erhobene Forderung nach freien und demokratischen Wahlen in einer weiteren Note am 9. April 1952[230] positiv reagierte, zogen sich die Westmächte auf einen anderen Vorbehalt zurück, an dem die Vorschläge scheitern mußten:

Sie lehnten die Aufstellung selbständiger deutscher Streitkräfte angesichts der in Gang befindlichen Konstituierung Europas als einen Schritt zurück in das Zeitalter des Nationalismus ab, bezeichneten die militärische Westintegration als unverzichtbares Element in diesem westeuropäischen, gegen niemanden gerichteten Einigungsprozeß und zugleich als Disziplinierungsmaßnahme gegenüber dem preußisch-deutschen Militarismus. Weiterhin betonten die westalliierten Regierungen ihren unabänderlichen Willen, Westeuropa unter deutscher Beteiligung militärisch zu sichern.[231]

Auch wenn die Sowjetnote bewirkte, daß der Prioritätenkonflikt in der Deutschlandfrage erneut mit großer Vehemenz ausbrach und zu einer innenpolitischen Polarisierung führte, konnte sich der Bundeskanzler im Rahmen seiner außenpolitischen Prioritätenskala konsequent verhalten. Es wurde immer deutlicher, daß Adenauer die Wiedervereingung an vage Perspektiven im Zusammenhang mit einer Revision der osteuropäischen Verhältnisse verband und die Grundsteinlegung für ein demokratisches Europa als höhere Aufgabe erachtete als die territoriale Restauration des deutschen Nationalstaates.

Mit Adenauers Versicherung gegenüber den Westmächten, daß ihn „kein Angebot der Sowjetunion bewegen könnte, aus der Verbindung mit den Westmächten auszubrechen"[232] und seiner federführenden Mitarbeit bei der Beantwortung der Stalin-Noten hatte der Bundeskanzler in den westlichen Hauptstädten seine Zuverlässigkeit als künftiger Bündnispartner bewiesen, was die Verhandlungsposition der Bundesrepublik stärkte und zunehmend außenpolitische Freiräume schaffte.

Die Stärkung der deutschen Verhandlungsposition äußerte sich zuerst in dem Fortgang der Verhandlungen über den Beitritt zur Europäischen Verteidigungsgemeinschaft. Die durch das sowjetische Angebot angeregte Vision eines wiedervereinigten Deutschlands mit eigener Nationalarmee verstärkte das französische Interesse an der Einbindung Westdeutschlands in die westliche Staatenorganisation. Die aufs neue sensibilisierte latente Furcht Frankreichs vermehrte allerdings auch das Bedürfnis nach Sicherheitsvorkehrungen

229 Text der US-Note vom 25.3. 1952 in: Keesings Archiv der Gegenwart 1952, S. 3404 A.
230 Antwortnote Stalins vom 9.4. 1952, in: Keesings Archiv der Gegenwart 1952, S. 3424 E.
231 Text in: Keesings Archiv der Gegenwart, 1952, S. 3404 A.
232 Adenauer Teegespräche, S. 297.

gegen eine Sezession der Bundesrepublik. [233] Innenpolitisch erschien die angestrebte Aufstellung eines deutschen Kontingents im Rahmen der EVG alles andere als gesichert, denn in vertraulichen Vermerken hatte der Regierungschef in genauer Kenntnis der Unpopularität seines Vorhabens seine militärischen Berater angewiesen, ein Zusammentreffen der für die Durchführung der EVG notwendigen Einberufung von Wehrpflichtigen mit dem Wahlkampf und Wahlgang 1953 aus wahltaktischen Gründen auf jeden Fall zu vermeiden. [234] Obwohl die ausgehandelten personellen Kadernormen, die die Gesamtstärke der Offiziere auf 5 %, der Unteroffiziere auf 15 % und der längerdienenden Mannschaften auf 10 % und der Wehrpflichtigen auf 70 % des deutschen Gesamtkontingents innerhalb der EVG verbindlich festlegten, von den militärischen Planern als untauglich und erhebliches Problem für die Aufstellung neuer Verbände angesehen wurde, das am einfachsten durch die Erhöhung der Quoten für Längerdienende überwunden hätte werden können, machte die deutsche Seite die strikteste Einhaltung der Kadernormen zur Grundlage ihrer Überlegungen. [235] Die gleichfalls geäußerte Befürchtung, anderenfalls von den Franzosen zu Recht des Vertragsbruchs bezichtigt zu werden [236] und damit das Scheitern des Vertragswerks zu riskieren, machte deutlich, daß sich die deutsche Seite der latent vorhandenen westlichen Befürchtungen vor bundesdeutschen Alleingängen in militärischen Fragen sehr bewußt war. Militärische Effizienz wurde bereitwillig der politischen Notwendigkeit untergeordnet, sich als verläßlicher Vertragspartner zu präsentieren und Vorbehalte der neuen Verbündeten zu zerstreuen.

Ende April 1952 lagen der General- und der inzwischen erarbeitete EVG-Vertrag schließlich doch noch unterschriftsreif vor. Adenauers ursprüngliche Absicht, die Texte ohne vorherige Prüfung durch die Koalitionsparteien zu signieren, und sie erst anläßlich der Ratifizierungsdebatte vorzulegen, wurde allerdings durchkreuzt. Die Fraktionsvorsitzenden der Regierungsparteien mahnten die Vertragstexte diesmal ausdrücklich an und machten deren Verabschiedung im Bundestag davon abhängig, daß die Fraktionen Gelegenheit zur Mitsprache erhielten, woraufhin der Regierungschef sich veranlaßt sah, dem intensiven Drängen der Parlamentarier nachgeben zu müssen. Nach zähen Verhandlungen konnte am 26. Mai 1952 der Generalvertrag von den Außenministern der USA, Großbritanniens, Frankreichs und der Bundesrepublik unterzeichnet werden. [237]

---

233 Vgl. Steininger Rolf, Eine Chance für die Wiedervereinigung? Die Stalin-Note vom 10. März 1952 , Bonn 1985, S. 129.
234 Vgl. Vermerk über die Möglichkeit der Aufstellung der ersten Welle des deutschen Kontingents (6 Divisions-Tranchen nur aus Freiwilligen) erstellt von Graf Kielmannsegg am 23.04.1952, BA-MA, Bw 9/81, Bl. 45.
235 Ibid, Bl. 46.
236 Ibid, Bl. 47.
237 Text in: Dokumente und Berichte des Europa - Archivs, Bd. 10, S. 1 ff.

Am Tag darauf wurde in Paris der Vertrag über die Europäische Verteidigungsgemein-schaft samt eines Accord Spécial über die Truppenstärken – für 1954 waren 18 franzö-sische, 16 italienische, 6 belgisch-luxemburgische, 5 holländische und 12 deutsche Divi-sionen geplant – sowie der dazugehörigen militärische, finanziellen und juristischen Proto-kolle unterzeichnet.[238] Durch ein von den 6 Außenministern der EVG-Staaten unter-schriebenes Protokoll wurde gleichzeitig ein Interimsausschuß eingesetzt, der sich mit den Problemen beschäftigen sollte, die bis zum Inkrafttreten der Vertragsinhalte anfielen. Letztlich war damit die NATO zu einem Kontrollorgan für die westdeutsche Aufrüstung und die Westintegration geworden, das immer mehr als mögliche Alternative zur EVG in den Blickpunkt des Interesses rückte.

Mit Blick auf die noch ausstehenden parlamentarischen Auseinandersetzungen über den Kurs seiner Regierung und die in einem Jahr stattfindenden Bundestagswahlen forderte Adenauer von seiner eigenen Partei Geschlossenheit, gleichzeitig aber auch verbindliche Erklärungen der Westmächte zugunsten der Wiedervereinigung, um die Bevölkerung der Sorge zu entheben, die Bundesregierung habe die DDR bereits abgeschrieben.

Das Urteil des SPD-Vorsitzenden: „Wer diesem Generalvertrag zustimmt, hört auf, ein guter Deutscher zu sein,"[239] zeigte, daß die Sozialdemokraten in den Vertragswerken ein nicht nur ein untaugliches Mittel erblickten, die deutsche Frage zu lösen, sondern die von Adenauer verfolgte Politik der Stärke ihrer Auffassung nach allein einen Rüstungs-wettlauf zwischen Ost und West und nicht zuletzt die Militarisierung der DDR herauf-beschwor.

In ihrer Einschätzung, daß die Westverträge und der Beitritt der Bundesrepublik zur Europäischen Verteidigungsgemeinschaft die deutsche Teilung verfestigen würden, lag die SPD richtig. Bereits am 9. Juli 1952 verkündete Ulbricht neue deutschlandpolitische Weichenstellungen, indem er der 2. Parteikonferenz den Beschluß des SED-Zentral-kommittees vorlegte, in der DDR mit der Schaffung der „Grundlagen des Sozialismus" zu beginnen, nationale Streitkräfte aufzustellen und die „volksdemokratische" Entwick-lung im engen Bündnis mit der Sowjetunion und mit anderen Volksdemokratien vor-anzutreiben.[240]

Wilhelm Pieck, der erste Präsident der DDR, kündigte auf der gleichen Veranstaltung einen Tag später in einer vielbeachteten Rede öffentlich die Schaffung nationaler Streit-kräfte der Deutschen Demokratischen Republik an, die „... alle Waffen der modernen Kriegstechnik zu Lande, zu Wasser und in der Luft beherrschen (sollten)."[241] In der ab-

---

238 Abdruck des „Vertrags über die Gründung der Europäischen Verteidigungsgemeinschaft" in: BGBl, 1954, Teil II, S. 342 - 436.
239 Schumacher, Kurt, Reden - Schriften - Korrespondenzen 1945 - 1952, hrsg. von Willy Albrecht, Berlin, Bonn 1957, S. 902.
240 Vgl. Staritz, Dieter, Zwischen Ostintegration und internationaler Verpflichtung. Zur Ost- und Deutschlandpolitik der SED 1948 - 1952, in: Westdeutschland 1945 - 1955, hrsg. von Ludolf Herbst, München 1986, S. 287f.
241 Vgl. Protokoll der Verhandlungen der II. Parteikonferenz der SED, Berlin (Ost) 1952, S 215 f.

schließenden Resolution wurde von den Delegierten der 2. Parteikonferenz gefordert, in der DDR die „Organisierung bewaffneter Streitkräfte, die mit der neuesten Technik ausgerüstet und imstande sind, die Errungenschaften der Werktätigen vor einem imperialistischen Angriff zu schützen",[242] vorzunehmen.

Obwohl Adenauer nicht wissen konnte, daß die SED-Führung bei ihrem Besuch in Moskau am 1. April 1952 von Stalin die Erlaubnis zur Schaffung einer Volksarmee erhalten hatte,[243] wurde die zum 1. Juli 1952 erfolgte Umbenennung der bewaffneten Kräfte der DDR in „Kasernierte Volkspolizei" (KVP)[244] sorgfältig in Bonn registriert und die Ergebnisse der 2. Parteikonferenz als Beweis einer weitergehenden Militarisierung Ostdeutschlands gedeutet. In der Tat hatte nicht nur mit sowjetischer Unterstützung die fliegerische Ausbildung von Düsenjägerpiloten in der Volkspolizei (Luft) begonnen,[245] sondern auch die Zuführung von Großgerät nahm nach den deutlichen Worten der SED-Führung über die Aufstellung nationaler Streitkräfte deutlich zu: Die Volkspolizei hatte bis Juni weitere 100 Kampfpanzer vom Typ T 34/76 und 150 Selbstfahrlafetten von den Sowjets überlassen bekommen. Unmittelbar nach der Umbenennung in KVP waren jedoch sofort unter anderem weitere 361 Kampfpanzer vom Typ T 34/85 und 115 Panzerspähwagen aus sowjetischen Beständen zugeführt worden[246] und es konnte in beiden deutschen Staaten nicht übersehen werden, daß den verbalen Ankündigungen auch Taten gefolgt waren. In seiner Ansprache auf der Schlußkundgebung der Gemeinschaft Katholischer Männer Deutschlands versuchte der Bundeskanzler in Bamberg zwei Wochen nach dem Beschluß über die Aufstellung nationaler Streitkräfte in der DDR, seine Zuhörer von der Notwendigkeit zu überzeugen, mittels des Deutschlandvertrags und der Verträge über die Europäische Verteidigungsgemeinschaft einen „Damm zu errichten", der das Christentum in Europa vor der sowjetischen Bedrohung schützen sollte. Der Regierungschef beschrieb dabei den sowjetischen Kommunismus, wie dieser sich seiner Meinung nach darstellte:

„Er trägt das Gepräge des in der Kultur zurückgebliebensten Teils Asiens. Er ist ein unerbittlicher Feind des Christentums, und zwar aus Prinzip. Denken wir daran, wie der Bolschewismus in Sowjetrußland selbst gegen die Religion, gegen das Christentum gewütet hat. Vergessen wir nie, was er in den Satellitenstaaten gegen Gott, gegen das Christentum gewütet hat, und denken wir auch daran, was gerade in den letzten Tagen Ulbricht in der Sowjetzone erklärt hat, wie er dort den Kampf gegen die beiden christlichen Kirchen proklamiert hat."[247]

---

242 Ibid, S. 491.
243 SAPMO-BArch, NY 36/696, Bl. 14.
244 Befehl Nr. 555/52 vom 28.06.1952, BA-MA, DVH 3 /3912 Bl. 32.
245 Vgl. Bericht über Entwicklung der Kasernierten Volkspolizei, BA-MA, DVH 3/2070, Bl. 28.
246 Ibid, Bl. 42 f.
247 Vgl. Adenauer, Reden 1917 - 1963, S. 260 f.

Um seinen sicherheitspolitischen Kurs zu rechtfertigen, griff er auf ein historisches Beispiel zurück: „Wenn die anderen Mächte, als Hitler aufrüstete, sich auch stark gemacht hätten, hätte es Hitler niemals gewagt, zum Krieg zu schreiten ... Mit einem totalitären Staat kann man eben nicht sprechen, wie mit einem lieben, guten Bruder. Ein totalitärer Staat versteht nur eines. Er hört dann, wenn der, der mit ihm spricht, auch Macht hat. Und diese Macht wird sich Europa verschaffen."[248]

Der militärische Beraterkreis um den Bundeskanzler ging auch mit Blick auf die Vorgänge in der DDR in dieser Phase verstärkt dazu über, sich theoretisch mit der taktischen Führung von Großverbänden auf der Ebene der Division zu beschäftigen und diese Studien schriftlich zu fixieren.

Die taktischen Studien waren zwar vorerst Entwürfe, da die endgültigen Entscheidungen über Bewaffnung, Gliederung und Ausrüstung der Verbände noch nicht gefallen waren, sollten jedoch nach Meinung General Heusingers in absehbarer Zeit „die Grundlagen für die ersten Ausbildungsvorhaben nach Ratifizierung des EVG-Vertrags"[249] bilden.

In diesem Zusammenhang rückte das Personal des Bundesgrenzschutz als mögliche Kader für die künftigen deutschen Streitkräfte wieder einmal in den Blickpunkt des Interesses. Das Amt Blank besuchte im Sommer 1952 die Grenzschutz-Schule in Lübeck und beschäftigte sich gezielt mit den Erfahrungen, die der BGS mit Offizierbewerbern, die nicht im Besitz des Abiturs waren, gemacht hatte. Unter den Bewerbern hatten sich auch ein Hauptmann und Ritterkreuzträger der Wehrmacht und zwei ehemalige Oberleutnante befunden, denen „ein Mindestmaß an Allgemeinbildung und die elementarsten Grundkenntnisse der deutschen Rechtschreibung und Grammatik, die von dem künftigen Offizier zu fordern sind, fehlte(n)"[250] und die das Lehrgangsziel deswegen nicht erreicht hatten. Vertraulich wurde der Dienststelle Blank mitgeteilt, daß von den bisher eingestellten 450 Offizieren des Bundesgrenzschutzes bisher 85 wegen mangelnder Eignung wieder entlassen worden waren[251] und es sich bei dem Lehrgang um einen einmaligen Versuch gehandelt hatte, die Nachwuchslücke der Jahre 1945 - 1952 zu schließen. Der BGS werde deshalb künftig an der Forderung nach dem Abitur als Bildungsabschluß für Offizierbewerber festhalten.[252]

Besonders aufmerksam wurde auch das Ergebnis eines Zugführerlehrgangs von der Dienststelle Blank registriert, an dem ausschließlich ehemalige Wehrmachtoffiziere teilnahmen. Nach einer 10tägigen Überprüfung wurden allerdings lediglich 30 % der Lehrgangsteilnehmer für geeignet gehalten, in einer Offizierverwendung im BGS eingesetzt zu werden.

248 Ibid, S. 262 f.
249 Vgl. „Vorschrift Führung und Kampf einer Panzer-Division" vom 13.10.1952, BA-MA, Bw 9/2218, Bl. 10.
250 Bericht über den Besuch beim Kommando der Bundesgrenzschutz-Schulen in Lübeck-St. Hubertus am 31.07. und 01.08.1952, BA-MA, Bw 9/71588, Bl. 18 bis 25, hier Bl. 22.
251 Ibid, Bl. 23.
252 Ibid.

Da sich unter den abgelehnten Bewerbern ebenfalls ein ehemaliger Bataillonskommandeur und Ritterkreuzträger befand, folgerte die Dienststelle Blank für ihre Arbeit, „... daß auch junge, bewährte Frontoffiziere mit hohen Auszeichnungen häufig nicht den an den Friedensoffizier zu stellenden Anforderungen gewachsen sind."[253] Die militärischen Planer um Adenauer waren demnach offensichtlich weit davon entfernt, allein in der formellen Zugehörigkeit zum Offizierkorps der Wehrmacht die Garantie für eine erfolgreiche Wiederverwendung in den neuen deutschen Streitkräften zu erkennen, obwohl man sich bei der Aufstellung gerade auf diesen Personenkreis stützen wollte. Die Dienststelle Blank warnte vielmehr davor, daß „jede überstürzte Aufstellung deutscher Kontingente unter Verzicht auf ein gründliches Auswahlverfahren sich folgenschwer für die Streitkräfte auswirken (wird)."[254] Wie man die vom Bundesgrenzschutz abgelehnten ehemaligen Offiziere der Wehrmacht beurteilte, machte der Schlußsatz der Studie überdeutlich: „Es ist zu erwarten, daß die vom Bundesgrenzschutz Abgelehnten, bzw. wegen mangelnder Eignung aus dem Bundesgrenzschutz Entlassenen sich erneut bei den Streitkräften bewerben werden. Es wäre zu prüfen, wie weit zweckmäßiger Weise Namenslisten von diesen Personen unter kurzer Angabe der Ablehnungsgründe in Anspruch zu nehmen sind."[255]

Damit eilten die Planungen hinsichtlich der Aufstellung deutscher Streitkräfte der Realität weit voraus, denn innenpolitisch war die Situation Adenauers aufgrund der Tatsache, daß neben den Sozialdemokraten nicht wenige bürgerliche Kreise in Westdeutschland gab, die sich einer Wiederbewaffnung, welche die deutsche Teilung ihrer Meinung nach zu verfestigen schien, entschieden widersetzten, erneut schwierig geworden.

Die Gründung der Gesamtdeutschen Volkspartei (GVP) durch den ehemaligen Innenminister Heinemann im November 1952 war Ausdruck der kompromißlosen Ablehnung der Politik Adenauers. Nach Auffassung der GVP diente diese nicht der Wiedervereinigung, sondern lief auf die zweiteilige, wechselseitig aufeinander ausgerichtete deutsche Aufrüstung hinaus und spannte die beiden deutschen Staaten in den Rüstungswettlauf der Supermächte ein.

In ihrer „Mannheimer Erklärung" wandte sich die GVP im Vorfeld des Bundestagswahlkampfs 1953 ausdrücklich gegen den vermeintlich verhängnisvollen Irrweg einer Politik der militärischen Stärke und gegen den Verzicht auf die friedliche Wiedervereinigung „unseres geteilten Vaterlandes zugunsten einer Eingliederung in den amerikanischen Militärblock."[256]

---

253 *Ibid, Bl. 24.*
254 *Ibid, Bl. 22.*
255 *Ibid, Bl. 25.*
256 *Mannheimer Deklaration, 19.7. 1953 in: Flechtheim, Ossip, Dokumente zur parteipolitischen Entwicklung in Deutschland seit 1945, Berlin 1962, Bd. II, S. 494 f.*

Statt Westorientierung proklamierte die Gesamtdeutsche Volkspartei die Wiedervereinigung eines Deutschlands zwischen Ost und West. Adenauer befürchtete, daß die Heinemann-Partei aufgrund ihrer programmatischen Attraktivität vor allem auf protestantische Wähler eine gewisse Faszination ausüben könnte und scheute sich in der Auseinandersetzung mit dem neuen politischen Gegner nicht, Niemöller und Heinemann persönlich zu diffamieren und in den Dunstkreis des Kommunismus zu rücken.

Auf der anderen Seite bemühte sich die Bundesregierung immer intensiver, die ehemaligen Soldaten für den geplanten deutschen Wehrbeitrag zu gewinnen. Neben den ehemaligen Offizieren mußte den Unteroffizieren besonders pflegliche Aufmerksamkeit im Wahlkampf gewidmet werden, wobei die Übernahme mehrerer Soldatenzeitungen durch das Presse- und Informationsamt der Bundesregierung unter intensiver Hinzuziehung ehemaliger Soldaten[257] die neugewonnene Bedeutung dieser zahlenmäßig großen gesellschaftlichen Gruppe als Trägerschicht der Politik Adenauers unterstrich.

Rückhalt für seinen eingeschlagenen Westkurs fand der Regierungschef zunehmend auch im Lager der Vertriebenen, um deren Vertrauen er schon zu Beginn der EVG-Verhandlungen kämpfte und dem er die Gewißheit vermitteln wollte, daß die als oberstes Ziel der Vertriebenen formulierte „Rückgewinnung der Heimat" bei ihm und seiner Regierung in den besten Händen sei.

Wie schwierig der Umgang mit den Westmächten auch weiterhin noch war, mußte der westdeutsche Regierungschef im Februar 1953 erfahren, als dieser den Vorsitzenden der Alliierten Hohen Kommission, James Conant um dessen Unterstützung bei der Verbesserung und Modernisierung der Bewaffnung des Bundesgrenzschutz und der Bereitschaftspolizei bat:

Der Kanzler hatte sich an Conant gewandt, weil er der Meinung war, daß „... die Umorganisation der Volkspolizei und die Verhältnisse an der Grenze gegenüber der sowjetischen Besatzungszone, die der Alliierten Hohen Kommission sehr gut bekannt sind, erfordern von der Bundesrepublik im Interesse der Sicherheit und der Beruhigung und des Schutzes der deutschen Grenzbevölkerung rasche und wirksame Vorkehrungen. Sie zu treffen ist die Hauptaufgabe des Bundesgrenzschutzes und der Bereitschaftspolizeien der Länder. Eine erfolgreiche Durchführung der Aufgabe ist diesen Verbänden jedoch nur bei entsprechender moderner Ausrüstung möglich, die sie zur Zeit in keiner Weise besitzen."[258]

In der beigefügten Denkschrift wurde der Ausbau der Volkspolizei zu „sogenannten nationalen Streitkräften, die über Landstreitkräfte sowie über See- und Luftverbände verfügen" und die geschichtliche Erfahrung der Weimarer Republik, daß „in den Jahren

257 Vgl. Anfänge westdeutscher Sicherheitspolitik Bd. 2, S. 597.
258 Adenauer an den Geschäftsführenden Vorsitzenden der Alliierten Hohen Kommission, Herrn James B. Conant am 21.02.1953, BA-MA, Bw 9/68, Bl. 2.

1920 bis 1932 verschiedene Aufstände der Kommunisten im ehemaligen Reichsgebiet von den Polizeikräften nur unter schweren Verlusten und erst nach Einsatz schwerer Waffen erstickt werden (konnten)…"[259] als Begründung herangezogen, die Bewaffnung des Bundesgrenzschutzes und der Bereitschaftspolizei mit leichten und mittleren Granatwerfern, leichten gepanzerten Fahrzeugen mit Kanonen des Kalibers 3,7 cm bei gleichzeitiger Vermehrung der leicht gepanzerten Fahrzeuge,[260] zu fordern, sowie die Erlaubnis zur Beschaffung von Luftfahrzeugen, die für die Überwachung des Luftraumes an der Sowjetzonengrenze als erforderlich angesehen wurden,[261] zu erhalten.

In der Denkschrift wurde ebenfalls als Argument für die deutsche Forderungen angeführt, daß die nationale Polizeireserve Japans vor kurzem von 75.000 auf 110.000 Mann verstärkt worden sei und inzwischen über 40 Haubitzen, 40 leichten Straßenpanzer, 120 leichten Flugzeugen einschließlich einiger Hubschrauber und 68 schnellen Küstenpatroullienbooten verfüge, während „demgegenüber die Bewaffnung der kasernierten Polizeieinheiten in der Bundesrepublik auf einem Stand verblieben (ist), der durchaus unzulänglich und veraltet ist."[262]

Trotz seines dezenten Hinweises auf die offenkundig andersartige Behandlung des ehemaligen Kriegsgegners Japan durch die Amerikaner in sicherheitspolitischen Fragen wurde dem erstaunten Bundeskanzler am 15. Mai 1953 von der Alliierten Hohen Kommission mitgeteilt, daß „… die Polizeieinheiten der Bundesrepublik nur mit leichten Waffen ausgerüstet sein dürften und der Bundesgrenzschutz und die Bereitschaftspolizei nicht in militärische Organisationen verwandelt werden dürften."[263]

Dementsprechend hielt es die Alliierte Hohe Kommission „gegenwärtig weder für erforderlich noch für wünschenswert, daß die Polizei mit leichten Flugzeugen oder Hubschraubern ausgerüstet wird, insbesondere angesichts der Möglichkeit, daß sich aus dem Einsatz derartiger Geräte unerwünschte Zwischenfälle in den Grenzgebieten ergeben könnten."[264]

Auch die Forderung nach 3,7 cm-Geschützen und mittelschweren Granatwerfern wurde von der Alliierten Hohen Kommission mit dem Hinweis abgelehnt, daß es sich hierbei nicht um Waffen handele, die „für die Aufgaben des Bundesgrenzschutzes oder der Bereitschaftspolizei erforderlich sind",[265] während andererseits anerkannt wurde, daß sich „besondere Umstände ergeben könnten, in denen es aus den im Memorandum angegebenen Gründen wünschenswert wäre, wenn den Polizeieinheiten leichte Granatwerfer

259 *Denkschrift 523 - 00 E II 96/53 g, BA-MA, Bw 9/68, Bl. 7 - 11, hier Bl. 7.*
260 *Ibid, Bl. 9 f.*
261 *Ibid, Bl. 11.*
262 *Ibid.*
263 *Alliierte Hohe Kommission für Deutschland an den Bundeskanzler am 15.05.1953, BA-MA, Bw 9/68, Bl.19 - 21, hier Bl. 19.*
264 *Ibid, Bl. 11.*
265 *Ibid, Bl. 20.*

zur Verfügung stünden." Deswegen erklärte sich die Alliierte Hohe Kommission damit einverstanden, „daß ohne weiteres eine gewisse Anzahl leichter 60 mm-Granatwerfer diesen Einheiten zur Benutzung während eines Notstandes zur Verfügung stehen müßte, mit der Maßgabe, daß diese Waffen in Zentraldepots aufbewahrt und von diesem Lager an nachgeordnete Einheiten für Ausbildungszwecke ausgegeben werden."[266]

Entgegen der bereits gefallenen grundsätzlichen Entscheidung über die Aufstellung deutscher Kampfverbände im Rahmen der EVG zeigten sich die Alliierten trotz gewisser Zugeständnisse offensichtlich nicht gewillt, in dieser sensiblen Frage auf das Recht zur Kontrolle und direkte Einflußnahme zu verzichten und der Bundesregierung gänzlich freie Hand zu gewähren.

An dieser Grundtatsache westdeutscher Sicherheitspolitik konnte auch die offensichtlich zur Beruhigung des Kanzlers gegebene Zusicherung des Sicherheitsausschusses der Alliierten Hohen Kommission, mit den zuständigen Dienststellen der Bundesregierung alle weitere Einzelheiten in der Bewaffnungsfrage zu erörtern zu wollen,[267] nichts ändern.

Auf große Beachtung stieß in Bonn der Tagesbefehl des Innenministers der DDR, Willi Stoph, anläßlich des Todes von Stalin am 7. März 1953. Stoph forderte nämlich nicht nur dazu auf, „sich noch enger um die der großen Kommunistischen Partei der Sowjetunion brüderlich verbundene Partei der deutschen Arbeiterklasse, die Sozialistische Einheitspartei Deutschlands und ihr Zentralkomitee, um die Regierung der Deutschen Demokratischen Republik und ihren Präsidenten, den Freund und Schüler des unsterblichen Stalin (zu scharen),"[268] sondern rief die Volkspolizisten zur Entwicklung „... unserer bewaffneten Streitkräfte zum starken Schutz bei der Schaffung der Grundlagen des Sozialismus in unserem Vaterlande" auf. Die ebenfalls beschworene „unzerstörbare Freundschaft und Kampfgemeinschaft zwischen dem deutschen Volk und den Völkern der Sowjetunion" und die Feststellung, „... in der Front der bewaffneten Verteidiger des von Stalin geschmiedeten Weltlagers des Friedens, der Demokratie und des Sozialismus zu stehen,"[269] wiesen darauf hin, daß die Bereitschaft, die im Juli von der 2. Parteikonferenz der SED gefaßten Beschlüsse offensichtlich in der Volkspolizei sehr ernst genommen worden waren.

Bereits vor dem Votum des Bundestages für die Westverträge am 19. März 1953 gegen den entschiedenen Widerstand der Oppositionsparteien hatte das US-State Department damit begonnen, intern alternative Planungen für den Fall des Scheiterns der EVG anzustellen, nachdem die mit dem wirtschaftlichen Aufstieg einhergehende Zunahme des

266 Ibid.
267 Vgl. ibid, Bl. 22.
268 Tagesbefehl anläßlich der Beisetzung des Vorsitzenden des Ministerrats der UdSSR und Sekretär des Zentralkomitees der Kommunistischen Partei der Sowjetunion, Josef Wissarionowitsch Stalin der Regierung der Deutschen Demokratischen Republik vom 07.03.1953, BA-MA, DVH 3/2001, Bl. 5.
269 Ibid, Bl. 6.

sicherheitspolitischen Gewichts der Bundesrepublik in den Vereinigten Staaten aufmerksam registriert worden war.

Die neue US-Administration unter Präsident Eisenhower sah im Rahmen ihrer „New Look-Strategie" in der alsbaldigen Aufstellung von zwölf deutschen Divisionen und in der konsequenten Ausnutzung der deutschen Finanz- und Produktivkraft eine absolute Notwendigkeit für die Aufrechterhaltung der Sicherheit Westeuropas[270] und vereinbarte mit der britischen Regierung, durch gemeinsamen diplomatischen Druck auf Paris auf die zügige Ratifizierung der Verträge hinzuwirken.

Der Staatsbesuch Adenauers in Washington im April 1953 setzte ein augenfälliges Zeichen, wie stark sich die politischen Verhältnisse seit dem ersten Zusammentreffen des deutschen Kanzlers mit dem damaligen NATO-Oberbefehlshaber Eisenhower in Bad Homburg drei Jahre zuvor verändert hatten. Adenauer und Eisenhower diskutierten nun miteinander die durch den Tod Stalins eingetretenen Veränderungen der sowjetischen Politik, die Umwandlung der Hohen Kommission in eine Botschaft und den Sachstand bezüglich des EVG-Vetragswerks.[271]

In der Frage der Materialhilfe für das bundesdeutsche Kontingent wurde den Deutschen in einer schriftlichen Erklärung des amerikanischen Verteidigungsministeriums zugesichert, Flugzeuge für 24 Geschwader, Panzer, Artillerie und Flak mit der dazugehörigen Munition geliefert zu bekommen – vorbehaltlich der Vertragsratifizierung, deren schwerfälliger Fortgang von amerikanischer Seite wiederholt bemängelt wurde.

Hingegen ließ sich die Haltung der Amerikaner zum Zeitplan der Aufstellung des deutschen Kontingents kaum abschätzen, denn hierüber gab es konträre Ansichten: Während einige amerikanische Gesprächspartner der deutschen Delegation auf Beschleunigung der Aufstellung drängten, stellten andere am Dialog Beteiligte allein die „politische Bedeutung der Sicherstellung der Ratifizierung der Verträge und die Erhaltung der europäischen Grundlagen der Verteidigungsgemeinschaft in den Vordergrund."[272]

Adenauer nutzte seinen Aufenthalt in den Vereinigten Staaten auch dazu, seine sicherheits- und europapolitischen Vorstellungen unterhalb der Regierungsebene gezielt zu popularisieren. So wies er vor dem American Committee on United Europe in New York darauf hin, daß durch die angestrebte europäische Einigung in Zukunft europäische Kriege unmöglich gemacht würden und sich der Kontinent allein durch engen Zusammenschluß vor der sowjetischen Bedrohung, die er als „Ansturm asiatischer Barbarei" bezeichnete, retten könnte. Neben der akuten Bedrohung durch die sowjetische Militärmacht, in der Adenauer eine „latente Bedrohung des Weltfriedens" erblickte, mahnte

---

270 FRUS 1952 - 1954, I, Teil 1, S. 14 ff.
271 Zusammenfassender Bericht über den Aufenthalt in Washington vom 07. bis 10.04.1953 in der Delegation des Bundeskanzlers, BA-MA, Bw 9/50, Bl. 4 - 9, hier Bl. 6.
272 Ibid, Bl. 8. „europäischen" ist in der Quelle unterstrichen.

der Bundeskanzler die Notwendigkeit an, „zur Balancierung und Stabilisierung des Verhältnisses zwischen dem Osten und dem Westen" beizutragen.[273] Eindeutig war die Rolle, die der Staatsgast aus der Bundesrepublik den USA hierbei zuwies: „Es liegt in Ihrem Land, das die lasten- und opferreiche Verantwortung auf sich genommen hat, die freie Welt in ihrem Bemühungen um die Erhaltung der Freiheit zu führen."[274] Deutlicher konnte der den USA zugestandene Führungsanspruch kaum zum Ausdruck gebracht werden.

Durch die Ereignisse des Volksaufstandes in der DDR sah sich die Bundesregierung in ihrer Einschätzung über den Zwangscharakter des SED-Regimes und den aggressiven Absichten der Sowjetunion und damit auch in ihrem eingeschlagenen sicherheitspolitischen Kurs bestätigt.

Die vom US-Präsidenten am 16. August 1953 gebilligte neue deutschlandpolitische Direktive NSC 160/1[275] sah die Unterstützung der europäischen Integration und die Teilnahme der Bundesrepublik am westlichen Verteidigungssystem im Rahmen der EVG und unter Kommando der NATO vor. Die deutsche Mitgliedschaft in der NATO sollte nach Ratifizierung der EVG zu einem geeigneten Zeitpunkt angestrebt werden.

Für den Fall, daß die EVG innerhalb einer vernünftigen Frist nicht realisierbar schien, sollte die US-Regierung allerdings auch andere Wege in Erwägung ziehen, um den Deutschlandvertrag unabhängig vom EVG-Vertrag in Kraft zu setzen und dadurch die für erforderlich gehaltene rasche Aufstellung deutscher Verbände zu gewährleisten.

Obgleich die brutale Niederwerfung des Volksaufstandes in der DDR am 17. Juni 1953 durch sowjetische Truppen der von Adenauer durchaus gefürchteten Agitation der KPD, die mit hohem propagandistischem Aufwand die in allen Bevölkerungsschichten vorhandenen Ressentiments gegen eine westdeutsche Aufrüstung im Kampf gegen den von ihr als „Adenauersche Kriegspolitik"[276] bezeichneten eingeschlagenen Kurs der Westbindung ihrer Grundlage beraubte, stand im Frühsommer 1953 keineswegs fest, ob die Wählerschaft in den Bundestagswahlen den Kurs des Kanzlers bestätigen würde.

Darüber konnte auch die Tatsache, daß es Adenauer gelungen war, bei seinen Auslandsbesuchen in den USA und Großbritannien zunehmend außenpolitisches Profil zu gewinnen und seine Regierung bereits auf beachtliche wirtschaftspolitische Erfolge verweisen konnte, nicht hinwegtäuschen.

273 Vgl. Rede Adenauers vor dem American Committee on United Europe in New York am 16.04.1953. Text in: Adenauer. Reden 1917 - 1963, S. 291 - 298.
274 Ibid, S. 293.
275 FRUS 1952 - 1954, VII,. Teil 1 S. 510 ff. (NSC 160/1 United States position with respect to Germany, 17.08.1953).
276 Max Reiman, 4.5. 1952, vor dem Parteivorstand der KPD, zit. nach Dokumente der Kommunistischen Partei Deutschlands 1945 - 1956. o.O., 1973, S. 310.

Da ein mit der zunächst widerstrebenden, dann aber zustimmenden SPD verabschiedetes neues Wahlgesetz, das durch seine 5 %-Klausel Splitterparteien den Einzug in den Bundestag verwehrte, den Unsicherheitsfaktor hinsichtlich des Wahlausgangs nicht beseitigen konnte, mußte sich Adenauer darum bemühen, möglichst frühzeitig und bereits im Vorfeld der anstehenden Bundestagswahl potentielle politische Partner für die angestrebte erneute Regierungsbildung zu gewinnen. Auf diese Weise sollte die Voraussetzung geschaffen werden, mit einer Zweidrittelmehrheit im Bundestag das Grundgesetz zu ändern und die anvisierte Wehrhoheit rechtlich unanfechtbar abzusichern.

An der Koalitionstreue der Deutschen Partei, welche die außenpolitischen Verträge im Wahlkampf als das „zentrale Kernstück unserer Innen- und Außenpolitik" bezeichnete, brauchte Adenauer ebensowenig zu zweifeln wie an der Haltung der FDP, die ihrerseits in ihrem Wahlprogramm die EVG als „einen entscheidenden Schritt auf dem Weg zu einem geeinten Europa"[277] bewertete.

In den Blickpunkt des Interesses Adenauers rückte aus diesem Grunde die Zentrumspartei, die sich aller politischen Diskrepanzen zum Trotz Mitte August 1953 von der Furcht geleitet, durch das 5 %-Raster zu fallen, dennoch zu einem Wahlabkommen mit der Union bereitfand.

Weiterhin bot sich als künftiger Partner für die Ratifizierung der Westverträge der Bund der Heimatvertriebenen und Entrechteten (BHE) unter dem Aspekt der strittigen Wehrhoheitsfrage geradezu an, denn der BHE hatte mehrfach seinen Willen bekundet, die von seinen Bundestagsabgeordneten in dritter Lesung verabschiedeten Westverträge nun auch verfassungsmäßig abzusichern.

Für die SPD rangierten im Vorfeld des Bundestagswahlkampfes dagegen weiterhin Viermächtevereinbarungen vor der Schaffung der Europäischen Verteidigungsgemeinschaft und der damit verbundenen kleineuropäischen Lösung.

Die Sozialdemokraten lehnten in ihrem Bundestagswahlprogramm die Westverträge entschieden ab,[278] wobei sie es allerdings der Phantasie der Wähler überließen zu entscheiden, ob die Partei lediglich gegen deren Inhalt oder generell Vorbehalte gegenüber einem Verteidigungsbeitrag hegte.[279]

Damit waren die Ausgangspositionen für den Wahlkampf, in dem es nach Meinung Adenauers „in der Hauptsache um das Problem der deutschen Wiederbewaffnung und die Frage des Verteidigungsbeitrages im Rahmen der Europäischen Verteidigungsgemeinschaft"[280] ging, festgelegt. Weitgehend unbeeinflußt von den Erwägungen Adenauers und auch des Volksaufstandes in der DDR blieben hingegen die Planungen des Amtes

277 Programm für die Wahlen zum 2. Deutschen Bundestag, beschlossen am 28.06.1953 in: Flechtheim, Dokumente II, 1, S. 326 ff.
278 Wahlprogramm der SPD 1953, in Flechtheim, Dokumente III, 2, S. 123 ff.
279 Vgl. Anfänge westdeutscher Sicherheitspolitik, Bd. 2, S. 421 f.
280 Adenauer, Erinnerungen, Bd. 2, S. 199.

Blank auf organisatorische Tagesaufgaben beschränkt: Im Juli 1953 standen beispielsweise die Vorbereitungen für die Aufstellung eines Wachregiments zum Schutz des Bundespräsidenten und der Bundesregierung und für Repräsentationsaufgaben im Mittelpunkt der Überlegungen.

Im Hinblick auf offenbar kontrovers diskutierte Vorschläge, das Wachregiment mit Kavallerieeinheiten und berittener Musik auszurüsten, wurde am 9. Juli 1953 festgelegt: „In einem wirklich neuzeitlichen Verband, der unter Umständen sogar entwicklungsmäßig richtungsweisend für das ganze Kontingent sein kann, darf Tradition nicht zum Anachronismus werden. Gefahr der Lächerlichkeit! Hier sind klare Vorstellungen nötig, von dem, was die Bevölkerung wirklich empfindet und denkt … Die Frage der Pferdetradition ist auf andere Weise und auf anderer Ebene zu lösen."[281]

Anscheinend schien man im Amt Blank trotz aller politischen Fragezeichen, mit denen die Wiederbewaffnung versehen war, zu diesem Zeitpunkt bereits fest davon überzeugt zu sein, daß die Aufstellung deutscher Kontingente planmäßig erfolgen würde. Immerhin stieß selbst nach der grundsätzlichen Ablehnung von Reiterverbänden im Rahmen des Wachregiments ein Alternativvorschlag, der die Schaffung eines Reitstalls auf ziviler Basis mit 140 Pferden und obligatorischer halbjähriger Reitausbildung für alle Hauptleute, Oberleutnante und Leutnante des Wachregiments vorsah,[282] auf ernsthaftes Interesse und Diskussionsbedarf der militärischen Planer in Bonn.

1.4. Die sicherheitspolitischen Weichenstellungen von den Bundestagswahlen 1953 bis zu dem Scheitern der EVG am 30. August 1954

In der Bundesrepublik bedeutete der grandiose Wahlsieg der Unionsparteien, die am 6. September 1953 mit 45,2 % der Stimmen ein eindrucksvolles Ergebnis erzielten, für Konrad Adenauer eine plebiszitäre Bestätigung seiner Politik. Nachdem sowohl die KPD als auch die Deutsche Reichspartei (DRP) ebensowenig wie die zur bundespolitischen Bedeutungslosigkeit geschrumpfte Bayernpartei die Rückkehr in den Bundestag erreicht hatten, sahen der Kanzler und seine Berater die Zweidrittelmehrheit und damit die Ratifikation der Westverträge als gesichert an.[283]

Mit Erleichterung nahm Adenauer vor allem die vernichtende Niederlage des GVP-Wahlblocks um seinen ehemaligen Innenminister Heinemann zur Kenntnis, der nur 1,2 % der Stimmen erreichte. Damit war die von Heinemann verfolgte Strategie, die Union im

281 Handakte de Maiziere (Entwurf Wachregiment vom 09.07.1953), BA-MA Bw 9/300 Bl. 14. „wirklich" ist in der Quelle unterstrichen.
282 Ibid, Bl. 24 u. 25.
283 Blankenhorn, Herbert, Verständnis und Verständigung. Blätter eines politischen Tagebuchs 1949 - 1979, Frankfurt am Main, New York 1977 S. 170.

Wahlkampf als katholisch-klerikale Partei abzustempeln und merkliche Teile der protestantischen Wählerschaft für die Ziele der GVP zu gewinnen, gescheitert. Wie die Koalitionsbildung, die am 7. Oktober 1953 mit der Offerte Adenauers an die Verhandlungskommission des BHE für die künftige Regierungsbeteiligung abgeschlossen wurde, stand vor allem die personelle Zusammensetzung des Kabinetts ganz im Zeichen der Westverträge. Adenauer nutzte seine durch den Ausgang der Bundestagswahl geradezu unangreifbar gewordene Stellung dazu, extensiv von seinem Recht als Regierungschef Gebrauch zu machen, die neuen Minister auszuwählen und dem Bundespräsidenten zur Ernennung vorzuschlagen.

Auch die in der CDU gehegte Hoffnung und von der FDP gestellte Forderung nach Trennung des Amtes des Außenministers von dem des Bundeskanzlers erfüllte Adenauer nicht. Zur Begründung gab der Wahlsieger an, daß es um die Ratifizierung der Kontrakte in Paris ohnehin schon schlecht bestellt sei und er seine persönlichen Beziehungen zu führenden französischen Politikern, das inzwischen erworbene persönliche Vertrauen und nicht zuletzt sein persönliches politisches Prestige im Ernstfall in die Waagschale zu werfen, um die EVG zu retten.[284]

Weiterhin unterblieb die erwartete Ernennung eines für Sicherheitsfragen zuständigen Ministers, die nach Meinung Adenauers bewußt bis zu dem Zeitpunkt zurückgestellt bleiben sollte, bis die EVG die parlamentarischen Hürden in allen Partnerstaaten genommen hätte.

Allerdings konnte auch Adenauer nicht übersehen, daß schon im Laufe des Jahres 1953 der Schwung der französischen Seite bei den Beratungen über die Schaffung einer Europäischen Verteidigungsgemeinschaft erlahmt war und es um die Ratifizierung der Vertragswerke sehr schlecht stand. Der Regierungschef gewann immer mehr den Eindruck, daß Paris mit seinem Engagement in Indochina und den Krisenerscheinungen in Nordafrika viel zu beschäftigt war, als daß man fähig und willens gewesen wäre, das Projekt der EVG konsequent voranzutreiben.

Trotz verbaler Bekenntnisse zur Europäischen Verteidigungsgemeinschaft in der Öffentlichkeit erklärte der Bundeskanzler bereits am 16. November 1953 in einem privaten Gespräch dem NATO-Oberbefehlshaber in Europa, General Gruenther, daß er im Falle des Scheiterns der EVG für einen amerikanisch-britisch-deutschen Vertrag sei, der unter Verzicht auf militärische Abmachungen wenigstens die politischen Beziehungen der Bundesrepublik zu den Westalliierten neu regele. In einem Positionspapier der Joint Chiefs of Staff wurde unter Zugrundelegung rein militärischer Argumente als alternative Lösung zur EVG nur die volle Mitgliedschaft der Bundesrepublik in der NATO aufgeführt.

---

284 Adenauer, Teegespräche, S. 494 (20.10.1953).

Sollten beide Optionen am Widerstand Frankreichs scheitern, blieb den USA nach Auffassung der Joint Chiefs of Staff nur noch eine periphere Strategie zur Verteidigung Europas übrig.[285]

Für diesen Fall hatte der amerikanische Außenminister Dulles bereits am Rande der NATO-Ratstagung in Paris am 15. Dezember 1953 erklärt, daß die Amerikaner in 5 Jahren kein Interesse mehr an Europa haben würden und übte mit dieser Aussage massiven diplomatischen Druck auf Frankreich aus.

Die Tatsache, daß sich der amerikanische Außenminister zwei Tage zuvor in Bonn der Unterstützung des Bundeskanzlers für seine Pläne versichert hatte,[286] war ein deutlicher Beleg dafür, welche zentrale Bedeutung die Bundesregierung bei der Gestaltung einer gemeinsamen westlichen Sicherheitspolitik inzwischen gewonnen hatte. Inzwischen war im Zuge einer Entspannung der politischen Situation zwischen den Supermächten eine Entwicklung in Gang gekommen, die Adenauer zunehmend mit Sorge erfüllte, da auf internationaler Ebene eine Reihe von Konferenzen zu erwarten waren, auf denen über Deutschland, Europa und Sicherheitspolitik verhandelt werden würde, ohne daß die Bundesrepublik – noch nicht Teil des westlichen Bündnisses und noch nicht souverän – daran beteiligt sein könnte. Innenpolitisch bedeutete die aufkeimende ostpolitische Aufbruchsstimmung die erneute Diskussion über den eingeschlagenen Westkurs der Regierung und außenpolitisch mußte Adenauer bemüht sein, die tiefsitzenden westlichen Befürchtungen vor einer etwaigen deutsch-sowjetischen Annäherung als Ausdruck einer neuerlichen „Rapallo-Politik" zu zerstreuen.

Ein sich über mehrere Monate hinziehender Notenwechsel zwischen den Siegermächten des Zweiten Weltkriegs führte Anfang Januar 1954 zu einer Viererkonferenz in Berlin, wobei es Adenauer im Vorfeld der Konferenz gelungen war, durch seinen eigens nach Washington entsandten persönlichen Referenten Herbert Blankenhorn die westlichen Außenminister auf dem bisherigen politischen Kurs zu halten.[287]

Die Berliner Viererkonferenz erbrachte in den Augen des Bundeskanzlers genau das Ergebnis, das er für die Rechtfertigung seiner Sicherheitspolitik benötigte: den Beweis dafür, daß die Sowjetunion über ein in welcher Form auch immer an den Westen angelehntes wiederzuvereinigendes Deutschland außerhalb ihres direkten Einflußbereichs ernsthaft nicht mit sich reden ließ, auch nicht um den Preis des Verzichts auf die Mitgliedschaft in der EVG, und daß vice versa die Westmächte die Bundesrepublik nicht aus ihrer partnerschaftlichen Mitte zu entlassen gedachten, die Wiedervereinigung nicht einmal im Rahmen der europäischen Gemeinschaft in Erwägung ziehen wollten.[288] Mit Erleichte-

285 FRUS 1952 - 1955 V, Teil 1, S. 863 f. (10.12.1953).
286 FRUS 1952 -1954, VII, Teil 1 S. 865 f. (Unterredung Adenauer - Dulles am 13.12.1952).
287 Vgl. Birke, Nation ohne Haus, S. 326.
288 Anfänge westdeutscher Sicherheitspolitik, Bd. 2, S. 441.

rung nahm Adenauer nach dem Scheitern der Viererkonferenz zur Kenntnis, daß sich trotz der im Vorfeld der Viererverhandlungen aufgetretenen Irritationen über Großbritannien und die ständig schwankende Haltung der Franzosen nun doch wieder eine Übereinstimmung der westlichen Politik gegenüber Deutschland abzuzeichnen begann. Der Bundeskanzler begrüßte das Ergebnis der Konferenz, obwohl mit dem Scheitern der Vierergespräche unübersehbar die „Weichen endgültig auf die getrennte und sich immer weiter voneinander entfernende Entwicklung der beiden Teile Deutschlands gestellt wurden."[289]

Nachdem der Deutsche Bundestag am 25. Februar 1954 die Wehrhoheit mit den Stimmen der Koalition grundgesetzlich verankert hatte, wurde Adenauer klar, daß die Franzosen im Frühjahr 1954 immer offensichtlicher dazu übergingen, die europäisch-integralen Elemente aus dem Vertragswerk der Europäischen Verteidigungsgemeinschaft zu eliminieren und die Unterzeichnung bewußt zu verzögern. Unter anderem wurde das in Artikel 38 des EVG-Vertrags vorgesehene Verfahren über die Errichtung einer künftigen europäischen Gemeinschaft plötzlich als nicht mehr anwendbar bezeichnet, die Streitkräfteintegration auf die in Deutschland stationierten Truppen beschränkt, die vorgesehenen gemeinsamen Institutionen dezentralisiert und die wirtschaftlichen und finanziellen Bestimmungen so geändert, daß der Zusammenlegung gemeinsamer Ausgaben enge Grenzen gesetzt wurden.[290]

In der Bundesregierung wurde die Befürchtung laut, daß Frankreich unter immer neuen Vorwänden das Ratifizierungsverfahren von EVG- und Deutschlandvertrag zu verschleppen suchte, um beide letztlich parlamentarisch durchfallen zu lassen.

Sehr früh wurde von Adenauers Koalitionspartnern die Forderung nach einer Alternativlösung zur EVG geäußert, wodurch das offizielle Festhalten der Regierung an der EVG sehr bald nur noch als eine rein verbale Pflichtübung erschien.

Der Regierungschef gab allerdings erst am 2. Juli 1954 öffentlich zu, über eine Alternativlösung zur EVG nachgedacht zu haben und bezeichnete die Aufstellung einer deutschen Nationalarmee im Falle eines Scheiterns der EVG als denkbaren Ausweg.

Der selbstbewußte Ton des über Rundfunk ausgestrahlten Interviews und die in diesem Zusammenhang stehende Absage des geplanten Besuchs des französischen Staatssekretärs für Äußeres unterstrichen, daß der Bundeskanzler zunehmend eigene sicherheitspolitische Vorstellungen ohne Furcht vor alliierter Kritik äußern konnte und offensichtlich bereit war, den gewachsenen außenpolitischen Freiraum selbstbewußt zu nutzen.

Adenauer mußte die westdeutsche Bevölkerung langsam mit dem Scheitern der EVG vertraut machen, ohne daß er in Verdacht geriet, außen- und sicherheitspolitisch geschei-

289 Grewe, Wilhelm, Rückblenden 1976 - 1951, Frankfurt am Main, Berlin, Wien 1976, S. 186.
290 Europa-Archiv, 9. Jahr, S. 7118.

tert zu sein. Als der deutsche Regierungschef im Sommer 1954 öffentlich für die Gewährung der Souveränität der Bundesrepublik noch vor Unterzeichnung des EVG-Vertragswerks eintrat, konnte er sich bereits in Sicherheit wiegen, diese zu erlangen und brauchte nicht mehr zu befürchten, politisch mit leeren Händen dazustehen: Premierminister Churchill und US-Präsident Eisenhower hatten Adenauer nämlich bereits versprochen, unverzüglich mit der einseitigen Inkraftsetzung der Souveränität in der britischen und amerikanischen Zone sowie schließlich mit der Bewaffnung der Bundesrepublik zum 1. Oktober 1954 die französische Regierung vor vollendete Tatsachen zu stellen, falls wider Erwarten keine einvernehmliche Lösung gemeinsam mit Paris zu erreichen sei.[291]

Gestärkt durch diese Verbündeten seiner Politik konnte Adenauer sich ganz auf die parlamentarische Auseinandersetzung mit der Opposition konzentrieren, die auch nach ihrer Wahlniederlage nicht gewillt war, die Wiederbewaffnungspolitik zu akzeptieren. Die Anglo-Amerikaner hatten sich zwischenzeitlich darauf geeinigt, das Junktim zwischen EVG und Deutschlandvertrag zu lösen, falls das französische Parlament vor seine Sommerpause keine positive Entscheidung zur EVG treffen würde und setzten eine Expertenkommission ein, die sich mit den damit zusammenhängenden Fragen beschäftigte. Am 7. Juli 1954 wurde im Auftrag Adenauers eine Ausarbeitung über „Forderungen der Bundesrepublik im Falle einer anderen Lösung als der EVG für den deutschen Verteidigungsbeitrag" erstellt. Nach diesem Papier sollte der westdeutsche Verteidigungsbeitrag eine Gesamtstärke von 12 Divisionen, bestehend aus 6 Panzerdivisionen, 3 Panzergrenadierdivisionen und 3 motorisierten Infanteriedivisionen mit insgesamt 360.000 Mann besitzen. Die Luftwaffe wurde mit 28 Geschwadern und 110.000 Mann in Ansatz gebracht, während der Entwurf für die Marine eine Gesamtstärke von 22.000 Mann vorsah. Gefordert wurden die Herstellung der vollen Souveränität der Bundesrepublik, die Mitgliedschaft in der NATO und die Unterstellung der deutschen Verbände unter die NATO nach ausschließlich operativen Gesichtspunkten.[292]

Auch ohne die genaue Kenntnis der Inhalte der anglo-amerikanischen und deutschen Arbeitspapiere konnte sich die französische Regierung leicht ausrechnen, daß im Falle ihrer Weigerung, an dem britisch-amerikanischen Programm zu partizipieren, Frankreich die totale Isolation im Bündnis drohte und nicht nur die Souveränität, sondern schließlich auch die Bewaffnung der Bundesrepublik im deutsch-angelsächsischen oder gar nur deutsch-amerikanischen Alleingang realisiert würden. Ungeachtet der diplomatischen Pressionen durch die anglo-amerikanische Seite räumte der französische Premierminister Pierre Mendès-France in Anbetracht der sich abzeichnenden militärischen Nie-

---

291 FRUS 1952 - 1954, V, Teil 1, S. 994 (EDC Alternative Planning der JCS).
292 „Forderungen der Bundesrepublik im Falle einer anderen Lösung als der EVG für einen deutschen Verteidigungsbeitrag." Zitiert nach: Anfänge westdeutscher Sicherheitspolitik, Bd. 2, S. 202 f.

derlage der Franzosen in Indochina diesem Problemfeld die höchste Priorität ein, während die Suche nach einem Kompromiß in der Frage der Europäischen Verteidigungsgemeinschaft zweitrangig behandelt wurde. Eine Regierungskommission sollte sich erneut mit dem EVG-Vertragswerk befassen und legte am 13. August 1954 dem französischen Kabinett eine Liste mit 65 Einzelvorschlägen für eine Vertragsänderung zur Genehmigung vor,[293] von denen etwa die Hälfte einen neuerlichen Parlamentsbeschluß mit Zweidrittelmehrheit in der Bundesrepublik erforderlich gemacht hätten.

Die französischen Vorschläge stießen bei den europäischen NATO-Mitgliedern auf einhellige Ablehnung und die Bundesregierung schloß sich dem Urteil des State Department an, das die neuerlichen Veränderungen am Vertragswerk als „unannehmbar"[294] bezeichnete. Adenauer ließ der britischen Regierung seine Befürchtung mitteilen, daß man jetzt offensichtlich in Frankreich dazu neige, die EVG doch noch für ein Abkommen mit der Sowjetunion über die Neutralisierung Deutschlands zu opfern. Im Gegensatz zu seinen offiziellen Äußerungen machte der Bundeskanzler keinen Hehl aus seiner Enttäuschung über die französische Politik. Der durch das absehbare Scheitern der EVG innenpolitisch in die Defensive gezwungene Regierungschef machte sich Sorgen um den Fortgang der von ihm als politische Lebensaufgabe empfundenen Westintegration der Bundesrepublik auf der Grundlage der Verständigung mit Frankreich. Eine weitere Diskreditierung seiner Politik barg nämlich nach Auffassung Adenauers zunehmend die Gefahr einer unabhängigeren Politik der Bundesrepublik in sich, die nicht ohne Auswirkung auf das künftige Verhältnis der Westdeutschen zu ihren Nachbarn bleiben konnte.[295]

Als die französische Nationalversammlung trotz einhelliger Ablehnung der französischen Änderungsvorschläge durch alle EVG-Staaten am 30. August 1954 dem Antrag zustimmte, die Debatte über die EVG von der Tagesordnung abzusetzen und damit das Projekt parlamentarisch zum Scheitern brachte, schien es, als wären die langjährigen Bemühungen Adenauers zur Erlangung der deutschen Souveränität tatsächlich vergeblich gewesen.

Nun stand zu erwarten, daß dieser „Schwarze Tag für Europa"[296] die politische Zukunft der Bundesrepublik erneut zum Gegenstand kontroverser und vor allem langwieriger innen- und außenpolitischer Richtungskämpfe machen würde.

---

293 Text des „Protocole d' Application" in: Wettig, Entmilitarisierung in Deutschland, S. 571 ff.
294 FRUS 1952 - 1954 II, Teil 1, S. 1039 ("unacceptable beyond our worst expectations").
295 FRUS 1952 - 1954 , VII, Teil 1, S. 581.
296 Adenauer, Erinnerungen, 1953 - 1956, S. 289.

1.5. Die sicherheitspolitische Diskussion nach dem Scheitern der EVG bis zur Aufnahme der Bundesrepublik Deutschland in die NATO

Sehr schnell überwand Adenauer seine Enttäuschung über das Scheitern der EVG und erkannte, daß sich jetzt die Chance bot, direkt der NATO beizutreten und auf diese Weise gleichzeitig die volle Souveränität der Bundesrepublik zu erreichen. Der neue Optimismus Adenauers war auf das Gespräch mit dem amerikanische Außenminister Dulles einen Tag nach der Ablehnung der EVG in der französischen Nationalversammlung zurückzuführen, in welchem Dulles darauf hingewiesen hatte, daß seiner Auffassung nach die effektive Verteidigung Westeuropas weiterhin einen wesentlichen militärischen Beitrag der Deutschen erforderlich mache und Deutschland in bezug auf seine Souveränität einschließlich des ihm zustehenden Rechts der individuellen und kollektiven Selbstverteidigung nicht diskriminiert werden dürfe.[297]

Um zu verhindern, daß sich die führenden politischen Kräfte in der Bundesrepublik, durch das Scheitern der EVG desillusioniert, einer Politik der Neutralisierung oder gar der Verständigung mit der Sowjetunion zuwandten, wurde der britische Hochkommissar angewiesen, möglichst umgehend die Auffassung des Bundeskanzlers über alternative Lösungen für die politische und militärische Integration Westdeutschlands zu sondieren. Mit Zustimmung der amerikanischen Regierung wurde dem Bundeskanzler am 2. September 1954 durch den ehemaligen britischen Hochkommissar und seit November 1953 als Unterstaatssekretär im britischen Außenministerium tätigen Sir Ivone Kirkpatrik eröffnet, daß die englische Regierung bereits seit längerer Zeit Pläne für den Fall der im Laufe der Zeit als immer wahrscheinliche erschienenen Ablehnung der Europäischen Verteidigungsgemeinschaft durch die französische Nationalversammlung erarbeitet hatte.

Für die Briten, denen es bei der EVG ohnehin nie so sehr um den supranationalen Charakter der Organisation gegangen war, kam es weiterhin darauf an, die Westbindung der Bundesrepublik durchzusetzen und mit Blick auf die konstatierte Bedrohung durch die Sowjetunion eine kontrollierte Aufrüstung Westdeutschlands zu gewährleisten. Als alternative Lösungsmöglichkeiten für diesen Zielkonflikt boten sich nach Meinung der britischen Regierung entweder die Aufnahme der Bundesrepublik in die NATO oder eine andere lose Form der EVG ohne supranationalen Charakter an. Bei der Aufnahme in die NATO sollten allerdings bestimmte Beschränkungen für die deutsche Wiederbewaffnung, auf die man sich bereits im Rahmen der EVG geeinigt hatte, weiterbestehen.

---

297 Vgl. Adenauer, Erinnerungen, Bd. 2, S. 296.

Adenauer ließ erkennen, daß er gegen eine verwässerte EVG und für die NATO-Lösung war, wobei er ausdrücklich darauf hinwies, daß er in diesem Zusammenhang eine Überprüfung des Deutschlandvertrags für erforderlich hielt. Die britische Regierung zeigte sich bereit, für die von Adenauer ins Auge gefaßte Revision des Deutschlandvertrags bei den EVG-Partnern zu werben. Bereits am 18. September 1954 überreichte der französische Ministerpräsident dem Bundeskanzler ein Memorandum,[298] in dem sich die französische Regierung unter dem Eindruck der Argumente des britischen Außenministers Eden nunmehr bereit zeigte, einem gleichzeitigen Beitritt der Bundesrepublik zum Brüsseler Pakt und zur Nato zuzustimmen.

Allerdings bestand die französische Regierung ausdrücklich darauf, daß Deutschland im Gegensatz zu den anderen Bündnismitgliedern außerhalb des NATO-Oberkommandos keine eigenen Einheiten aufstellen durfte. Weiterhin erwartete Paris als Gegenleistung für sein Einlenken von Großbritannien die offizielle Verpflichtung, weiterhin Truppen auf dem Kontinent stationiert zu lassen.

Die Londoner Neunmächtekonferenz Ende September 1954, an der neben den Staaten, die an der gescheiterten EVG beteiligt gewesen waren, auch die USA, Großbritannien und Kanada teilnahmen, sollte zur Klärung des Problems der deutschen Wiederbewaffnung im Rahmen der NATO beitragen. Während sich alle beteiligten Staaten für den deutschen Beitritt zum Nordatlantikpakt aussprachen, wollte der französische Ministerpräsident Pierre Mendès-France dem anglo-amerikanischen Vorschlag nur dann zustimmen, wenn die geforderten Beschränkungen und Kontrollen der deutschen Aufrüstung verwirklicht und zugleich eine Lösung der Saarfrage in Aussicht gestellt wurde. Die wichtigsten Resultate der Konferenz waren die Liquidation der alliierten Besatzungsherrschaft, Aufnahme der Bundesrepublik mit einem nationalen Verteidigungsbeitrag in dem für die EVG vorgesehenen Umfang in die NATO sowie die Erweiterung des Brüsseler Paktes durch die Aufnahme Italiens und Westdeutschlands zur Westeuropäischen Union.

Mit der Zusage der amerikanischen und britischen Regierungen, weiterhin Truppen auf dem Kontinent zu belassen und der Versicherung Adenauers, niemals die bestehenden Grenzen in Europa anzutasten und auf die Herstellung atomarer, biologischer und chemischer Kriegsmittel sowie auf die Produktion einer Reihe schwerer Waffen verzichten zu wollen, konnte die französische Zustimmung zum deutschen NATO - Beitritt nach schwierigen Verhandlungen erreicht werden.[299] Allerdings mußte die umstrittene Saarfrage von der Tagesordnung gestrichen werden, um den Konferenzausgang nicht zu gefährden. Mit der Erklärung der drei Westalliierten,

298 Adenauer, Erinnerungen, Bd. 2, S. 315 - 319.
299 Adenauer, Erinnerungen, Bd. 2, S. 335 ff.

besatzungsrechtliche Befugnisse der Hohen Kommissare nur noch im Einvernehmen mit der Bundesregierung auszuüben,[300] war es dem Kanzler gelungen, die Besatzungsherrschaft de facto schon vor dem Inkrafttreten der Westverträge zu suspendieren. In seiner Regierungserklärung vor dem Deutschen Bundestag am 7. Oktober 1954[301] bekräftigte der Bundeskanzler seinen unveränderten Willen, die WEU zu einem „Kernpunkt der europäischen Integration" auszubauen und stellte fest, daß man nach der Londoner Konferenz „mit größerer Aussicht auf Erfolg" die Bemühungen für die Wiederherstellung der deutschen Einheit fortsetzen könne. Am gleichen Tag wurde die ursprünglich als Möglichkeit für eine schnelle Aufstellung von Truppen ins Kalkül gezogene geschlossene Übernahme des Bundesgrenzschutzes verworfen. Die sofortige Übernahme des BGS in den Rahmen der neu aufzustellenden Streitkräfte schien aus außen- wie aus innenpolitischen Gründen nicht möglich zu sein,[302] allerdings konnte nicht übersehen werden, daß in Anbetracht der zwischenzeitlich über 5.000 freiwilligen Meldungen von Angehörigen des BGS auf Übernahme in die Streitkräfte[303] das Interesse an einer Übernahme übergroß war.

Obwohl damit fast ein Viertel des BGS-Personals sein Interesse an einer Verwendung in den neuen Streitkräften bekundet hatte, kam die Dienststelle Blank mit Vertretern des Bundesinnenministeriums überein, „... Angehörige des BGS bis zur endgültigen Klärung der zukünftigen Verwendung des BGS nicht zum Dienst in den Streitkräften heranzuziehen, auch nicht auf Grund freiwilliger Meldungen."[304] Auf jeden Fall sah sich Blank veranlaßt, den Bundesinnenminister zu bitten, „die maßgeblichen Herren des ihm unterstellten Bundesgrenzschutz zu veranlassen, sich größerer Zurückhaltung in der kritischen Betrachtung der das Verteidigungsressort betreffenden Fragen in der Öffentlichkeit zu befleißigen."

Gerade der Nutzen für eine gesamtdeutsch orientierte Entwicklung wurde von den innenpolitischen Opponenten des Regierungschefs in Zweifel gezogen. Akzentuierter als je zuvor in der Politik der Bundesregierung stand damit Sicherheit als Priorität vor der Wiedervereinigung und riß erneut innenpolitische Gräben auf, die vor allem wegen der Nachgiebigkeit des Kanzlers in der Saarfrage bis weit in die Reihen der Koalition reichten.

Am 22. Oktober 1954 einigten sich der Bundeskanzler und der französische Regierungschef in einem Gespräch unter vier Augen auf eine Kompromißlösung in der strittigen Frage des Saarstatuts. Die französische Seite verzichtete auf einen Abschnitt des Saar-

---

300 „Declaration of intent" in: Grewe, Rückblenden, S. 201 f.
301 Deutscher Bundestag, Stenographische Berichte, Bd. 21, 47. Sitzung, S. 2227 - 2234 (7.10.1954).
302 Vgl. Stellungnahme zu der Auffassung des Bundesinnenministeriums in der Frage Grenzschutz und bodenständige Verteidigung (Heimatvert.) vom 07.10.1954, BA-MA, Bw 9/3597, Bl. 96.
303 Vgl. Notiz für General Heusinger über II/1 vom 19.10.1954, ibid, Bl. 100.
304 Ibid, Bl. 101.

abkommens, der eine endgültige Abtrennung von Deutschland beinhaltete, während Adenauer einer Volksabstimmung an der Saar zustimmte, um das erneute Scheitern seiner Westpolitik zu verhindern.

Die der Beratung und Beschlußfassung der Ratifizierungsgesetze dienenden Kabinettssitzungen legten das Saardilemma endgültig und schonungslos offen.[305] Adenauer erkannte die Schärfe der Auseinandersetzungen und malte im Kabinett das Ende der Koalition an die Wand und appellierte an seine Minister, wenigstens in der Ministerrunde Einigkeit zu zeigen, um Wankelmütige in der Fraktion zu überzeugen. Obwohl der Kanzler darauf hinwies, daß mit dem Saarvertrag die Politik der Bundesregierung stehe und falle, beharrten sein Parteifreund Kaiser und vier FDP-Minister trotzdem auf ihrem Nein zum Saarabkommen.[306]

Für die Opposition bemängelte Erich Ollenhauer öffentlichkeitswirksam die seiner Meinung nach faktische Anerkennung der Loslösung des Saarlandes von Deutschland und sah darin eine dauerhafte Belastung des deutsch-französischen Verhältnisses. [307]

Nach den Erfahrungen im Zusammenhang mit dem Scheitern der EVG war Adenauer darauf bedacht, den Ratifizierungsprozeß so schnell wie möglich abzuschließen, zumal er sich sehr bald wieder mit einem neuen sowjetischen Vorstoß in der Ratifizierungsdebatte ausgesetzt sah, der die innenpolitische Auseinandersetzung auch in der Regierungskoalition erneut anheizte.

Zwei Noten der Kremlführung kündigten im Oktober und Dezember 1954 an, daß die Pariser Abmachungen im Falle ihres Inkrafttretens die Wiedervereinigung Deutschlands, ja selbst Verhandlungen darüber, über eine lange und unabsehbare Zeit unmöglich machen würden.[308]

In einer Erklärung der Nachrichtenagentur TASS vom 15. Januar 1955 hieß es, daß das westdeutsche Parlament eine schwere Verantwortung für das Fortbestehen der Spaltung Deutschlands übernehme, wenn es den Abmachungen zustimme.

Mit der Formulierung, „das deutsche Volk muß durch die Abhaltung allgemeiner freier Wahlen in ganz Deutschland, einschließlich Berlin, die Möglichkeit haben, seinen freien Willen zu äußern, damit Deutschland als Großmacht wiederersteht und einen würdigen Platz unter den anderen Mächten einnimmt,"[309] weckte die Sowjetunion erneut gesamtdeutsche Hoffnungen und wollte die Ratifizierung der Pariser Verträge erschweren. Im Namen der SPD richtete der Oppositionsführer an den Kanzler die dringende Bitte,

305 Thoß, Bruno, Die Lösung der Saarfrage 1954/55. In: VfZG 38 (1990), S. 246.
306 Anfänge westdeutscher Sicherheitspolitik, Bd. 3, S. 292.
307 Sozialdemokratische Bundestagsfraktion, Mitteilung an die Presse vom 27.10.1954, zitiert nach: Anfänge westdeutscher Sicherheitspolitik, Bd. 3, S. 294.
308 Text in: Jäckel, Ernst, (Hrsg.) Die deutsche Frage 1952 -1956. Notenwechsel und Konferenzdokumente der vier Mächte, Frankfurt am Main, Berlin 1957, S. 83 - 89.
309 Text in: Europa - Archiv, 10, (1955) S. 7345.

nicht die Versäumnisse bei der Behandlung der sowjetischen Noten von 1952 zu wiederholen, sondern sich diesmal bei den Westmächten für noch vor der Ratifizierung einzuleitende Verhandlungen mit der Sowjetunion einzusetzen.[310]
Der Regierungschef hielt im Gegensatz zu Ollenhauer die von der SPD geforderten Vier-Mächte-Verhandlungen für nicht mit den deutschen Interessen vereinbar. Adenauer sah hierin die Gefahr, daß sich Deutschland ohne Verbündete zwischen alle Stühle setzen würde und dann im „Zustand der Unfreiheit verbleibt, bis sich die vier Siegermächte geeinigt haben"[311] und erteilte den Überlegungen des Oppositionsführers eine deutliche Absage.
Unter großem Zeitdruck wurden schließlich am 23. Oktober 1954 die „Pariser Verträge" unterzeichnet, worin das wichtigste Ergebnis für die Bundesrepublik darin bestand, daß sie nunmehr als gleichberechtigter Partner des westlichen Bündnisses in Erscheinung treten konnte, nachdem das Besatzungsrecht endgültig durch Vertragsrecht ersetzt worden war. Adenauer bemühte sich, in der Öffentlichkeit darzustellen, daß der Bundesrepublik nun „die volle Macht eines souveränen Staates"[212] zukam, obwohl unübersehbar weiterhin bestimmte Sonderrechte der Alliierten für Berlin und Deutschland als Ganzes erhalten blieben.
Die Unterzeichnung der insgesamt 11 Verträge und Abkommen erlaubte der Bundesrepublik, nationale Streitkräfte mit einer Stärke von 500.000 Mann aufzustellen, die allerdings der Kontrolle der Westeuropäischen Union unterstanden.
Unmittelbar nach Abschluß der Pariser Verträge rückten die Konzeptionen über die Zukunft des BGS in den Mittelpunkt der Arbeit in der Dienststelle Blank, denn die badige Entscheidung über den Bundesgrenzschutz, „... liege im Interesse der Planungsarbeiten der Dienststelle (Blank) als auch im Interesse der Angehörigen, die eine Übernahme in die Streitkräfte erwünschen und erhoffen."[313] In einer Notiz Blanks wurde davon ausgegangen, daß „die überwiegende Mehrheit der Angehörigen sich als Soldaten und nicht als Polizeiangehörige fühlen" und vorgeschlagen, mit dem Bundesministerium des Innern über den Ablauf der Übernahme von Freiwilligen des Bundesgrenzschutzes in die Streitkräfte zu verhandeln. Hierbei sollte nach Meinung der Dienststelle Blank darauf geachtet werden, daß die Übernahme geschlossener Einheiten verneint und auf dem Grundsatz der individuellen Auswahl bestanden werde.[314] Keinen Zweifel bestand seitens Blank jedoch darüber, „daß ein Weg gefunden werden (muß), der die sehr guten Kräfte des Bundesgrenzschutzes den Streitkräften zuführt ..."[315]

---

310 Adenauer, Erinnerungen, Bd. 2, S. 410 f.
311 Adenauer, Erinnerungen, Bd. 2, S. 410 - 413.
312 Verhandlungen des Deutschen Bundestages, Stenographische Berichte, 2. Wahlperiode, 15.12.1954 , S. 3121 - 3135.
313 Notiz Nr. 68/54 vom 04.11.1954, BA-MA, Bw 9/68, Bl 55.
314 Ibid, Bl. 58.
315 Stellungnahme zur Notiz Nr. 68/54 vom 04.11.1954, 15.11.1954, BA-MA, Bw 9/3597, Bl. 105.

Große Beachtung fand dementsprechend die Ende November vom Bundesgrenzschutz durchgeführte Großübung „Donau", die im Raum Ansbach – Donauwörth – Regensburg – Amberg mit über 10.000 Mann und mehr als 2.200 Kraftfahrzeugen zur „Schulung von Führung und Truppe in beweglichem Einsatz motorisierter Kräfte im Kampf gegenüber überlegener Gegner"[316] durchgeführt wurde und Aufschluß über die taktischen Verwendungsmöglichkeiten der BGS-Verbände bringen sollte. Die als Manöverbeobachter eingesetzte Delegation der Dienststelle Blank gewann den Eindruck, „daß die Masse aller Dienstgrade sich mehr als Soldat, denn als Polizist fühlt. Die Zeit beim BGS wird sicher bei einer erheblichen Anzahl nur als ein Übergang zu den Streitkräften betrachtet."[217] Insgesamt wurde der BGS beschrieben als, „... eine vom Korpsgeist erfüllte Freiwilligentruppe, die ihr Handwerk versteht, aber in der militärischen (sic!) Ausbildung noch Lücken hat."[318]

An der Abschlußbesprechung, an der auch der chilenische und argentinische Militärattaché teilnahmen, äußerte sich General a. D. Matzky, als Inspekteur des BGS zu den Zukunftsaufgaben des Bundesgrenzschutz: „Es wäre ein schweres Versäumnis, am Verteidigungswillen dieser festgefügten und ausgebildeten Truppe vorbeizugehen und sie für die deutsche und europäische Verteidigung nicht nutzbar zu machen."[319] Matzky versicherte, daß „der Bundesgrenzschutz nicht die Absicht hat, den künftigen Streitkräften, oder sagen wir der Dienststelle Blank, den Rang abzulaufen. Wir ziehen alle am gleichen Strang mit dem Ziel, in einer Lage, wo die Zeit von Tag zu Tag mehr drängt, die für die Verteidigung Deutschlands und Europas die günstigste Lösung zu finden."[320]
In seinem Schlußwort stellte Ministerialdirektor Egidi aus dem Bundesinnenministerium sogar einen historischen Vergleich mit der Schlacht auf dem Lechfeld im Jahr 955 an: „Gerade dieses Ereignis sei für einen Verband wie den Bundesgrenzschutz eine besondere Mahnung. Denn dort sei es einer kleinen, von bestem Geiste erfüllten westlichen Elite-Truppe gelungen, Massen eines aus dem Osten vorgebrochenen Feindes zu vernichten."[321] Den Angehörigen der Dienststelle Blank wünschte der Ministerialbeamte abschließend, „... daß Sie nach etwa 3jähriger Arbeit nach Ihrem Aufstellungsbeginn ebenfalls mit Stolz und Freude auf eine derart von gutem Geist erfüllte Truppe schauen dürfen, wie wir dies in diesen Tagen bei dem Bundesgrenzschutz tun durften."[322]
Mit Blick auf die Befürchtungen vor einem Wiedererstarken des Militarismus in der Bundesrepublik, die im Gefolge der immer konkreteren Planungen des deutschen Wehr-

---

316 Notiz zur Übung Donau vom 03.12.1954, ibid, Bl. 127 - 142, hier Bl. 127.
317 Ibid, Bl. 135.
318 Ibid, Bl. 136.
319 Ibid, Bl. 138.
320 Ibid, Bl. 139.
321 Ibid, Bl. 140. „Westlichen"und „Osten" sind in der Quelle unterstrichen.
322 Ibid.

beitrags laut wurden, erklärte der Bundeskanzler vor dem Bundestag am 15. Dezember 1954: „Der deutsche Militarismus ist tot." Die Armee werde unter politischer und parlamentarischer Kontrolle stehen, das Offizierkorps könne keine Sonderrolle mehr beanspruchen und nicht zuletzt aufgrund technischer Sachzwänge werde das „Soldatsein zu einem Beruf, der gleichgeachtet neben anderen steht."[323]

Die Sowjetunion zeigte sich von den Ausführungen und Versicherungen Adenauers offensichtlich unbeeindruckt, denn zwei Noten der Kremlführung kündigten im Oktober und Dezember 1954 an, daß die Pariser Abmachungen im Falle ihres Inkrafttretens die Wiedervereinigung Deutschlands, ja selbst Verhandlungen darüber, über eine lange und unabsehbare Zeit unmöglich machen würden.[324]

In einer Erklärung der Nachrichtenagentur TASS vom 15. Januar 1955 hieß es, daß das westdeutsche Parlament eine schwere Verantwortung für das Fortbestehen der Spaltung Deutschlands übernehme, wenn es den Abmachungen zustimme.

Mit der Formulierung, „das deutsche Volk muß durch die Abhaltung allgemeiner freier Wahlen in ganz Deutschland, einschließlich Berlin, die Möglichkeit haben, seinen freien Willen zu äußern, damit Deutschland als Großmacht wiedererSteht und einen würdigen Platz unter den anderen Mächten einnimmt,"[325] weckte die Sowjetunion erneut gesamtdeutsche Hoffnungen und wollte die Ratifizierung der Pariser Verträge erschweren. Im Namen der SPD richtete der Oppositionsführer an den Kanzler die dringende Bitte, „nicht die Versäumnisse bei der Behandlung der sowjetischen Noten von 1952 zu wiederholen, sondern sich diesmal bei den Westmächten für noch vor der Ratifizierung einzuleitende Verhandlungen mit der Sowjetunion einzusetzen."[326]

Der Regierungschef hielt im Gegensatz zu Ollenhauer die von der SPD geforderten Vier-Mächte-Verhandlungen für nicht mit den deutschen Interessen vereinbar. Adenauer sah in derartigen Verhandlungen vielmehr die Gefahr, daß sich Deutschland ohne Verbündete zwischen alle Stühle setzen würde und dann im „Zustand der Unfreiheit verbleibt, bis sich die vier Siegermächte geeinigt haben"[327] und erteilte den Überlegungen des Oppositionsführers eine deutliche Absage.

Nach dem offensichtlichen Scheitern ihrer Bemühungen, eine Wiederbewaffnung Westdeutschlands zu verhindern, erklärte die Sowjetunion am 25. Januar 1955 den Kriegszustand mit Deutschland einseitig für beendet und kündigte an, in Zukunft mit der DDR diplomatische Beziehungen aufzunehmen und auf Überwachung der staatlichen Organe Ostdeutschlands zu verzichten.[328]

---

323 Vgl. Deutscher Bundestag, Stenographische Berichte, 61. Sitzung, 15.12.1954, Bd. 22, S. 3134.
324 Text in: Jäckel, Ernst, (Hrsg.) Die deutsche Frage 1952 -1956. Notenwechsel und Konferenzdokumente der vier Mächte, Frankfurt am Main, Berlin 1957, S. 83 - 89.
325 Text in: Europa - Archiv, 10, (1955) S. 7345.
326 Adenauer, Erinnerungen, Bd. 2, S. 410 f.
327 Adenauer, Erinnerungen, Bd. 2, S. 410 - 413.

Mit dieser Ankündigung war die Aufstellung regulärer ostdeutscher Streitkräfte auf der Basis der bereits bestehenden paramilitärischen Strukturen der kasernierten Volkspolizei und die langfristig angelegte Integration beider deutscher Staaten in unterschiedlichen Militärblöcken nur noch eine Frage der Zeit geworden.

Schließlich hatte bereits am 18. Dezember 1954 der Hauptstab der KVP als Hauptziel der Ausbildung des kommenden Jahres die „weitere verstärkte Entwicklung der Kasernierten Volkspolizei zu einer Kaderarmee"[329] genannt und damit gleichfalls zu verstehen gegeben, wie man sich dort die militärische Zukunft Ostdeutschlands vorstellte.

Am 29. Januar 1955 erreichte die innenpolitische Auseinandersetzung um die Wiederbewaffnungsfrage in der Bundesrepublik einen neuerlichen Höhepunkt, als sich in der Frankfurter Paulskirche ein Kreis von etwa 1000 Personen unterschiedlicher politischer Richtungen versammelte, um gegen den deutschen NATO-Beitritt zu protestieren. Eingeladen hatten der Vorsitzende der SPD, Erich Ollenhauer, der DGB-Vorsitzende Walter Freitag, der evangelische Theologieprofessor Helmut Gollwitzer und der Heidelberger Soziologe Alfred Weber. In einem „Deutschen Manifest"[330] wiesen die Teilnehmer auf die ihrer Ansicht nach bestehende Gefahr hin, „daß durch die Ratifizierung der Pariser Verträge die Tür zu Viermächteverhandlungen über die Wiederherstellung der Einheit Deutschlands in Freiheit zugeschlagen wird."

Weiterhin prangerte das verabschiedete Manifest als Folge der Eingliederung der Bundesrepublik und der DDR in gegnerische Militärblöcke die absurde Situation an, „daß sich die Geschwister einer Familie in verschiedenen Armeen mit der Waffe in der Hand gegenüberstehen"[331] und sah in der außerparlamentarischen Mobilisierung einen Ausweg aus dem Dilemma der ohnmächtigen Oppositionsrolle.

Trotz einer von der SPD unterstützten regional beschränkten Kundgebungswelle stellten die außerparlamentarischen Aktivitäten der Wiederbewaffnungsgegner letztlich keine Gefährdung der Regierungspolitik dar. Vielmehr boten sie dem Kanzler die Gelegenheit, seine Vertragspolitik in der Öffentlichkeit als nüchtern und fern jeder politischen Schwärmerei darzustellen.[332]

Am 27. Februar 1955 billigte der Bundestag mit den Stimmen der Koalition den Beitritt zum Nordatlantikpakt und zur Westeuropäischen Union. Nachdem die Verträge drei Wochen später den Bundesrat passiert hatten und am 5. Mai 1955 die Hinterlegung der Ratifizierungsurkunden durch alle beteiligten Staaten erfolgt war, trat am gleichen Tag

328 Erlaß des Präsidiums des Obersten Sowjets der UdSSR über die Beendigung des Kriegszustands zwischen der Sowjetunion und Deutschland vom 25. Januar 1955 in: Beziehungen DDR - UdSSR 1949 - 1955. Dokumentensammlung v. M. A. Charlamov u.a., 2 Bände, Berlin (Ost) 1975, Bd. 2, S. 825.
329 Vorschlag für Maßnahmen zur Vorbereitung der Umwandlung der Kasernierten Volkspolizei in eine Kaderarmee, 14.12.1954, BA-MA, DVH 3/2062, Bl. 83 - 94, hier 94.
330 Text in: Jahrbuch der Sozialdemokratischen Partei Deutschlands, 1954/55. Hannover und Bonn o. J. S. 354.
331 Ibid.
332 Vgl. Birke, Nation ohne Haus, S. 342.

der Deutschlandvertrag und einen Tag später die Mitgliedschaft der Bundesrepublik in NATO und WEU in Kraft.

In seinem Tagesbefehl zum 10. Jahrestag der Befreiung vom Hitlerfaschismus am 8. Mai 1955 beurteilte der Chef der Kasernierten Volkspolizei die Unterzeichnung der Pariser Verträge: „In krassem Gegensatz zum Willen des deutschen Volkes wurden im Bonner Bundestag die Pariser Kriegsverträge ratifizieren (sic!) und das aggressive Programm der revanchelüsternen deutschen Imperialisten und Militaristen verkündet. In Westdeutschland soll eine neue Angriffsarmee unter Führung der alten unverbesserlichen Hitlergenerale entstehen, die mit der gewaltsamen Eroberung der Deutschen Demokratischen Republik einen dritten Weltkrieg einleiten soll."[333] Er forderte deswegen die Angehörigen der Volkspolizei auf, die KVP zu einer „schlagkräftigen, kampfstarken und von hohem Bewußtsein erfüllten Kaderarmee" zu entwickeln und die „Einheit von politischer und militärischer Ausbildung in der Kasernierten Volkspolizei" zu verwirklichen.[334] Mit der Aufnahme der DDR in den Warschauer Pakt am 14. Mai 1955 und der nach einmütiger Zustimmung durch die Volkskammer am 21. Mai 1955 erfolgten Ratifizierung des Warschauer Vertrages durch Pieck war damit in beiden Teilen Deutschlands eine grundlegende Entscheidung über die politische Zukunft gefallen und die militärischen Planungen konnten auf eine neue Grundlage gestellt werden.

In der Bundesrepublik bedeutete die zeitgleich mit der Ratifizierung der Pariser Verträge durch den Rat der Alliierten Kommission vorgenommene Aufhebung der Besatzungsverfügungen über Abrüstung und Entmilitarisierung[335] den Startschuß für die praktischen Vorarbeiten zur Aufstellung von westdeutschen Streitkräften, denn die Bundesregierung zeigte sich bemüht, vor dem Inkrafttreten der Verträge nicht mit Gesetzesinitiativen vor das Parlament oder die Öffentlichkeit zu treten. Nun aber drängte die Zeit plötzlich und der Bundeskanzler verlangte von seinen militärischen Planern kategorisch, für „Tempo" bei der Aufstellung der Streitkräfte zu sorgen. Der Bundeskanzler hatte zwar bereits auf seinem Geburtstagsempfang am 5. Januar Heusinger zu verstehen gegeben, daß er „möglichst bald drei Divisionen brauchte"[336] und im März ebenfalls den Wunsch geäußert, „im Sommer 1956 richtige deutsche Soldaten zu sehen,"[337] jedoch blieb schwer zu erkennen, worauf er seine im Gespräch mit Heusinger und Speidel am 15. April 1955 bekundete Zuversicht gründete, die hierfür nötigen Gesetze bis zur Sommerpause durchbringen zu können.[338]

---

333 Tagesbefehl des Chefs der KVP zum 10. Jahrestag der Befreiung vom Hitlerfaschismus, 08.05.1955, BA-MA, DVH 3/2001, Bl. 48 - 49, hier Bl. 48.
334 Ibid, Bl. 49.
335 Europa-Archiv, 1955, S. 7921 f.
336 Tagebuch Dienststelle Blank, 26.10.1955, BA-MA, Bw 9/2527-6, Bl. 12.
337 Tagebuch Dienststelle Blank, 16.03.1955, ibid, Bl. 27.
338 Tagebuch Dienststelle Blank, 15.04.1955, ibid, Bl. 38.

Nicht zuletzt wurde vor allem der von den USA ausgeübte Druck auf den Bundeskanzler, endlich greifbare Ergebnisse in der Wiederbewaffnung vorzuweisen, in der Dienststelle Blank als immens empfunden, zumal man sich der Komplexität des Gesetzgebungsvorgangs bewußt war: „Die Amerikaner werden weiter auf vollendete Tatsachen drängen. Aber unser Apparat der Verwaltung und Gesetzgebung ist so kompliziert, daß wir nicht vor Ende des Jahres mit Wirksamwerden rechnen können. Wir haben eine recht ernste und schwierige Zeit vor uns."[339]

Unmittelbar nach Ratifizierung der Pariser Verträge betonte der Kanzler an seinem Urlaubsort in der Schweiz, daß die Wehrpflicht weiterhin die Basis für die Aufrüstung sein sollte und die Wehrgesetzgebung beschleunigt durchgeführt werden solle. Auch am Zeitplan der Aufstellung wollte der Kanzler keine Abstriche machen, mit Ausnahme der von ihm als zentral angesehenen Frage der Aufstellung von 6 Musikkorps. Theodor Blank wurde hingegen in Anwesenheit der Generäle von Adenauer ermahnt, „mit der Presse etwas vernünftiger umzugehen."[340]

Immerhin wurde Blank trotzdem am 7. Juni 1955 zum „Bundesminister für Verteidigung" ernannt, doch erfolgte die Geldzuweisung für das neue Ministerium dennoch erst am 1. August 1955. Auch das „Freiwilligengesetz" vom 23. Juli 1955 gestattete nur die Einstellung von 6.000 Soldaten bis zum 31. März 1956. Das Gesetz legte darüber hinaus fest, daß die Soldaten „nicht zu militärischen Verbänden zusammengefaßt werden durften," sondern vielmehr ausschließlich „für internationale Stäbe für Lehrgänge, für die Übernahme der Außenhilfe, die Vorbereitung bodenständiger militärischer Einrichtungen und für die militärfachlichen Aufgaben des Bundesministeriums für Verteidigung" verwendet werden durften.[341] Damit waren die bisherigen Pläne für die Aufstellung hinfällig geworden und so forderte der neue Aufstellungsbefehl Nr. 1 zum 1. Januar 1956 statt der ursprünglich ins Auge gefaßten Aufstellung von 9 Bataillonen die Aufstellung von fünf Lehrkompanien und eines Musikkorps des Heeres sowie je einer Lehrkompanie der Luftwaffe und der Marine.[342] Über den Rückhalt in der Koalition für die Wiederaufrüstung machte man sich im Bundesministerium auch mit Blick auf den schwierigen Gesetzgebungsvorgang keine Illusionen. Nach der Debatte über das Freiwilligengesetz im Bundestag wurde im Verteidigungsministerium ernüchtert festgestellt: „Die Koalition war müde. Keine innere Bereitschaft zur Aufstellung von Streitkräften. Man macht es, weil der Kanzler es so will."[343]

---

339 Tagebuch Dienststelle Blank, 22.04.1955, ibid, Bl. 41.
340 Tagebuch Dienststelle Blank, 24.05.1955, ibid, Bl. 54. In der Quelle heißt es wörtlich „Basis der Aurüstung (sic!) bleibt die Wehrpflicht.
341 BA-MA, Bw 1/54921.
342 Aufstellungsbefehl Nr. 1 vom 4.10.1955, BA-MA, Bw 2/1742, Bl. 68 f.
343 Tagebuch Dienststelle Blank, 29.06.1955, BA-MA, Bw 9/2527-6, Bl 69.

Große Besorgnis bei den Westalliierten löste der Kanzler durch seinen Besuch in Moskau im September 1955 aus. Als Adenauer sich mit dem sowjetischen Staatschef Nikolaj Bulganin auf die Freilassung der in der Sowjetunion immer noch kriegsgefangenen deutschen Soldaten im Gegenzug für die Herstellung diplomatischer Beziehungen einigte,[344] äußerten die Alliierten kurzfristig sogar Zweifel an der Bündnistreue Adenauers. Obwohl Adenauer in seinem Bericht vor der CDU-Fraktion am 30. September 1955 klarstellte, daß Sowjets dem Kanzler nicht einmal vorgeschlagen hätten, daß die Bundesrepublik die Pariser Verträge preisgeben sollte, sondern vielmehr sogar die bündnispolitischen Realitäten zu akzeptieren bereit waren,[345] sah die NATO die Gefahr einer ernsthaften Krise. Infolge der „russischen Offensive des Lächelns" mahnte der NATO-Generalsekretär, Lord Hasting Lionel Ismay, im Oktober die Deutschen, sich nicht nur mit Worten, sondern mit Taten zum westlichen Bündnis zu bekennen.[346] Das Vertrauen in die Bundesregierung war in den westlichen Hauptstädten offensichtlich deutlich im Schwinden begriffen. Ausgehend von der Feststellung, daß die Verstimmungen bei den westlichen Partnern durch den den Eindruck entstanden waren, „... daß es die Bundesrepublik nicht besonders eilig habe," die Aufstellung von Truppen voranzutreiben, sah sich der Verteidigungsminister veranlaßt, „Schritte zu tun, die zu sichtbarem Auftreten von Soldaten führen."[347] Aus dem NATO-Hauptquartier berichtete Graf Kielmansegg über die schlechte Stimmung bei den Alliierten: „Nervosität wegen politischer Entwicklung, besonders auch wegen deutschen Zögerns, ist beträchtlich. Bis Anfang des Jahres waren es die Franzosen, die ein militärisches Handeln der Bundesrepublik verzögerten. Nun ist die Bundesrepublik souverän und man sieht kein Handeln."[348]

In Zusammenhang mit der Genfer Konferenz der Großmächte im Oktober 1955, bei der der sowjetische Außenminister Molotow den Vorschlag einer militärischen Entspannungszone entlang der Zonengrenze gemacht hatte, berichtete Graf Kielmansegg, als Leiter der Bonner Unterabteilung für allgemeine militärische Verteidigungsfragen, daß in den letzten Tagen die Unsicherheit gegenüber der Bundesrepublik groß sei.

Vor allem die auffallende Bereitschaft des deutschen Außenministers Heinrich von Brentano, mit Molotow ins Gespräch zu kommen, wurde sorgfältig registriert: US-General Cortland Schuyler, der Kielmansegg mit der stereotypen Frage zu begrüßen pflegte, wann der Deutsche denn endlich Uniform anziehe, meinte sogar, „... die Bundesrepublik zögere mit der Aufstellung, weil sie das Ergebnis von Genf abwarte und auf ein Zusammenspiel mit Rußland aus sei." Derartige Äußerungen seien bezeichnend für die Stimmung im NATO-Hauptquartier, berichtete der besorgte Unterabteilungsleiter nach Bonn:

344 Vgl. Adenauer, Reden 1917 - 1967, S. 311.
345 Ibid, S. 313.
346 Tagebuch Dienststelle Blank, 03.10.1955, BA-MA, Bw 9/2527-7, Bl. 38
347 Besprechung II/2, 06.10.1955, ibid, Bl 40.
348 Ibid, Bl. 42.

„Man hat dort den Eindruck, die Bundesrepublik wolle ihren militärischen Verpflichtungen gar nicht nachkommen, wobei man natürlich die inneren Schwierigkeiten bei uns übersieht."[349] Das Bundesministerium für Verteidigung kam knapp eine Woche vor der Ernennung der ersten Soldaten der neuen deutschen Streitkräfte zu der überraschenden Erkenntnis: „Deutschlands Stellung ist seit dem 5. Mai 1955 schwächer als vor zwei Jahren geworden. Das Interesse an uns nimmt ab, weil das Vertrauen in uns schwindet."[350] Am gleichen Tag empfahl der Bundesverteidigungsrat der Bundesregierung, den Bundesgrenzschutz geschlossen in die neuen Streitkräfte zu übernehmen und am 11. November entschied die Bundesregierung, daß „der Bundesgrenzschutz auf der Grundlage der freiwilligen Entscheidung der Grenzjäger zur beschleunigten Aufstellung verwendet (wird).[351] Die Ernennung von 101 Freiwilligen aller Dienstgrade, darunter die Generalleutnante Heusinger und Speidel am 12. November in der Kraftwagenhalle der Bonner Ermelkeilkaserne sollte vor der Presse den offiziellen Beginn der Aufstellung der Streitkräfte markieren und ein politisches Signal setzen. Intern wurde die Ernennung als „politischer Akt, als Schaunummer für die Presse" bezeichnet und Heusinger vertrat die vielmehr die Auffassung, daß „die Ernennungszeremonie nicht als Geburtsstunde neuer Wehrmacht anzusehen sei."[352] Er schlug statt dessen den 2. Januar 1956 als Geburtsstunde der neuen Streitkräfte vor, da an diesem Tag die Lehrkompanien zusammentreten sollten. Die Bundesregierung legte am 30. November 1955 den Entwurf eines Zweiten Gesetzes über den Bundesgrenzschutz vor, in dem die geschlossene Überführung in die Streitkräfte vorgesehen war, wobei allerdings jeder Angehörige des BGS das Recht zugesprochen bekam, eine Übernahme abzulehnen. Als Termin für die Verkündung des Gesetzes war der 30. Mai 1956 vorgesehen.

Im Dezember liefen die Planungen für das als „Paradeprogramm" bezeichnete Frühjahr 1956 auf Hochtouren. Hierzu gehörten der 80. Geburtstag des Bundeskanzlers, der Diplomatenempfang und nicht zuletzt der „Tag der Streitkräfte", der am 20. Januar begangen werden sollte. Gegen das geplante Ständchen der neuen Streitkräfte und gegen die Beteiligung einer Ehrenwache anläßlich des Neujahrsempfangs des Bundespräsidenten regte sich kein Widerstand, jedoch wurde aus politischer Rücksichtnahme von der Bezeichnung „Tag der Streitkräfte" abgerückt und der Bundeskanzler sollte lediglich die Lehrtruppen der neuen Streitkräfte begrüßen.[353] Daß der Bundespräsident auf die angebotene Beteiligung der Soldaten an seinem Neujahrsempfang am 10. Januar verzichtete, machte sehr deutlich, welchen Stellenwert die Aufstellung der Streitkräfte für ihn besaß.

349 *Tagebuch Blank, 04.11.1955, ibid, Bl. 52. In der Quelle ist von General Schyler die Rede, gemeint ist aber General Cortland van Rennlaer Schuyler, damaliger Chef des Stabes im NATO-Hauptquartier.*
350 *Ibid, Bl. 52.*
351 *Dierske, Ludwig, Die Geschichte des Bundesgrenzschutzes (chronologische Übersicht), 2 Teile, o. O., o. J., S. 182.*
352 *Tagebuch Blank, 14.11.1955, BA-MA, Bw 9/2527-7, Bl. 62, ebenfalls Tagebucheintrag vom 17.11.1955, ibid, Bl. 68.*
353 *Vgl. Tagebuch Blank, 21.12.1955, ibid, Bl. 80.*

Obwohl Adenauer das Ständchen des Musikkorps anläßlich seines Geburtstags am 5. Januar des neuen Jahres dazu nutzte, die erste Einheit der neuen Streitkräfte der Öffentlichkeit zu präsentieren, konnte nicht übersehen werden, daß die gesetzgeberischen Voraussetzungen für die erfolgreiche Weiterarbeit des Verteidigungsministeriums längst noch nicht gegeben waren. So wurde die Verabschiedung eines Soldatengesetzes, die Schaffung neuer Planstellen, Gesetze zur Einordnung der Streitkräfte in den Staat durch Grundgesetzerweiterung von den militärischen Beratern des Bundeskanzlers immer wieder dringlich angemahnt. Außerdem sollten die ausstehenden gesetzlichen Regelungen durch ein Besoldungsgesetz, eine Disziplinarordnung und ein Versorgungsgesetz endlich geschaffen werden, um vor allem das Wehrpflichtgesetz später durchsetzen zu können.[354] Dem Bundeskanzler wurde vorgeschlagen, im Jahr 1956 lediglich Divisionskader aufzustellen und auf Heerestruppen hingegen zu verzichten. Insgesamt wurde eine „Überprüfung der Organisationsplanung unter Berücksichtigung der Realitäten"[355] vorgeschlagen, die die Zahl der verfügbaren Freiwilligen und die Möglichkeiten der Unterbringung stärker als bisher berücksichtigen sollte.

Als Adenauer am 20. Januar 1956 im Rahmen seiner Begrüßung der ersten 1.500 freiwilligen Soldaten in Andernach darauf hinwies, daß die neuen Soldaten vor einer Aufgabe stünden, „... die durch manche Schatten der Vergangenheit und Probleme der Gegenwart besonders schwierig ist..."[356], bewies der Kanzler seinen Sinn für politische Realitäten. Ebenfalls unmißverständlich klar war die Haltung des Regierungschefs in der Frage über die Rolle der Streitkräfte in Staat und Gesellschaft: „Die Angehörigen der Streitkräfte sind Kinder des Volkes, dessen Geist und Lebensart auch ihre Persönlichkeit geprägt hat. Der allgemeine Zeitgeist wird sich deshalb stets in den Soldaten widerspiegeln. In ihrer Gesamtheit, als Einrichtung des Staates, unterstehen die Streitkräfte wie jeder andere Zweig der staatlichen Exekutive, dem Vorrang der politischen Führung."[357] Weder in der Rede des Bundeskanzlers, noch in den Tagebucheinträgen des Verteidigungsministeriums fand sich ein Hinweis darauf, daß die Volkskammer der DDR am 18. Januar 1956 einstimmig dem Gesetzentwurf über die Schaffung eine Nationalen Volksarmee und eines Ministeriums für Verteidigung zugestimmt hatte.

„In Anbetracht der Entwicklung in Westdeutschland," hatte der Stellvertreter des Vorsitzenden des Ministerrates der DDR, Willi Stoph, vor der Volkskammer ausgeführt, „ergibt sich für die Deutsche Demokratische Republik die notwendige Folgerung, nunmehr ihre im Warschauer Vertrag über Freundschaft, Zusammenarbeit und gegenseitigen Beistand gegebene Verpflichtung im Interesse der Erhaltung des Friedens und der

---

354 Vgl. Tagebuch Blank, 04.01.1956, BA-MA, Bw 9/2527-8, Bl. 6 - 9.
355 Ibid, Bl. 7.
356 Ansprache vor der ersten Einheit der Bundeswehr in Andernach am 20. Januar 1956, Text in: Adenauer, Reden 1917 - 1967, S. 314 - 316, hier S. 316.
357 Ibid, S. 315.

nationalen Sicherheit zu erfüllen."[358] Ausgehend von der Behauptung, daß es bislang in der DDR lediglich Polizeikräfte gegeben habe, sah er nun die Zeit gekommen, „... entsprechend dem elementaren Recht, das jedem souveränen, unabhängigen Staat zusteht, eine Nationale Volksarmee in unserer Republik zu schaffen."[359] Erst am 30. Januar 1956 war die als „Eingliederung der Zone in die Ost-NATO"[360] bezeichnete Entscheidung der Volkskammer Thema der Überlegungen des Verteidigungsministeriums, wobei der amerikanischen Zusage, 1.100 Panzer vom Typ M zu liefern und damit den Bedarf der deutschen Streitkräfte für die nächsten zwei Jahre zu sichern, offensichtlich größere Bedeutung beigemessen wurde.

Obwohl der Bundestagsausschuß für Verteidigung seine Beratungen zum Soldatengesetz bis zum 22. Februar abgeschlossen hatte, wurde im Verteidigungsministerium aufmerksam registriert, daß man seitens der Verbündeten immer ungeduldiger auf das Wirksamwerden des deutschen Verteidigungsbeitrags wartete. „Unsere innerpolitischen Probleme werden nicht verstanden. Man sieht nur die Verzögerung im Aufbau und zeigt latentes Mißtrauen...", berichtete General de Maizière am 3. März 1956 von seiner Teilnahme an einer NATO-Konferenz in Paris. Seine Schlußfolgerung war eindeutig: „Wir müssen das Aufbauprogramm durchführen und in unserem Interesse mit voller Bereitschaft in der NATO mitarbeiten."[261]

Immerhin konnte Adenauer bis Ende März die Zustimmung des Bundestags zur Grundgesetzänderung und Soldatengesetz erreichen und ein weiteres schwieriges Thema zu den Akten legen, nämlich die Frage, welchen Namen die westdeutschen Streitkräfte tragen sollten. Der Verteidigungsausschuß des Bundestages hatte sich im Frühjahr für die Bezeichnung „Bundeswehr" für die neuen Streitkräfte entschieden und beendete damit eine längere Diskussion, welchen Namen die Armee tragen sollte. Vorschläge, den Truppen den Namen „Wehrmacht", „Schutztruppe", oder „Streitkräfte" zu geben, waren damit obsolet geworden.[362]

Als am 1. Mai 1956 die Demonstrationen zum Tag der Arbeit in Ost-Berlinn bereits mit einer Parade der einen Tag zuvor aufgestellten Einheiten der Nationalen Volksarmee eröffnet wurden, dauerte es immer noch zwei Wochen, bis die Bundeswehr die erste Lieferung schweren amerikanischen Geräts aus dem Waffenhilfsprogramm in Anwesenheit des Chefs der amerikanischen Ausbildungstruppen in Bremerhaven in Empfang

---

358 *Begründung des Gesetzentwurfs über die Schaffung einer Nationalen Volksarmee und eines Ministeriums für Nationale Verteidigung.*
   Text in: Die Nationale Volksarmee der Deutschen Demokratischen Republik. Eine Dokumentation. Berlin (Ost) 1961, S. 30 - 42, hier S. 30.
359 *Ibid, S. 39.*
360 *Tagebuch Blank, 30.01.1956, BA-MA, Bw 9/2527 - 8, Bl. 22.*
361 *Tagebuch Blank, 03.03.1956, ibid, Bl. 33 - 36, hier Bl. 35.*
362 *Vgl. 82. Sitzung des Verteidigungsausschusses des Bundestags am 22.2.1956, BA-MA, Bw 2/2376. Der Ausschuß entschied sich mit 18 gegen 8 Stimmen für die Bezeichnung „Bundeswehr".*

nehmen[263] und damit fast 6 Monate nach der Ernennung der ersten Soldaten mit der militärischen Ausbildung in der Bundeswehr tatsächlich begonnen werden konnte. Allerdings konnte erst mit der Überführung des Bundesgrenzschutzes in die Bundeswehr, die am 1. Juli wirksam wurde, das Planungsziel, drei Rumpfgrenadierdivisionen aufzustellen, die ab Herbst mit ungedienten Freiwilligen verstärkt werden sollten, erreicht werden.[364] Obwohl von 16614 BGS-Beamten letztlich nur 9.572 in die Bundeswehr überwechselten,[365] verfügte die Bundeswehr damit ab Juli 1956 über einen personellen Nukleus, der die Umsetzung des am 7. Juli 1956 von der Regierungskoalition gegen die Stimmen der SPD verabschiedeten Wehrpflichtgesetzes erst ermöglichen konnte. In seinem Tagesbefehl an die in die Bundeswehr überführten ehemaligen Angehörigen des BGS brachte Blank diesen Umstand klar zum Ausdruck: „Als hervorragende Polizeitruppe haben Sie unter schwierigen Verhältnissen zum Schutz unserer Grenze beigetragen. Ihre bisher bewiesene Dienstbereitschaft ist ein entscheidender Beitrag für den weiteren Ausbau der Bundeswehr."[366]

Hatten die Ernennung der ersten 101 Soldaten am 12. November 1955 und der Besuch des Bundeskanzlers in Andernach am 20. Januar eher den Charakter politischer Signale getragen, bedeutete die Überführung des BGS in die Bundeswehr am 1. Juli 1956 den realen Beginn der Aufstellung westdeutscher Streitkräfte, wobei nicht übersehen werden darf, daß wesentliche Fragen der Wehrverfassung – vor allem hinsichtlich der Gerichtsbarkeit und des Disziplinarwesens – noch unbeantwortet gelassen worden waren und ausreichend Stoff für kontroverse innenpolitische Auseinandersetzung boten. Zwar hatte die Bundeswehr nach Überführung des BGS erst einen personellen Umfang 5.000 Offizieren, 14.500 Unteroffizieren und 15.000 Mannschaften erreicht und es war zudem absehbar, daß das anvisierte Aufstellungsziel von 96.000 Mann[367] am Ende des Jahres 1956 deutlich verfehlt werden würde, doch hatte sich Adenauer aller militärischer Anfangsprobleme als verläßlicher außenpolitischer Bündnispartner erwiesen und eine irreversible Entwicklung eingeleitet, die eine Dekade zuvor als undenkbar erschienen war.

363 Tagebuch Blank, 15.05.1956, BA-MA, Bw 9/2527 - 8, Bl. 62.
364 Ibid, 30.06.1956, Bl. 74.
365 Ibid, Bl. 75 ff.
366 Tagebuch des Bundesministers für Verteidigung zur Überführung von Angehörigen des Bundesgrenzschutzes in die Bundeswehr, 01.07.1956, ibid, Bl. 78.
367 Vgl. Tagebuch Blank, 17.08.1956, ibid, Bl. 101.

2. Die Wiederbewaffnung in Ostdeutschland

2.1. Die Militärpolitik der KPD seit ihrer Gründung bis 1946

Die Bewilligung der Kriegskredite durch die sozialdemokratische Reichstagsfraktion am 4. August 1914 und die damit einhergehende Politik des Burgfriedens unter dem Eindruck der äußeren Bedrohung stieß auf vehemente Kritik der Parteilinken um Karl Liebknecht, Rosa Luxemburg, Franz Mehring, Käte und Hermann Duncker und Wilhelm Pieck, die das Verhalten der sozialdemokratischen Parlamentarier als Verrat an der Arbeiterklasse bewerteten und sich um Formierung eines innerparteilichen Widerstandes gegen die offizielle Parteipolitik bemühten, wobei der bereits im August 1914 geäußerte Gedanke einer Parteiorganisation der Burgfriedensgegner außerhalb der SPD zu gründen, zunächst zurückgestellt wurde. Vor allem Pieck gehörte zu den aktivsten Organisatoren des Kampfes gegen die offizielle Parteilinie und trat am 27. Mai durch ein zusammen mit Karl Liebknecht verfassten Flugblatt mit dem Titel „Der Feind steht im eigenen Land" und der einen Tag später von ihm geführten Antikriegsdemonstration in Erscheinung.

Obwohl seit Oktober 1915 zum Militärdienst einberufen, konnte Pieck an der am 1. Januar 1916 stattfindenden Reichskonferenz der „Internationale" teilnehmen, die sich aufgrund der von ihr herausgegebenen und mit „Spartacus" unterzeichneten Briefe bald Spartakusgruppe nannte und sich entschieden von der Burgfriedenspolitik der SPD abzugrenzen versuchte. Mit der Gründung der Unabhängigen Sozialdemokratischen Partei Deutschlands (USPD) unter Einschluß der Spartakusgruppe am 5. April 1917 gewann die Kritik der Parteilinken an der offiziellen Linie der SPD in Militärfragen neues Gewicht und parlamentarischen Einfluß.

Neuen Auftrieb erhielten die Mitglieder der Spartakusgruppe durch den Ausbruch der Oktoberrevolution und die Gründung der Sowjetunion durch Lenin im Jahr 1917. Rosa Luxemburg rief ihre Anhänger zum „Aufstand im Rücken des deutschen Imperialismus"[368] auf. Wilhelm Pieck, der im Oktober 1917 aus der Armee desertiert war und bislang als einer der schärfsten Gegner der deutschen Militärmaschinerie aufgetreten war, bekannte sich im Juni 1918 unter den veränderten politischen Bedingungen in der Sowjetunion, dem Friedensschluß von Brest-Litowsk und dem direkten militärischen Eingreifen der Entente zur Unterstützung der antisowjetischen Kräfte zum Recht der sowjetischen Regierung auf militärische Verteidigung und beschrieb auch die Militärpolitik, die seiner Meinung nach von den Angehörigen des Spartakusbundes nach einer in ihrem Sinne erfolgten Revolution in Deutschland gelten sollte: „Wir sind Verteidiger des sozialistischen

---

368 Luxemburg, Rosa, Gesammelte Werke, Bd. 4, Berlin (Ost) 1974, S. 392.

Vaterlandes. Für die Verteidigung brauche man aber eine standhafte Armee, geordnetes Hinterland und feste Ordnung des Verpflegungswesens."[369]

Die Reichskonferenz des Spartakusbundes und einiger anderer linker Gruppen formulierte am 7. Oktober 1918 das Programm einer Volksrevolution zur sofortigen Beendigung des Krieges und forderte die Bildung von Arbeiter- und Soldatenräten, die Verstärkung der Militäragitation und bezog sich bei der Forderung nach einem bewaffneten Aufstand zur Beendigung des Krieges auf das russische Vorbild.[370] Als militärpolitische Forderungen verlangte die Reichskonferenz das Versammlungsrecht der Soldaten, deren Entscheidung bei der Regelung disziplinarer Fragen und bei der Absetzung militaristischer Vorgesetzter. Als entscheidende Voraussetzung für den Fortgang der angestrebten gesellschaftlichen Umgestaltung sah die Versammlung die „Herrschaft über die bewaffnete Macht und die Justiz" an[371] und stellte damit die Machtfrage in den Mittelpunkt ihrer Überlegungen.

Einen Tag nach der Abdankung des Kaisers verfaßte der Spartakusbund am 10. November 1918 einen Aufruf, in dem die Entwaffnung der gesamten Polizei, sämtlicher Offiziere und Soldaten, die „nicht auf dem Boden der neuen Ordnung stehen" und Bewaffnung aller Proletarier gefordert wurde. Außerdem wurde die Übernahme sämtlicher ziviler und militärischer Behörden und Kommandostellen, aller Waffen- und Munitionsbetände sowie der Rüstungsbetriebe durch Arbeiter- und Soldatenräte angemahnt.

Außerdem sollte die Abschaffung der Militärgerichtsbarkeit und die „Ersetzung des militärischen Kadavergehorsams durch freiwillige Disziplin der Soldaten unter Kontrolle des Arbeiter- und Soldatenrates" durchgesetzt werden.[372]

Liebknecht griff diese Forderungen in seinen am 28. November auf und forderte „eine vom Grunde aus proletarische demokratische Organisation von Heer und Marine ... als Überleitung zur allgemeinen Bewaffnung des revolutionären Proletariats." In der sofortigen Aufhebung der Befehlsgewalt der Offiziere erblickte er eine Voraussetzung für die von ihm angestrebte Umgestaltung.[373]

Sehr schnell wurde deutlich, daß sich der Spartakusbund mit seinen Forderungen gegenüber den Mehrheitssozialdemokraten und bürgerlichen Gruppierungen trotz der bewaffneten Auseinandersetzungen während der Novemberrevolution nicht durchsetzen konnte und die neue Reichsregierung unter Ebert und Scheidemann zur Wiederherstellung und Bekämpfung der Spartakisten reguläre Verbände der ehemals kaiserlichen Armee einzusetzen bereit war. Auf den am 25. Dezember 1918 von Liebknecht erfolgten Aufruf zur Bewaffnung der Arbeiterklasse, Bildung einer Roten Garde und einer Arbeitermiliz

369 Pieck, Gesammelte Reden und Schriften, Bd. 1, S. 378 f.
370 Vgl. Dokumente zur Geschichte der SED, Bd. II/2, S. 234.
371 Ibid, Bd. 1, S. 155 - 158.
372 Ibid, Bd. II/2 S. 341.
373 Liebknecht, Karl, Gesammelte Reden und Schriften, Berlin (Ost)1968, Bd. IX, S. 632 ff.

zur Durchsetzung der Zielsetzungen des Spartakusbundes reagierte die Reichsregierung mit dem Beschluß, die Revolutionäre zu entwaffnen. Unter den Bedingungen des Bürgerkriegs wurde am 30. Dezember 1918 die Kommunistische Partei Deutschlands gegründet. Ausgehend von einem Bekenntnis zur Diktatur des Proletariats und zur gerade erst gegründeten Sowjetunion, wurde ein militärpolitisches Aktionsprogramm zur Verteidigung der Revolution verabschiedet, daß die Entwaffnung der gesamten Polizei, sämtlicher Offiziere sowie der nichtproletarischen Soldaten, die Entwaffnung aller „Angehörigen der herrschenden Klassen", die Beschlagnahme aller Waffen- und Munitionsbestände sowie Rüstungsbetriebe durch die Arbeiter- und Soldatenräte, die Bewaffnung der „gesamten erwachsenen männlichen proletarischen Bevölkerung als Arbeitermiliz" und die Bildung einer „Roten Garde aus Proletariern als aktiven Teil der Miliz zum ständigen Schutz der Revolution vor gegenrevolutionären Anschlägen" vorsah.[374]

Auffallend war die enge Anlehnung der sicherheitspolitischen Vorstellungen an das sowjetische Vorbild, denn Lenin hatte nach der Machtübernahme der Bolschewiki verkündet, daß „die Revolution nur dann ihren Sieg verankern kann, wenn sie sich zu verteidigen versteht."[375] Damit war der Roten Armee die herausragende Rolle als Machtinstrument in der Innen- und Außenpolitik der alles andere als gefestigt zu geltendenden gerade erst gegründeten Sowjetunion zugewiesen worden.

Mit der Ermordung von Karl Liebknecht und Rosa Luxemburg am 15. Januar 1919 durch Angehörige der Regierungstruppen erreichten die bewaffneten innenpolitischen Auseinandersetzungen einen neuen Höhepunkt. Die politische Bedeutung des Militärprogramms der KPD wurde dadurch relativiert, daß sich die KPD gemäß ihres Beschlusses auf dem Gründungsparteitag nicht an den Wahlen zur Nationalversammlung beteiligte und der von ihr im Jahr 1920 bei der Reichstagswahl erreichte Stimmenanteil von 1,7 % den Kommunisten zu dieser Zeit eine Statistenrolle im Parlament zuwies. Verstärkt bemühte sich die KPD um internationale Anerkennung und nahm an der Gründung der Kommunistischen Internationale im März 1919 in Moskau teil, der die Macht- und Militärfrage in den Mittelpunkt seiner Verhandlungen stellte. Lenin erklärte den Delegierten, daß lediglich die Sowjetmacht in der Lage sei, „... die Unterordnung des Heeres unter die bürgerliche Kommandogewalt aufzuheben und das Proletariat wirklich mit dem Heer zu verschmelzen, die Bewaffnung des Proletariats und die Bewaffnung der Bourgeoisie wirklich durchzuführen, weil sonst der Sieg des Sozialismus unmöglich ist."[376] Clara Zetkin deutete als Vertreterin der KPD den Bürgerkrieg in Deutschland als ein der Arbeiterklasse von der Bourgeosie aufgezwungenes Ereignis und setzte sich

---

374 Vgl. Dokumente zur Geschichte der SED, Bd. 1, S. 176.
375 Zitiert nach: Militärische Traditionen der DDR und der NVA, Berlin (Ost) 1978, S. 78.
376 Lenin, Werke, Bd. 28, S. 442.

zusammen mit den anderen Delegierten für die „Enwaffnung der der Bourgeoisie, der gegenrevolutionären Offiziere, der weißen Garde und die Bewaffnung des Proletariats, der revolutionären Soldaten, der roten Arbeitergarde" ein.[377] Die erste Möglichkeit, die militärpolitischen Vorstellungen der Kommunistischen Internationale umzusetzen, ergab sich für die Anhänger der KPD nach Ausrufung der bayerischen Räterepublik am 13. April 1919, die sich militärisch auf eine Rote Armee stützte, die allerdings bis zum 3. Mai 1919 von regulären Reichswehrverbänden und Freikorps zerschlagen wurde. Nach dem Zusammenbruch der bayerischen Räterepublik konzentriete die KPD ihre militärpolitische Arbeit auf die Agitation gegen die Reichswehr, in der sie „die Neuschöpfung des Militarismus in der barbarischen Form des Söldnerheeres" sah.[378] Trotz vielfältiger Anläufe, die Agitationsarbeit unter den Reichswehrangehörigen zu forcieren, gelang es der KPD auch in den folgenden Jahren nicht, nennenswerten politischen Einfluß auf die Soldaten und Offiziere der Reichswehr zu gewinnen. Es gelang der KPD lediglich, eine einheitliche Ablehnungsfront gegen Reichswehr und Militärdienst unter den Mitgliedern der Partei und einem Teil der sozialdemokratisch orientierten Arbeiterschaft zu bilden und vereinzelt Proteste gegen die Stationierung von Reichswehrverbänden in den Garnisonsstädten zu organisieren.[379] Die KPD-Führung konzentrierte sich deswegen militärpolitisch zunehmend auf die Schaffung einer eigenen Wehrorganisation, die in der Gründung sogenannter Proletarischer Hundertschaften im Mai 1923 einen neuen Höhepunkt fand. Insgesamt gehörten im Oktober 1923 etwa 130 000 Mann dieser Organisation an, die von Hugo Eberlein und Wilhelm Pieck zentral geführt wurde.

Die illegale militärische Ausbildung an Waffen, im Barrikadenkampf und der Abwehr von Panzerautos[380] litt allerdings unter dem Mangel an qualifizierten Militärfachleuten und dem Mangel an Waffen und Munition. Der vor allem von Angehörigen der proletarischen Hundertschaften getragene bewaffnete Hamburger Aufstand vom Oktober 1923 konnte innerhalb einer Woche durch Polizei und Reichswehr niedergeschlagen werden und offenbarte den beschränkten Wert dieser militärähnlichen Bürgerkriegsformation. Die infolge der bürgerkriegsähnlichen Zustände erfolgte und zeitlich befristete Übertragung der vollziehenden Gewalt durch Reichspräsident Friedrich Ebert auf den Chef der Heeresleitung, General Hans von Seeckt führte zu einem Verbot der KPD zwischen November 1923 bis März 1924. Noch während des Verbots der KPD empfahl die Kommunistische Internationale im Januar 1924 in einer „Leitungsordnung für Militärarbeit", die Bildung einer Miliärkommission bei der Zentrale der KPD. Der daraufhin im

---

377 Der I. und II. Kongreß der Kommunistischen Internationale. Dokumente des Kongresses und Reden Lenins, Berlin (Ost) 1959, S. 90 f.
378 Leitsätze der KPD über den Frieden vom 19. Mai 1919, Text in: Dokumente und Materialien, Bd. VII/1, S. 86 f.
379 Vgl. Geschichte der Militärpolitik der KPD (1918 - 1945), Berlin (Ost) 1987, S.76.
380 Ibid, S. 127.

Februar 1924 gegründeten Militärkommission gehörten neben Ernst Thälmann, Hugo Eberlein, Ernst Schneller auch Wilhelm Pieck an. Das neugeschaffene Gremium strebte die „Verschmelzung der militärischen Arbeit mit der Gesamtarbeit der Partei an"[381] und entwarf hierzu eine als „Militärprogramm der KPD" bezeichnete Vorlage.

Diese Vorlage stellte die Organisation der proletarischen Revolution in den Mittelpunkt ihrer Überlegungen und setzte sich ausführlich mit Fragen des bewaffneten Aufstands und des Bürgerkriegs auseinander. Mit der Gründung des Roten Frontkämpferbundes (RFB) entstand im Juli 1924[382] eine Organisation, welche die Lehre Lenins vom Krieg und der Armee übernahm und sich verstärkt um eine militärische Ausbildung ihrer Angehörigen bemühte.

In den von Ernst Schneller ab 1927 verfaßten Schulungsmaterialen des Bundes wurde darauf hingewiesen, daß im Falle einer antisowjetischen Aggression die Kommunisten verpflichtet seien, mit allen Mitteln die Sowjetunion zu unterstützen.[383] Mit der Ernennung Thälmanns zum Ehrensoldaten der Roten Armee im Jahr 1928, der Erenung sowjetischer Offiziere zu Ehrenmitgliedern des Roten Frontkämpferbundes und nicht zuletzt durch mehrere Ausbildungsaufenthalte von RFB-Funktionären bei der Roten Armee deutete sich eine enge Anlehnung in militärpolitischen Fragen an die Sowjetunion an. Trotz dieser engen Verbundenheit blieb die vor der Öffentlichkeit geheimgehaltene enge militärische Zusammenarbeit zwischen Reichswehr und Roter Armee davon unberührt und machte deutlich, daß sich die Sowjetführung bei der Wahrnehmung sicherheitspolitischer Interessen zum Verdruß der deutschen Kommunisten keinesfalls ausschließlich von ideologischer Verbundenheit leiten ließ. Immerhin hatten die Reichsregierungen in den vergangenen Jahren bereits mehrfach Truppen der Reichswehr zur Niederschlagung kommunistischer Aufstände eingesetzt und es bestand kein Zweifel daran, daß die deutschen Regierungen sich diese Option erforderlichenfalls auch für die Zukunft offen hielt. Ihrerseits suchte die Reichstagsfraktion der KPD mit ihrer Ablehnung des Panzerkreuzerbaus im Jahr 1928 bewußt den Schulterschluß mit bürgerlich-pazifistischen Kreise für ihre Politik und machte aus ihrer grundsätzlichen Ablehnung der Reichswehr als ihrer Ansicht nach reaktionäre und republikfeindliche Institution keinen Hehl.

Mit dieser klaren Haltung wollte die KPD vor allem während der besonders für die SPD heiklen Diskussion um den Panzerkreuzerbau auch den traditionellen Antimilitarismus der Sozialdemokratie für ihre politischen Ziele nutzen, denn der kleinen Gruppe in der SPD um Julius Leber und den späteren Oppositionsführer im Deutschen Bundestag, Kurt Schumacher, die sich mit militärischen Fragen beschäftigte, gelang es trotz vielfäl-

381 SAPMO - BArch, DY 30 I 2/705/1
382 Finker, Kurt, Die Geschichte des Roten Frontkämpferbundes, Berlin (Ost) 1981.
383 Schneller, Ernst, Arbeiterklasse und Wehrpolitik, Ausgewählte Reden und Schriften 1925 - 1929, Berlin (Ost) 1960, S. 207.

tiger Bemühungen nicht, die vorhandenen Spannungen zwischen Arbeiterschaft und Armee abzubauen, obwohl diese Tatsache von Leber auf dem Magdeburger Parteitag 1929 als „gewaltiger Passivposten der Republik" ,der deswegen zugleich ein "Passivsaldo der Sozialdemokratischen Partei" sei, erkannt wurde.[384]

Im Februar 1929 erteilten die von Ernst Schneller verfaßten „Richtlinien der KPD zur Wehrfrage" etwaigen pazifistischen Tendenzen eine klare Absage: „Die Stellung des Proletariats zur Wehrmacht und zum Kriege hängt ab von dem Klassencharakter des Staates, der den Krieg führt und dessen Machtorgan die Wehrmacht ist." Gleichzeitig kündigte die KPD an, daß sich die Kommunisten nach Zerschlagung des von ihnen bekämpften bürgerlichen Staates und der Errichtung der angestrebten proletarischen Diktatur „an die Spitze der Verteidigung des Landes, das erst dann zum wahren Vaterland des Proletariats wird", stellen wollten.

Mit dem abschließenden Bekenntnis die „Kriegführung der Roten Armee mit allen zweckdienlichen Mitteln" unterstützen zu wollen, stellte sich die KPD erneut militärpolitisch an die Seite der Sowjetunion.[385]

Besonders enge Verbindung zur Roten Armee pflegte nach dem Verbot des RFB im Jahr 1929 Wilhelm Pieck, der 1932 zum Ehrensoldaten der Roten Armee ernannt wurde und sich nach seiner Ernennung zum Leiter der Leninschule in Moskau besonders intensiv mit Militärfragen beschäftigte.[386]

Bedingt durch die nationalsozialistische Machtergreifung in Deutschland, befanden sich seit 1933 sehr viele führende deutsche Kommunisten im Exil in der Sowjetunion und entwickelten dort ihre politische Konzeptionen für die Gestalt eines künftigen Deutschlands nach dem Sturz Hitlers.

Auf der vom 3. bis 15. Oktober 1935 in Moskau tagenden und aus Tarnungsgründen als „Brüsseler Konferenz" bezeichneten Parteikonferenz der KPD stand die Diskussion über die Strategie und Taktik der KPD im Kampf gegen die Diktatur Hitlers im Mittelpunkt. Hierzu wurde von den Delegierten die „Herstellung der Aktionseinheit aller Teile der Arbeiterklasse und die Schaffung der antifaschistischen Volksfront aller Werktätigen"[387] beschlossen.

Gleichzeitig wurde festgelegt, den Widerstand gegen den Nationalsozialismus mit der „Aktivität der oppositionellen Gruppen der Bourgeoisie in den Reihen der Deutschnationalen, der Reichswehr usw."[388] zu verbinden, um die Durchschlagskraft dieser Bewegung zu erhöhen. Der auf der Brüsseler Konferenz für die Zeit der Inhaftierung Ernst

---
384 Leber, Julius, Ein Mann geht seinen Weg. Schriften, Reden und Briefe, Frankfurt und Berlin 1952, S. 148.
385 Richtlinien der KPD zur Wehrfrage. Text in: Dokumente und Materialien, Bd. VIII, S. 786 - 791
386 Vgl. Voßke, Pieck, S. 146.
387 Die Brüsseler Konferenz der Kommunistischen Partei Deutschlands (3. - 15. Oktober 1935), hrsg. und eingeleitet von Karl Mammach, Berlin (Ost) 1975, S. 588.
388 Ibid, S. 584.

Thälmanns zum Parteivorsitzenden gewählte spätere Präsident der DDR, Wilhelm Pieck, kündigte 1936 in seinen „Richtlinien für die Ausarbeitung einer politischen Plattform der deutschen Volksfront" an, nach dem Sturz der Hitlerdiktatur den Staatsapparat im kommunistischen Sinne säubern zu wollen und stellte seinen Anhängern in den „Richtlinien für die Staatsgrundsätze eines neuen deutschen Reiches" in Aussicht, das Reichsheer zu einem demokratischen Volksheer umzugestalten, die Kommandostellen nach den Grundsätzen der sachlichen Befähigung und der Ergebenheit für die neue Republik besetzen und jedem Soldaten mit entsprechender Eignung die Beförderung zum Offizier eröffnen zu wollen, falls der Sturz Hitlers gelänge und die KPD an die Macht gekommen sei.

Zusätzlich zeigte sich die KPD bereit, mit allen Angehörigen der Wehrmacht zusammenzuarbeiten, die sich zu den Vorstellungen der Partei bekannten.[389]

Mit der Erklärung vom 14. Mai 1938, in der vor allem die Erfahrungen des spanischen Bürgerkrieges, an dem sich eine große Zahl deutscher Kommunisten beteiligt hatte, angeknüpft wurde, stellte das Zentralkomitee der KPD erstmals die Forderung nach Schaffung einer „Volksarmee für das künftige Deutschland" auf.[390]

Während der Berner Konferenz vom 30. Januar bis 1. Februar 1939 erneuerte die KPD diese Zentralforderung[391] und stellte ihren Anhängern die Aufgabe, „durch selbständige Kampfaktionen im Bündnis mit der Roten Armee den Faschismus zu stürzen und den Frieden und die Freiheit Deutschlands zu erkämpfen."[392] Ebenfalls erneuert wurde das Angebot an oppositionelle Generale und Offiziere der Wehrmacht, zusammen mit der KPD zum Sturz Hitlers beizutragen, zumal die aktive Mitwirkung der Wehrmacht zum Sturz Hitlers von den Konferenzteilnehmern als unverzichtbar eingeschätzt wurde. Durch Enteignung der großen Monopole sollte in einem künftigen Deutschland die soziale Grundlage des Militarismus und Faschismus zerschlagen und durch die Umsetzung des Militärprogramms wesentliche Voraussetzungen für den Übergang Deutschlands zum Sozialismus in enger Anlehnung an die Sowjetunion und deren Roter Armee[393] erfüllt werden. Unübersehbar blieb jedoch, daß es sich bei den Forderungen um politische Vorstellungen einer Exilpartei mit äußerst geringem Einfluß auf die Vorgänge in Deutschland handelte, die darüber hinaus in ihrem Handeln von den Vorstellungen der sowjetischen Schwesterpartei und von den Interessen der Schutzmacht domininiert wurde.

389 Vgl. Pieck, Wilhelm, Gesammelte Reden und Schriften, Bd. V, Berlin (Ost) 1959, S. 365 - 370.
390 Resolution des ZK der Kommunistischen Partei Deutschlands zur Lage (beschlossen am 14. Mai 1938), Text in: Die Internationale, Jg. 1938, H. 5/6, S. 7.
391 Die Berner Konferenz der Kommunistischen Partei Deutschlands (30. Januar - 1. Februar 1939), hrsg. und eingeleitet von Karl Mammach, Berlin (Ost) 1974, S. 88.
392 Ibid, S. 253.
393 Ibid, S. 82.

Mit dem Abschluß des deutsch-sowjetischen Nichtangriffspakts am 23. August 1939 machte Stalin deutlich, daß er das Sicherheitsinteresse der Sowjetunion höher bewertete, als die immer wieder verbal beteuerte ideologische Verbundenheit mit der KPD und ihrer Vertreter im Exil.

Dem vom Bündnis der beiden Diktatoren völlig überraschten Parteivorstand um Pieck blieb nichts anderes übrig, als offiziell den Abschluß des Vertrages als geeignetes Mittel zu betrachten, den Frieden der Sowjetunion wenigstens zeitweilig zu sichern und die deutschen Arbeiter aufzurufen, trotz der offensichtlichen Übereinkunft der Diktatoren den Kampf gegen die Hitlerdiktatur zu verstärken.[394]

Der Beginn des Zweiten Weltkriegs, der von Stalin am 17. September 1939 vereinbarungsgemäß befohlene Einmarsch der Roten Armee in Ostpolen und nicht zuletzt der am 28. September 1939 abgeschlossene „Grenz- und Freundschaftsvertrag" zwischen dem Deutschen Reich und der Sowjetunion, über dessen genaue Einhaltung Stalin persönlich wachte, bewies, wie wenig die Sowjetunion bereit war, sich bei der Wahrnehmung ihrer Sicherheitsinteressen von den Aufrufen der KPD leiten zu lassen. Auch der sowjetisch-finnische Winterkrieg vom November 1939 bis März 1940 führte zu keiner offenkundigen Verschlechterung der offiziellen deutsch-sowjetischen Beziehungen, wenngleich in Hitlers engster Umgebung spätestens mit der am 18. Dezember 1940 erlassenen „Weisung Nr. 21 für den Fall Barbarossa"[395] unübersehbar geworden war, daß die Sowjetunion als der zu vernichtende Hauptgegner des Dritten Reichs galt.

Die ständig geäußerten Warnungen der exilierten deutschen Kommunisten in der Sowjetunion, daß Hitler seine Aggressionsakte seit September 1939 lediglich als Vorspiel für einen Überfall auf die UdSSR betrachtete, stießen offensichtlich nur auf geringes Interesse seitens ihrer sowjetischen Schutzmacht, die ihre gegenüber dem Deutschen Reich eingegangenen Lieferverpflichtungen an kriegswichtigen Rohstoffen und Nahrungsmitteln einhielt und bis zum deutschen Angriff auf die Sowjetunion am 22. Juni 1941 bereitwillig als Transitland für lebenswichtige Importe nach Deutschland zu fungieren bereit war.

Erst mit dem deutschen Einmarsch in der Sowjetunion änderten sich die sicherheitspolitischen Interessen der Sowjetunion grundlegend. Stalin erklärte am 3. Juli 1941, daß die Sowjetunion „... treue Verbündete an den Völkern Europas und Amerikas haben (werde), darunter auch am deutschen Volk, das von den faschistischen Machthabern versklavt ist..." und kündigte eine globale Einheitsfront gegen Hitler an.[396]

---

394 Aus der Erklärung des Zentralkomitees der KPD zum deutsch-sowjetischen Nichtangriffspakt vom 25. August 1939. Text in: Geschichte der deutschen Arbeiterbewegung, Bd. 5, Berlin (Ost) 1966, Dok. 56, S. 521.
395 Tagebucheintrag Kriegstagebuch des Oberkommandos der Wehrmacht vom 18.12.1940. Kriegstagebuch des Oberkommandos der Wehrmacht (Wehrmachtführungsstab) 1940 - 1945. Geführt von Helmuth Greiner und Percy Ernst Schramm, 4 Bde., Frankfurt am Main 1965, Bd. 1, S. 237.

Entgegen seiner optimistischen Einschätzung vom Juli 1941 mußte der Generalissimus jedoch bald erkennen, daß selbst nach dem Kriegseintritt der USA seine ständige Forderung nach Eröffnung einer zweiten Front gegen Deutschland und seine Verbündeten zur Entlastung der Roten Armee in den ersten Kriegsjahren weitgehend ungehört verhallte und sich das Interesse der westlichen Partner an der Erfüllung ihrer Bündnispflichten lediglich in dem Maße vergrößerte, wie es der Sowjetunion aus eigener Kraft gelang, die Wehrmacht zurückzudrängen und ihrerseits in Westeuropa militärisch Fuß zu fassen. Erst die Kapitulation der 6. Armee bei Stalingrad am 2. Februar 1943 und die daraus resultierende Zunahme der Zahl kriegsgefangener deutscher Soldaten bedeutete zugleich eine Erhöhung der Bedeutung der deutschen Exilkommunisten, denn während sich zu Beginn des Rußlandfeldzugs in den Kriegsgefangenenlagern hauptsächlich sowjetische Politoffiziere und einige deutsche Exilkommunisten eher improvisiert und weitgehend ohne durchgreifenden Erfolg um eine politische Umerziehung der deutschen Soldaten bemüht hatten,[397] wurde den Funktionären der KPD Anfang Juli 1943 Stalins Wunsch übermittelt, „... alle antifaschistischen Deutschen möchten sich in einem Nationalkomitee zusammenschließen..."[398] und den Funktionären um Pieck und Ulbricht jetzt seitens der sowjetischen Führung eine gewichtigere Rolle und größere Einflußmöglichkeiten zugestanden. Sicherlich stellte die verstärkte politische Arbeit unter den kriegsgefangenen Soldaten und Offizieren auch eine Anknüpfung an die frühe Praxis Lenins in der Behandlung der Kriegsgefangenen dar, denn der sowjetische Revolutionsführer hatte im Januar 1918 mit Blick auf diesen Personenkreis erklärt: „... und wenn wir Frieden schließen, können wir sofort die Kriegsgefangenen austauschen und nach Deutschland eine gewaltige Masse von Menschen bringen, die unsere Revolution in der Praxis gesehen haben, durch sie geschult worden sind und so besser an der Erweckung der Revolution in Deutschland arbeiten können."[399] Immerhin schien Pieck im Frühjahr 1943 davon überzeugt zu sein, daß „... uns diese antifaschistische Schulungsarbeit außerordentlich helfen wird, neue Kader für den Kampf in Deutschland zu schaffen."[400]
Hatte im Zeitraum zwischen Juni 1941 bis Mai 1942 zunächst die Umerziehung von Mannschaften und Unteroffizieren im Mittelpunkt gestanden,[401] konzentrierten sich die Bemühungen nach der Schlacht von Stalingrad konsequenterweise auf das Offizierkorps der Wehrmacht, denn für Walter Ulbricht stand fest, daß der Schock von Stalingrad „die Gegensätze innerhalb der deutschen Bourgeoisie zur Entwicklung bringen (müßte)."[402]

396 Stalin, Josef, Über den Großen Vaterländischen Krieg der Sowjetunion, Berlin (Ost) 1952, S. 13.
397 Vgl. Voske, Heinz und Nitzsche, Gerhard, Wilhelm Pieck. Biographischer Abriß, Berlin (Ost) 1975, S. 229.
398 Scheurig, Bodo, Freies Deutschland. Das Nationalkomitee und der Bund Deutscher Offiziere in der Sowjetunion, München 1960, S. 42.
399 Lenin, Werke, Bd. 26, Berlin (Ost) 1961, S. 508 f.; vgl. auch Bd. 29, S. 147.
400 SAPMO-BArch, NY 36/529.
401 Vgl. Frieser, Karl-Heinz, Die deutschen Kriegsgefangenen in der Sowjetunion und das Nationalkomitee „Freies Deutschland", (Masch.-schr.) Diss. Würzburg 1981, S. 34 f.
402 Ulbricht, Zur Geschichte der deutschen Arbeiterbewegung, Bd. 2, S. 302.

Ähnlich wie Ulbricht äußerte sich auch Erich Weinert, der im engsten Kreis der Exilanten bereits wiederholt darauf hingewiesen hatte, daß es seiner Ansicht nach sinnlos wäre, auf das Überlaufen der einfachen Soldaten zu warten, sondern daß stattdessen die Offiziere die Kapitulation befehlen müßten um den Krieg zu beenden.[403] Damit konzentrierte sich die Agitation auf eine gesellschaftliche Gruppe, die der KPD und ihren Funktionären traditionell besonders fern gestanden hatte und der die deutschen Exilkommunisten deswegen mit unverhohlenem Mißtrauen entgegentraten.[404] Bei der Gründungsversammlung des Nationalkomitees Freies Deutschland am 12. und 13. Juli 1943 im Kriegsgefangenenlager Krasnogorsk erläuterten Pieck und Walter Ulbricht nach dem Gründungsreferat des einstimmig zum Vorsitzenden des NKFD gewählten Arbeiterdichters Erich Weinert, ihre künftigen Vorstellungen. Ausgehend von der Überzeugung, daß die Deutschen selbst für die Beseitigung des Hitlerregimes verantwortlich seien, ging Pieck auch auf die sicherheitspolitischen Grundsatzentscheidungen eines zukünftigen Deutschlands ein und betonte vor der Versammlung, daß die deutschen Kommunisten kein Interesse daran hätten, das deutsche Volk wehrlos zu machen, sondern in einem neuen Staat vielmehr konsequent für die Schaffung einer „Volksarmee, die den Interessen des deutschen Volkes dient",[405] eintreten würden. Entgegen aller Bemühungen des NKFD um Unterstützung seines Anliegens durch hochrangige Offiziere der Wehrmacht blieb auffallend, daß das Nationalkomitee zum Zeitpunkt seiner Gründung keine Generäle und höheren Stabsoffiziere zur Zusammenarbeit hatte gewinnen konnte, obwohl gerade diese Personengruppe für die erfolgreiche Beeinflussung der kämpfenden Truppen der Wehrmacht und der Kriegsgefangenen von entscheidender Bedeutung gewesen wäre.[406]

Konsequenterweise bemühten sich die deutschen Exilkommunisten zunehmend gezielt um die Zusammenarbeit mit den kriegsgefangenen Generälen in sowjetischem Gewahrsam, wobei sich die Anstrengungen vorrangig auf die Generalmajore Dr. Otto Korfes und Martin Lattman und den General der Artilllerie Walther von Seydlitz-Kurzbach, der

---

403 *Weinert, Erich, Memento Stalingrad, Berlin (Ost) 1957, S. 98.*

404 *Hoffmann, Heinz, Moskau, Berlin. Erinnerungen an Freunde, Kampfgenossen und Zeitumstände, Berlin (Ost) 1989, S. 90. Hoffmann beschreibt das problematische Verhältnis folgendermaßen: Konnte man als Kommunist überhaupt einen Nenner, eine gemeinsame Sprache finden, mit Leuten, die selbst in einer Situation, in der jede Fortsetzung des Kampfes sinnlos geworden war, es vorgezogen hatten, Zehntausende von Menschen zu opfern, statt sich wenn schon nicht zu einer revolutionären, so doch wenigstens menschlich vernünftigen Entscheidung durchzuringen? Andererseits .... sind diese Generale und Generalstabsoffiziere zweifellos Menschen von einer soliden Bildung... Also mußte es möglich sein, mit diesen Leuten mit Tatsachen, mit der Wahrheit und Wissenschaftlichkeit unserer Weltanschauung beizukommen... Mehrfach äußert er sich fast bewundernd über den Bildungsstand dieser Offiziere. Ähnlich ambivalent ist das Verhältnis Wilhelm Piecks zu den Offizieren, namentlich zu Feldmarschall Friedrich Paulus, dem er mit einer seltsamen Mischung von Bewunderung und Verachtung gegenübertritt. Das Verhalten der kriegsgefangenen Offiziere Pieck gegenüber wird als „vornehme Zurückhaltung" beschrieben. Vgl. Voßske, Pieck, S. 231 f. Ähnlich Blank, Anton, Die Zusammenkunft Wilhelm Piecks mit kriegsgefangenen Generalen und Offizieren der Hitlerwehrmacht in Susdal. In: Beiträge zur Geschichte der Arbeiterbewegung, Berlin (Ost) 1963, H. 4, S. 675 ff.*

405 *SAPMO-BArch, NY 36/418.*

406 *Vgl. Frieser, Nationalkomitee, S. 55.*

in einer Denkschrift vom 25. November 1942 den befehlswidrigen Ausbruch aus dem Kessel von Stalingrad gefordert hatte, konzentrierten.

Allerdings blieben starke Vorbehalte gegen die kommunistischen Funktionäre seitens der Offiziere weiterhin unübersehbar,[407] denn die ideologische Arbeit mit dieser Gruppe wurde auch nach der Gründung des Nationalkomitees von der Gruppe um Pieck als sehr schwer und von bitteren Rückschlägen geprägt, empfunden.[408] Erst mittels des von Generalmajor Melnikow unterbreiteten Angebots der Sowjetregierung, sich nach Kriegsende für ein Deutschland in den Grenzen von 1937 einzusetzen, falls es den kriegsgefangenen Offizieren gelänge, die Wehrmachtführung zu einer Aktion gegen Hitler zu bewegen,[409] konnte Pieck am 11. und 12. September 1943 im Lager Lunowo die Gründung des „Bundes Deutscher Offiziere" (BDO) unter dem Vorsitz des Generals der Artillerie Walter von Seydlitz-Kurzbach durchsetzen und mit der zwei Tage später erfolgenden Fusion von BDO und Nationalkomitee Freies Deutschland die Arbeit der deutschen Exilkommunisten endlich auf die anvisierte breitere Grundlage stellen.

Nichtsdestotrotz blieb die Außenwirkung des Nationalkomitees eher gering, denn die zahllosen Aufforderungen des Vorsitzenden des BDO an die Wehrmachtsverbände, die Kampfhandlungen einzustellen und auf die Seite des Nationalkomitees überzutreten, zeigten keinerlei Wirkung. Anfang 1944 mußte selbst Pieck erkennen, daß seine Hoffnungen, die er in die Zusammenarbeit mit den kriegsgefangenen Offizieren gesetzt hatte, unerfüllt bleiben würden und erklärte seinen Anhängern: „Es ist sinnlos zu warten, bis sich in Deutschland ein General oder ein Wirtschaftsführer findet, um Hitler im letzten Augenblick an der Vollendung seines Verbrechens zu hindern ... Wir müssen daher die Kräfte, die Deutschland retten können, aus dem Volke schaffen, aus den Arbeitern, Bauern, Intellektuellen. Wir müssen einen organisierten Kampf des ganzen Volkes entfesseln."[410]

Unter den Bedingungen des Krieges und des Exils blieben die kriegsgefangenen Soldaten entgegen dieser programmatischen Aussage Piecks weiterhin im Zentrum der kommunistischen Agitation. An die an der deutsch-sowjetischen Front eingesetzten Soldaten der Wehrmacht wurde im Juni 1944 seitens des NKFD weiterhin erfolglos appelliert, „... verantwortungsbewußte Männer zu bestimmen, die bereit und fähig wären, den Befehl über die Truppen zu übernehmen, die Kampfhandlungen einzustellen und den organisierten Übertritt auf die Seite des Nationalkomitees zu vollziehen."[411]Erst durch den Bei-

---

407 Vgl. Hoffmann, Moskau - Berlin, S. 92.
408 Vgl. Voßke, Pieck, S. 237 f.
409 Vgl. Seydlitz, Walther von, Sie kämpften für Deutschland. Zur Geschichte des Kampfes der Bewegung „Freies Deutschland" bei der 1. Ukrainischen Front der Sowjetarmee, Berlin (Ost) 1959, S. 286.
410 Zit. nach: Wolff, Willy, An der Seite der Roten Armee. Zum Wirken des Nationalkomitees „Freies Deutschland" an der sowjetisch-deutschen Front 1943 bis 1945, Berlin (Ost) 1973, S. 83 f.
411 SAPMO-BArch, NY 65/16.

tritt des Feldmarschall Paulus zum BDO im zweiten Halbjahr 1944 und der Veröffentlichung eines Aufrufs an „Volk und Wehrmacht"[412] am 8. Dezember 1944, der von 50 der 80 in sowjetische Gefangenschaft geratenen Generäle unterzeichnet worden war, konnten unter dem Eindruck der siegreich nach Westen vordringenden Roten Armee sichtbare Erfolge in der Arbeit der KPD im Exil vorgewiesen werden. Das Verhalten des stellvertretenden Kommandierenden Generals des XII. Armeekorps, Generalleutnant Vincenz Müller,[413] der den führungslosen Resten der 4. Armee am 8. August 1944 den Befehl zur Kapitulation gegeben hatte und sich unmittelbar nach seiner Gefangennahme aus eigenem Entschluß dem BDO und dem Nationalkomitee anschloß,[414] blieb die in der Gruppe um Pieck vielbeachtete Ausnahme und ließ Müller für eine weitere militärische Verwendung nach Kriegsende als besonders geeignet erscheinen. Einstweilen traten derartige Ambitionen jedoch in den Hintergrund, denn die Sowjetunion zeigte sich auch 1944 weder an der Aufstellung deutscher Kampfverbände aus Kriegsgefangenen in sowjetischem Gewahrsam zur Unterstützung der Roten unter Führung des Nationalkomitees interessiert,[415] noch konnte die Führung der KPD übersehen, daß ihre Nachkriegskonzeption, die auch die Schaffung einer „Volksarmee" vorgesehen hatte, durch die von den Alliierten getroffenen Abmachungen während der Konferenzen von Teheran und Jalta hinsichtlich der Forderung nach bedingungsloser Kapitulation und vollständiger Entmilitarisierung Deutschlands bereits hinfällig geworden war.

Das „Aktionsprogramm des Zentralkomitees der KPD für einen Block der kämpferischen Demokratie zur antifaschistisch-demokratischen Umgestaltung Deutschlands" vom 21. Oktober 1944 berücksichtigte diese Entwicklung und stellte die Forderungen nach „Ausrottung des Faschismus und Militarismus" und die „Schaffung der Einheit der Arbeiterklasse" in den Mittelpunkt ihres Programms für ein zukünftiges Deutschland, während der seit 1938 latent vorhandene Wunsch der KPD, eine Volksarmee aufzustellen, zugunsten einer vagen Forderung nach einer nicht näher beschriebenen „Volksmiliz" aufgegeben wurde.[416]

Obwohl die Sowjetregierung die Führung der KPD bereits im März 1945 instruiert hatte, nach Kriegsende in Deutschland eine breite antifaschistisch-demokratische Massenorganisation unter dem Namen „Block der kämpferischen Demokratie" zu schaffen, ließ sie gleichzeitig durchblicken, daß auf den Sieg der Alliierten voraussichtlich eine lange

---

412 „Aufruf der Generäle an Volk und Wehrmacht" vom 08.12.1944, Text in: Scheurig, Bodo (Hrsg.) Verrat hinter Stacheldraht? Das Nationalkomitee „Freies Deutschland" und der Bund Deutscher Offiziere in der Sowjetunion 1943 - 1945, München 1965, S. 258 ff.
413 Kurzbiographie Vincenz Müller, BA-MA, Msg 109/10850
414 Nachlaß Generalleutnant a. D. Vincenz Müller. Notizen und Niederschriften über das Gespräch mit dem sowjetischen Generalleutnant Mechlis nach der Kapitulation und der Gefangennahme der Reste der 4. Armee in der UdSSR am 08. Juli 1944, BA-MA, N 774/19, Bl. 48 ff.
415 SAPMO-BArch, NY 65/16.
416 Vgl. Laschitza, Horst, Kämpferische Demokratie gegen Faschismus. Die programmatische Vorbereitung auf die antifaschistisch-demokratische Umwälzung in Deutschland durch die Parteiführung der KPD, Berlin (Ost) 1969, S. 100 ff.

Periode der Besatzung folgen würde und die Bildung einer kommunistischen Partei nicht vorgesehen war. Die Wahrung der „Einheit der Anti-Hitler-Koalition" und die Durchführung der Entmilitarisierung Deutschlands genoß oberste Priorität im Kreml, zumal Pieck von Stalin ausdrücklich darauf hingewiesen wurde, daß vor allem das Fehlen einer nennenswerten deutschen Widerstandsbewegung ihn dazu bewogen hatte, bei der künftigen Einflußnahme auf die politische Gestaltung Deutschlands verstärkt auf die Alliierten und erst in zweiter Linie auf die KPD zu setzen.[417] Bevor die erste Gruppe deutscher Kommunisten aus dem Exil unter der Führung Walter Ulbrichts am 28. April 1945 nach Berlin flog, wurde sie nochmals darauf hingewiesen, daß es ihre vorrangige Aufgabe sei, „... die Tätigkeit der Besatzungsmächte im Kampf für die Vernichtung des Nazismus und Militarismus, für die Umerziehung des deutschen Volkes und für die Durchführung demokratischer Reformen zu unterstützen."[418] Die von der Gruppe um Ulbricht zu erfüllende Aufgabe bestand nach Meinung der Sowjets nicht in der Errichtung des Sozialismus in Deutschland, sondern vielmehr in der Mitarbeit an der bürgerlich-demokratischen Umgestaltung die ihrem Wesen und Inhalt nach die Vollendung der deutschen Revolution von 1848 sein sollte. Die tatsächliche Verantwortung für die Umgestaltung in Deutschland trugen nach Stalins Auffassung jedoch allein die Besatzungsmächte. Diese klaren Vorgaben aus Moskau machten deutlich, daß nicht die im Exil erarbeiteten Programmpunkte der KPD, sondern vor allem die sicherheitspolitischen Interessen der Sowjetunion die ganze Aufmerksamkeit Stalins beanspruchten. Zwar durfte Pieck am 1. Mai 1945 an der Seite Stalins an der Parade der Roten Armee auf dem Roten Platz in Moskau teilnehmen und seine Zuhörer im Kriegsgefangenenlager Krasnogorsk auffordern, ein neues Deutschland mit neuen Menschen entstehen zu lassen, um „in Frieden und Freundschaft mit anderen Völkern zu leben und im deutschen Volke selbst Garantien gegen eine Wiederholung der Aggression von deutscher Seite zu schaffen",[419] doch dauerte es bis zum 26. Mai 1945, daß Stalin entgegen seinen ursprünglich geäußerten Absichten überraschenderweise die Erlaubnis zur Bildung von Parteien und Gewerkschaften in der sowjetisch besetzten Zone Deutschlands gab. In der Zwischenzeit bemühte sich der in Moskau verbliebene Pieck in enger Abstimmung mit Georgi Dimitroff, dem Vorsitzenden der bulgarischen KP, um Erarbeitung eines Aktionsprogramms der KPD, das bald der Öffentlichkeit vorgestellt werden sollte. Nachdem Stalin und dessen Außenminister Molotow bei einer Besprechung mit Pieck am 4. Juni hatten durchblikken lassen, daß es trotz aller immer wieder beschworenen Einheit der Alliierten ihrer Ansicht nach längerfristig „zwei Deutschlands"[420] geben könnte und sich am 10. Juni die

417 SAPMO-BArch, NY 36/421, Bl. 122 f. (Eintragung Pieck vom 10.03.1945)
418 Zitiert nach: Leonhard, Wolfgang, Die Revolution entläßt ihre Kinder, München 1979, S. 288.
419 Wilhelm Pieck. Reden und Aufsätze, Berlin (Ost) 1955, Bd.1, S. 425.
420 SAPMO-BArch, NY 36/629, Bl. 62 (Eintrag vom 04.06.1945)

KPD, die SPD, CDU und drei Wochen später die Liberal-Demokratische Partei Deutschlands (LDPD) in der sowjetischen Besatzungszone konstituierten, wurde deutlich, daß die im Exil entwickelten programmatischen Aussagen über das Deutschland der Nachkriegszeit mit wohlwollender Unterstützung der sowjetischen Besatzungsmacht sehr bald Realität werden könnten. In seinem „Aufruf an das schaffende Volk in Stadt und Land" vom 11. Juni 1945[421] forderte das Zentralkomitee der Kommunistischen Partei Deutschlands vor allem die Schaffung eines Blocks der antifaschistischen und demokratischen Parteien, um die „bürgerlich-demokratische Umbildung, die 1848 begonnen wurde, zu Ende zu führen, die feudalen Überreste völlig zu beseitigen und den reaktionären altpreußischen Militarismus mit allen seinen ökonomischen und politischen Ablegern zu vernichten." Ganz im Sinne der von Stalin vorgegebenen Linie betonte das Zentralkomitee, daß „... der Weg, Deutschland das Sowjetsystem aufzuzwingen, falsch wäre, denn dieser Weg entspricht nicht den gegenwärtigen Entwicklungsbedingungen in Deutschland."[422] Als Schuldige an der Katastrophe des deutschen Volkes wurden die „Träger des reaktionären Militarismus"[423] im Führungskorps der Wehrmacht ausgemacht und die Rolle der Kommunistischen Partei Deutschlands als „Partei des entschiedenen Kampfes gegen Militarismus, Imperialismus und imperialistischen Krieg"[424] in Vergangenheit und Zukunft betont. Mit dem Aufruf zur Beendigung der „Spaltung des schaffenden Volkes", womit ein Zusammenschluß von KPD und SPD gemeint war, der Forderung nach Liquidierung des Großgrundbesitzes und Enteignungen knüpfte das Zentralkomitee unübersehbar an das Aktionsprogramm aus dem Jahr 1944 an, wobei sich die Beschreibung der künftigen Außen- und Sicherheitspolitik darauf beschränkte, „ein friedliches und gutnachbarliches Zusammenleben mit anderen Völkern" und den „entschiedenen Bruch mit der Politik der Aggression und der Gewalt gegenüber anderen Völkern, der Politik der Eroberung und des Raubes"[425] zu fordern, ohne frühere Vorstellungen von Schaffung einer „Volksarmee" oder „Volksmiliz" überhaupt zu erwähnen. Mit der Ausklammerung der Erörterung militärischer Fragestellungen für ein künftiges Deutschland konzentrierte sich die KPD nicht nur auf wesentlich drängendere Fragen, sondern stellte unter Beweis, daß die besatzungspolitische Grundentscheidung der Alli-ierten, eine völlige Entmilitarisierung Deutschlands vorzunehmen, von ihr mitgetragen wurde.

Nach der Kapitulation der Wehrmacht und der von Stalin am 6. Juni erlassenen „Anordnung für die Sowjetische Militäradministration über die Verwaltung der Sowjetischen

---

421 *Aufruf des Zentralkomitees der Kommunistischen Partei Deutschlands, 11.06.1945, Text in: Dokumente zur Geschichte der SED, Berlin (Ost) 1986, Bd. 2, Dok. 1, S. 7 - 16.*
422 *Ibid, S. 12.*
423 *Ibid, S. 7.*
424 *Ibid, S. 11.*
425 *Ibid, S. 14 f.*

Besatzungszone in Deutschland"[426] wurde mit der Sowjetischen Militäradministration Deutschlands (SMAD) unter dem Befehl des Marschall Georgi Schukow ein Instrument geschaffen, das die Durchführung der besatzungspolitischen Zielsetzungen garantieren sollte und speziell für die militärische Entwaffnung Deutschlands zuständig war. Neben der Durchführung der Entmilitarisierung, die von den Angehörigen der SMAD als Hauptaufgabe aufgefaßt wurde,[427] stand vor allem die Liquidierung der deutschen Rüstungsindustrie als wirksamer Schutz vor einer neuerlichen deutschen Aggression und die konsequente Ausnutzung der Wirtschaftskraft des besetzten Deutschlands für die Zahlung von Reparationen an die Sowjetunion an der Spitze der Moskauer Prioritätenliste. Obwohl Wilhelm Pieck am 25. Juni führenden Mitgliedern des Nationalkomitees in Lunowo zugesichert hatte, daß die Angehörigen des Nationalkomitees seiner Meinung nach sehr bald verantwortliche Funktionen beim Neuaufbau in Deutschland bekleiden würden, wurde vereinbart, daß führende Mitglieder des Nationalkomitees erst dann nach Deutschland zurückkehren sollten, nachdem ein historischer Bericht über die Tätigkeit des NKFD geschrieben worden sei. Damit war deutlich geworden, daß weder die sowjetische Besatzungsmacht, noch die Führung der deutschen Kommunisten in den kriegsgefangenen Soldaten und Offizieren eine Personengruppe sahen, deren militärisches Wissen für den Wiederaufbau in Deutschland von Relevanz sein konnte, zumal die Verachtung, die viele Rotarmisten für die Angehörigen des NKFD und des BDO und deren Tätigkeit empfanden,[428] nach der Kapitulation des Deutschen Reichs immer offener gezeigt wurde. Das Interesse der Sowjets konzentrierte sich unterdessen in der eigenen Besatzungszone auf militärische Forschungsprojekte der Wehrmacht und das technologische Wissen der mit militärischen Forschungsvorhaben betrauten Wissenschaftler, die im Einzelfall zusammen mit der gesamten Belegschaft von Rüstungsbetrieben in die Sowjetunion verbracht wurden,[429] während man sich – im Gegensatz zu den Amerikanern – nur ganz am Rande für die Kriegserfahrungen ehemaliger deutscher Generalstabsoffizere in sowjetischer Kriegsgefangenschaft interessierte. Am 1. Juli 1945 nach Berlin zurückgekehrt, von den Vertretern der SMAD empfangen und mit Dienstwagen und Villa versehen, ging es Pieck zunächst darum, die bereits am 19. Juni getroffene Vereinbarung des Zentralausschusses der SPD und des Zentralkomitees der SPD zur Bildung gemeinsamer Arbeitsausschüsse konsequent voranzutreiben, denn die richtungsweisenden Entscheidungen

426 Text der Anordnung in: Um ein antifaschistisch-demokratisches Deutschland. Dokumente aus den Jahren 1945 - 1949, hrsg. vom Ministerium für Auswärtige Angelegenheiten der DDR und vom Ministerium für Auswärtige Angelegenheiten der UdSSR, Berlin (Ost) 1968, S. 51 f.
427 Vgl. Tjulpanow, Sergej, Deutschland nach dem Kriege (1945 - 1949). Erinnerungen eines Offiziers der Sowjetarmee. Herausgegeben und mit einem Nachwort von Stefan Doernberg, Berlin (Ost) 1986, S. 54.
428 Vgl. Kopelew, Lew, Aufbewahren für alle Zeit! Hamburg 1976, S. 61.
429 Zum Auftrag der SMAD in der SBZ vgl. dazu Arlt, Kurt, Das Wirken der Sowjetischen Militäradministration in Deutschland. In: Volksarmee schaffen ohne Geschrei! Studien zu den Anfängen einer „verdeckten Aufrüstung" in der SBZ/DDR 1947 - 1952, hrsg. von Bruno Thoß im Auftrag des Militärgeschichtlichen Forschungsamtes, München 1994, S. 110 - 117.

über das künftige Deutschland wurden Ende Juli und Anfang August im Rahmen der Potsdamer Konferenz ohne deutsche Beteiligung gefällt. Trotz des betont freundschaftlichen Verhältnisses zur SMAD, deren führende Vertreter der Gruppe um Pieck meist bereits aus ihrer Zeit in den Kriegsgefangenenlagern persönlich bekannt waren, ließ die SMAD nach der Potsdamer Konferenz keinen Zweifel daran, daß sie trotz aller zwischen den Verbündeten aufgetretenen Auffassungsunterschiede in der konkreten Durchführung der Besatzungspolitik in der konsequenten militärischen und ökonomischen Entwaffnung ihr Hauptziel sah und sich hierbei vorrangig auf die Rote Armee zu stützen bereit war. Als Marschall Schukow am 27. August seine engsten Mitarbeiter dahingehend instruierte, sich bei ihrer Arbeit „stets auf die Beschlüsse der Potsdamer Konferenz zu stützen"[430] und gleichzeitig durchblicken ließ, daß man seitens der SMAD jedoch nicht darauf bauen dürfe, „daß sich die Verwaltungen der Westmächte in ihrer praktischen Tätigkeit tatsächlich vom Potsdamer Abkommen leiten ließen,"[431] stellte er klar, daß die Kontakte der Offiziere der SMAD zu den Grundorganisationen der KPD sowie mit den Leitungen der Partei auf Länderebene im Interesse einer „sozialistischen Besatzungspolitik"[432] den langfristig angelegten sicherheitspolitischen Interessen der Sowjetunion entsprächen.

Die SMAD unterstützte nicht nur die von der KPD durchgeführte Bodenreform, sondern setzte sich ab September 1945 vor allem für die Vereinigung von KPD und SPD ein, wobei seitens der Besatzungsmacht massiv Druck auf die sozialdemokratischen Gegner der von Pieck angestrebten Einheitspartei ausgeübt wurde. Einhergehend mit der Verschlechterung des Verhältnisses zu den Westmächten, zeigte sich die Sowjetunion bemüht, verstärkt auf deutsche Wünsche auf Partizipation am politischen Leben einzugehen und erließ am 22. Oktober 1945 einen Befehl des Obersten Chefs der SMAD, der den Provinzial- und Landesverwaltung das Recht einräumte, Gesetze und Verordnungen mit Gesetzeskraft zu erlassen, soweit diese nicht den Gesetzen und Befehlen des Kontrollrates oder den Befehlen der sowjetischen Militärverwaltung nicht widersprächen.[433] Damit förderte die sowjetische Besatzungsmacht die von der KPD vorgenommene Umgestaltung der Verwaltungen und Behörden, wobei weiterhin wichtige Grundsatzentscheidungen im alleinigen Ermessen der Besatzungsmacht gestellt blieben.

Die am 31. Oktober 1945 von der SMAD erteilte Erlaubnis, die deutschen Polizisten in der SBZ mit Handfeuerwaffen zu bewaffnen, bedeutete sicherlich weder die Abkehr der Sowjetunion von der in Potsdam festgelegten Entmilitarisierung Deutschlands noch die Umsetzung der Forderung der KPD nach Schaffung einer Volksmiliz,[434] sondern ledig-

---

430 Tjulpanow, Deutschland nach dem Krieg, S. 19.
431 Ibid.
432 Ibid, S. 24.
433 Text in: Befehle des Obersten Chefs der Sowjetischen Militärverwaltung in Deutschland. Aus dem Stab der Sowjetischen Militärverwaltung in Deutschland, Sammelheft 1945, Berlin (Ost) 1946, S. 19 f.

lich eine Kompetenzerweiterung der deutschen Verwaltungsbehörden mit Zustimmung der Besatzungsmacht. Der durch Hunger, Demoralisierung der Bevölkerung und den totalen Zusammenbruch der staatlichen Ordnung bedingte Anstieg der Gewaltkriminalität in Deutschland schien vielmehr der eigentliche Grund für diese Entscheidung der Besatzungsmacht zu sein. Das Nationalkomitee „Freies Deutschland" und der Bund Deutscher Offiziere lösten sich auf Weisung Stalins am 2. November 1945 selbst auf, was darauf hinwies, daß keinerlei Interesse der Sowjets mehr an den zahlreichen sicherheitspolitischen Entwürfen des NKFD der vergangenen zwei Jahre bestand. Vielmehr konzentrierte sich die KPD auf drängende Themen der Innenpolitik und die konsequenten Umgestaltung des öffentlichen Lebens.

Hierbei war es vor allem Pieck, der sich bemüht zeigte, einen direkten Zusammenhang zwischen der Bodenreform und der Bestrafung von Kriegsverbrechern herzustellen, da es seiner Meinung nach die „Großgrundbesitzer, die Junker und die Feudalherren (gewesen) sind, die hauptsächlich die Generale für den Krieg stellten" und nun „eine gründliche Abrechnung mit diesen Kriegsverbrechern erfolgen (sollte)."[435]

Als drängendstes Problem der Gegenwart wurde die Erneuerung des Schulwesens empfunden, das in enger Abstimmung mit den Weisungen der SMAD, welche die Nominierung neuer Kader und die Ausbildung einer neuen Lehrer- und Professorenschaft forderte, um den deutschen Militarismus dauerhaft wirksam zu bekämpfen,[436] gelöst werden sollte. Damit lag die SMAD ganz auf der Linie der KPD, die Ende Dezember 1945 festgestellt hatte, daß ein Großteil der Lehrerschaft Propagandisten des Dritten Reiches gewesen waren und die demokratische Schulreform mit Neulehrern, die „nicht privilegierten und besitzenden Schichten entstammen sollten" und unter denen sich keine ehemaligen Offiziere befinden durften,[437] gestalten wollte. Vor allem die konsequent durchgeführte Schulreform sollte die von der KPD angestrebte antifaschistische, antimilitaristische und demokratische Erziehung garantieren und die KPD unternahm während der Feierlichkeiten zu Wilhelm Piecks 70. Geburtstag am 3. Januar 1946 in Übereinstimmung mit den besatzungspolitischen Vorgaben aus Moskau große Anstrengungen, vor allem den Kampf des Jubilars gegen den Militarismus und Nationalismus hervorzuheben.[438]

---

434 Gegensätzlicher Ansicht äußert sich Paul Heiter, Militärpolitik der KPD, S. 419. Auch Max Opitz sieht in der Entscheidung der SMAD vom 31.10.1945 in seinem 1959 für das Institut für Marxismus-Leninismus verfaßten Vortrag „die Geburtsstunde der bewaffneten Kräfte der Arbeiterklasse". Vgl. hierzu Opitz, Die ersten Schritte beim Aufbau der Volkspolizei in Dresden, in: Wir sind die Kraft. Der Weg der Deutschen Demokratischen Republik. Erinnerungen. Hrsg. vom Institut für Marxismus-Leninismus beim ZK der SED, Berlin (Ost) 1959), S.283 ff.

435 Pieck vor Landarbeitern und Bauern in Kyritz am 02.09.1945, Text in: Pieck, Wilhelm, Junkerland in Bauernhand, Berlin (Ost), S. 11 f.

436 Vgl. Tjulpanow, Deutschland nach dem Krieg, S. 118.

437 Aufruf des Blocks der antifaschistisch-demokratischen Parteien des Landes Sachsen und der Landesverwaltung Sachsen vom 20. Dezember 1945, Text in: „Sächsische Volkszeitung", Dresden, Nr. 123 vom 23.12.1945.

438 Grußadresse des Zentralkomitees der KPD an Wilhelm Pieck zu dessen 70. Geburtstag am 03.01.1946. Text in: „Deutsche Volkszeitung" Nr. 1 vom 05.01.1946.

Einstweilen ließ die SMAD jedoch keinen Zweifel daran aufkommen, daß sie sich als alleinige Trägerin der Regierungsgewalt in der sowjetischen Besatzungszone verstand und die Partizipationsmöglichkeiten der Deutschen ausschließlich von den Interessen der Besatzungsmacht bestimmt bleiben sollten.

Im Februar 1946 wurden Pieck und Ulbricht von Stalin instruiert, die Vereinigung von KPD und SPD bis zum 1. Mai zu vollziehen und der neuen Partei den Namen „Sozialistische Einheitspartei" zu geben.[439]

2.2. Die Sicherheitspolitik der SED bis zum Beginn des Koreakrieges

Nach konträren Diskussionen fand am 21. und 22. April 1946 in der Deutschen Staatsoper in Berlin der Vereinigungsparteitag der KPD und der SPD statt, auf dem Otto Grotewohl und Wilhelm Pieck einstimmig zu Parteivorsitzenden gewählt wurden. Besonderen Wert hatte Pieck im Vorfeld des Parteitags darauf gelegt, daß sich die neue Partei als Nachfolgerin der im Spartakusbund und später in der KPD zusammengeschlossenen „altbewährten Kämpfern gegen Militarismus und Imperialismus"[440] verstehen sollte. Der „Kampf gegen Imperialismus und Militarismus, für den Frieden und die Völkerverständigung und die Freundschaft mit der Sowjetunion" sollte mit dem Kampf „gegen die Reaktion und für eine Demokratie, die den werktätigen Massen den entscheidenden Einfluß auf die Innen- und Außenpolitik des Staates sichert...",[441] verbunden werden. Ganz dieser Linie folgend, forderten die politischen Schwerpunkte des Grundsatzprogramms des Vereinigungsparteitags zwei Tage später die „Vernichtung des reaktionären Militarismus,"[442] die mit der Entmachtung der Großgrundbesitzer und der Durchführung einer Bodenreform erreicht werden sollte, sowie die „Eroberung der politischen Macht durch die Arbeiterklasse" als „grundlegende Voraussetzung zur Errichtung der sozialistischen Gesellschaftsordnung" im Kampf der SED „um diesen neuen Staat auf dem Boden der demokratischen Republik."[443]

Nach Meinung der Delegierten schloß die „gegenwärtige besondere Lage in Deutschland, die mit Zerbrechung des reaktionären staatlichen Gewaltapparates und dem Aufbau eines demokratischen Staates auf neuer wirtschaftlicher Grundlage entstanden ist", die Möglichkeit ein, „mit den Mitteln der Gewalt und des Bürgerkrieges der endgültigen Befreiung der Arbeiterklasse in den Weg zu treten."[444]

439 SAPMO-BArch, NY 36/631, Bl. 33 ff. (Eintrag vom 06.02.1946).
440 Referat Wilhelm Piecks „Die Einheit des schaffenden deutschen Volkes auf dem 15. Parteitag der Kommunistischen Partei Deutschlands. Text in: Dokumente der Geschichte der SED, S. 24 - 31, hier S. 24.
441 Ibid, S.26.
442 Grundsätze und Ziele der Sozialistischen Einheitspartei Deutschlands, angenommen auf dem Vereinigungsparteitag von KPD und SPD, 21. und 22. April 1946, Text in: Dokumente der Geschichte der SED, S. 32 - 38, hier S. 34.
443 Ibid, S. 37.

Damit unterstrichen die Delegierten ihren Willen zum staatlichen Neubeginn und ihren Anspruch auf Umbau der gesellschaftlichen Ordnung in der SBZ nach den Vorstellungen der neugegründeten Sozialistischen Einheitspartei. Trotz dieser deutlichen Töne sah sich Pieck veranlaßt, seine Zuhörer unüberhörbar darauf hinzuweisen, daß die Parteigründung „...durchaus im Sinne der Potsdamer Beschlüsse und damit auch im gemeinsamen Interesse der Völker der Besatzungsländer und des deutschen Volkes (liegt)" und der erhobene Anspruch auf einen eigenen Staat mit eigenen Gestaltungsmöglichkeiten noch längst nicht auf der Tagesordnung stand.

Otto Grotewohl unterstrich auf dem Vereinigungsparteitag, daß „die Rückkehr Deutschlands in den Kreis der politisch selbstverantwortlichen Mächte das Vorhandensein einer innerpolitischen Kraft voraussetzt, die fähig ist, die Verantwortung für eine solche Wirtschafts- und Friedenspolitik zu übernehmen und sie mit Erfolg durchzuführen...",[445] und wies ebenfalls darauf hin, daß man sich der vielfältigen Einschränkungen in den eigenen politischen Möglichkeiten sehr bewußt war. Dementsprechend konzentrierte sich die SED auf die innenpolitische Umgestaltung der gesellschaftlichen Verhältnisse in der Sowjetischen Besatzungszone und beschränkte sich in ihrem Grundsatzprogramm außenpolitisch einzig und allein auf die Forderung nach „friedlichen und gutnachbarlichen Zusammenleben mit anderen Nationen",[446] was zwischen Deutschen und Alliierten sicherlich ebenso konsensfähig wie in Ermangelung eines existierenden staatlichen Rahmens für die Außen- und Sicherheitspolitik der von der SED mit Nachdruck angestrebten „antifaschistisch-demokratischen Republik"[447] interpretationsfähig blieb. Mit der Einstellung der amerikanischen Hilfslieferungen an die Sowjetunion am 3. Mai 1946 kündigte sich jedoch eine Verschlechterung der Beziehungen zwischen den Siegermächten an, die selbst im persönlichen Umgang der Offiziere der Alliierten Hohen Kommission spürbar wurde und das Verhältnis der ehemaligen Verbündeten auf einen Tiefpunkt brachte.[448]

Unter dem Eindruck dieser Entwicklung orientierte Stalin die Führung der SED am 26. Juli, daß die Besatzungszeit möglicherweise sehr schnell zu Ende gehen könnte, da Briten und Amerikaner unter Umständen ein schnelles Ende der Besatzungszeit ohne Rücksicht auf die in Potsdam vereinbarten Beschlüsse zur dauerhaften Entmilitarisierung Deutschlands anstrebten und eine neue Staatsordnung für Deutschland durchzusetzen bemüht seien. Vor diesem Hintergrund vergrößerte sich die Bedeutung der SED, deren Führung von Stalin in der Unterredung auf deren künftige „leitende Rolle und große Ver-

444 Ibid.
445 Grotewohl am 22. April 1946, ibid, S. 121 - 122.
446 Vgl. Grundsätze und Ziele der SED, S. 177.
447 Manifest an das Deutsche Volk, angenommen auf dem Vereinigungsparteitag der SPD und der KPD am 22. April 1946, Text in: Protokoll des Vereinigungsparteitages der SPD und der KPD, S. 197 f.
448 Vgl. Tjulpanow, Deutschland nach dem Krieg, S. 49 f.

antwortung" hingewiesen wurde. Die SED sollte „staatliche Kraft" werden und „Richtlinien für (die) künftige Staatsordnung (einer) demokratische(n) Republik" entwickeln.[449] Damit stellten sich für die SED neue Aufgaben, denn der in Aussicht gestellte Kurs auf die Schaffung einer neuen Staatsordnung deutete an, daß langfristig das bei der Abfassung des Grundsatzprogramms vor drei Monaten mit Blick auf die Vorbehaltsrechte der Besatzungsmächte und die Vereinbarungen der Potsdamer Konferenz weiträumig umgangene Thema Außen- und Sicherheitspolitik als klassische Domäne staatlichen Handelns ein Politikfeld werden könnte. Einstweilen setzte die offizielle sowjetische Deutschlandpolitik jedoch weiterhin auf die Anwesenheit von Besatzungstruppen und die Beibehaltung von Besatzungszonen und sah vielmehr in der Abkehr vom Potsdamer Umgestaltungsprogramm eine große Gefahr. Nichtsdestotrotz war die SMAD am 30. Juli 1946 bereit, Erich Reschke, einen ehemaligen Stahlbauschlosser, der sich 1922 der KPD angeschlossen hatte und Teilnehmer am Hamburger Aufstand gewesen war, zum Präsidenten der Deutschen Verwaltung des Innern (DVdI) zu ernennen. Reschke, der 6 Jahre im Konzentrationslager Buchenwald verbringen mußte und vor seiner Ernennung knapp zwei Jahre Chef der Landespolizei in Thüringen gewesen war, sollte die Leitung sämtlicher deutscher Einrichtungen übernehmen, die mit der inneren Verwaltung sowie der öffentlichen Ordnung und Sicherheit in der SBZ beauftragt waren. Somit zeigte sich die sowjetische Besatzungmacht bereit, ein deutsches Führungsorgan für die Schaffung zentralisierter Polizeikräfte zu schaffen, wobei darauf geachtet wurde, daß diese Aufgabe unter strengster Geheimhaltung und unter Aufsicht des für Polizeifragen und Fragen des staatlichen Aufbaus zuständigen Sekretärs beim Parteivorstand der SED, Walter Ulbricht, stand. Der geheime Aufbau sollte nicht nur mögliche Proteste der Westalliierten gegen den offenkundigen Verstoß gegen die Dezentralisierungsbeschlüsse der Potsdamer Konferenz, sondern auch unbequeme Fragen der mit der SED verbündeten Parteien zum Auftrag des Organs und seiner einseitigen kadermäßigen Besetzung verhindern.[450] Wie stark die Bereitschaft entwickelt war, die von der SMAD der Deutschen Verwaltung des Inneren zugedachte Doppelrolle – Umsetzung des Willens der Besatzungsmacht und Sicherstellung des Einflusses der SED im gesamten inneren Sicherheitsapparat – zu erfüllen, unterstrich der Vizepräsident der DVdI ,Willi Seifert, auf einer Konferenz mit den Polizeichefs der Länder und Provinzen am 30. Oktober 1946. In der Polizei sah Seifert „... das Instrument unseres Staates oder im Moment unserer Zone (...), das in der Lage ist, alle Errungenschaften und jede von uns politisch und wirtschaftlich vollzogene Tatsache zu sichern." Seinen Staatsbegriff relativierend, räumte er ein, daß er zwar derzeit nicht wisse, „... in welcher Form sich ein neuer deutscher Staat" konstituieren werde,

449 SAPMO-BArch, NY 36/734, Bl. 190 - 193 (Eintrag 26.07.1946).
450 Vgl. Eisert, Wolfgang, Zu den Anfängen der Sicherheits- und Militärpolitik der SED-Führung, in: Volksarmee schaffen - ohne Geschrei!, S. 148 - 150.

wollte aber durch die neuformierten Polizeikräfte sichergestellt wissen, daß „bereits Erkämpftes zu sichern und noch zu Schaffendes durchzusetzen" sei.[451] Mit dem im November 1946 auf Weisung der SMAD unter Beteiligung der DVdI vorgenommenen Aufbau einer 2.500 Mann starken Grenzpolizei, die mit Karabinern und Pistolen bewaffnet und einheitlich uniformiert ihren Dienst zur unmittelbaren Unterstützung der Roten Armee an den Demarkationslinien leisten sollte, deutete sich bereits eine grundlegende Veränderung der politischen Verhältnisse in der SBZ an, wenngleich der am 15. November 1946 von der SED-Führung vorgelegte Entwurf für die Verfassung der „Deutschen Demokratischen Republik" vorläufig der Ablehnung verfiel.

Die Bildung der Bizone im Januar 1947, die Verkündung der Truman-Doktrin am 12. März, in der der US-Präsident zur Unterstützung der Freiheit der Völker gegen die Gefahr totalitärer Unterdrückung aufgerufen hatte und die Ablehnung der sowjetischen Teilnahme am Marshall-Plan waren Meilensteine der Eskalation des Kalten Krieges und stellten erneut die Frage nach der staatlichen Zukunft der Besatzungszonen und ermöglichten erste außen- und militärpolitische Überlegungen im engsten Führungskreis der SED. Im Sommer 1947 wurde nach Aussage des Mitglieds im Zentralvorstand der SED, Erich Gniffke, erstmals über die Aufstellung kasernierter Polizeikräfte in der SBZ nachgedacht[452] und damit politisches Neuland beschritten, wobei die Schaffung kasernierter Polizeiverbände keinesfalls gleichbedeutend mit einer militärischen Ausrichtung ostzonaler Sicherheitskräfte sein mußte, wenngleich die Überlassung von 221 schweren Maschinengewehren, 2.633 Maschinenpistolen, 30 Bordkanonen und vor allem die Zuführung von 16 mittleren Granatwerfern[453] durch die Rote Armee binnen kürzester Zeit nach Aufstellung der DVdI den Gedanken an ein polizeiliche Aufgaben überschreitendes militärisches Einsatzspektrum der Verbände nahelegte. Einstweilen blieb der Spielraum für derartige Überlegungen mit außen- und sicherheitspolitischen Charakter überaus gering. Von der Gründung des „Informationsbüros der Kommunistischen Arbeiterparteien" am 5. Oktober 1947 in Szlarska Poreba, das immerhin die Aktivitäten aller kommunistischen Parteien weltweit koordinieren sollte, erfuhren die SED-Führer aus der Zeitung und blieben damit offenkundig von der Einflußnahme auf Ereignisse mit außenpolitischen Konsequenzen weiterhin bewußt ausgeschlossen.[454]

Im Verlauf des Jahres 1948 wuchs das Interesse der SED an der Vorbereitung zentral geführter und kasernierter Polizeibereitschaften und wurde ein wichtiger Gegenstand der Gespräche mit der SMAD. Auf der Innenminister-Konferenz in Werder vom 21. April

---

451 Zit. nach Laufer, Joachim, Die Ursprünge des Überwachungsstaates. Zur Bildung der Deutschen Verwaltung des Innern in der Sowjetischen Besatzungszone, in: Die Ohnmacht der Allmächtigen. Geheimdienste und politische Polizei in der modernen Gesellschaft, hrsg. von Bernd Florath, Arnim Mittler und Stefan Wolle, Berlin 1992, S. 157.
452 Vgl. Gniffke, Erich, Jahre mit Ulbricht, Köln 1966, S. 262.
453 Bericht über die Entwicklung der Kasernierten Volkspolizei, BA-MA, DVH 3/2070, Bl. 35.
454 Vgl. Loth, Wilfried, Stalins ungeliebtes Kind. Warum Moskau die DDR nicht wollte. Berlin 1994, S. 104 ff.

1948 definierte Ulbricht zunächst ein bestimmtes Anforderungsprofil für die Angehörigen der Polizeikräfte: „Wir brauchen Leute, die Fronterfahrung, Leute, die Spanienerfahrung oder sich auch sonst im Kampf bewährt haben. Ein Mann, der am Ebro gekämpft und (sich) bewährt hat, ist nicht für uns zu ersetzen, er gehört in eine leitende Stellung in die Polizei. In der Polizeifrage verstehen wir keinen Spaß."[455] Walter Ulbricht sprach sich für die Schaffung von kasernierten Polizeikräften aus, die er allerdings mit Rücksicht auf den Alliierten Kontrollrat „Bereitschaft oder sonstwie" benannt wissen wollte und betonte vor den Anwesenden, daß „die entsprechenden Befehle (der Sowjetunion) schon kommen (werden)." Vor dem Hintergrund der Tatsache, daß die Bemühungen der SED, ihr genehme Kader in die Polizei einzustellen nach Meinung des neuen Präsidenten der DVdI und ehemaligen Offiziers der Roten Armee, Kurt Fischer, „erschreckende Resultate"[456] erbracht hatten und der erhoffte Zustrom von Freiwilligen für den Polizeidienst ausgeblieben war, wies Ulbricht darauf hin, daß er in den aus der Sowjetunion heimkehrenden ehemaligen kriegsgefangenen Soldaten und Offizieren der Wehrmacht ein Personalreservoir für die Realisierung seiner Pläne erblickte. Die nach Frankfurt an der Oder heimgekehrten ehemaligen Soldaten sollten seiner Meinung nach „... in erster Linie für die Polizei genommen werden."[457] Gleichzeitig kündigte Ulbricht die Einsetzung von „politischen Leitern"[458] in den Polizeiverbänden an, die neben den Kommandeuren die Durchsetzung der parteipolitischen Linie der SED in den Bereitschaften garantieren sollten. Walter Ulbricht machte seinen Zuhörern abschließend unmißverständlich klar, daß sich bei der von ihm anvisierten Umgestaltung der Polizei „um die Lösung einer großen Aufgabe, (geht) die systematisch durchgeführt werden muß mit möglichst wenig Lärm, aber um so gründlicher."[459] Damit war im Rahmen der Konferenz sowohl der Machtanspruch der SED auf autonome Gestaltung eines eigenen Sicherheitsapparates mit teilweise militärähnlichen Charakteristika als auch die feste Gewißheit, sich in dieser sensiblen Frage auf die materielle und nicht zuletzt personelle Unterstützung der Sowjetunion bei der Rekrutierung künftiger Polizisten verlassen zu können, in bis dahin ungekannter Offenheit formuliert worden. Ulbricht brachte das Spannungsverhältnis zwischen dem Gestaltungsanspruch der SED in wesentlichen Fragen des künftigen Staatsapparats und der Abhängigkeit von den Vorgaben der SMAD zum Abschluß der Besprechung auf den Punkt, als er erklärte: „Wenn wir als Mitglieder der Sozialistischen Einheitspartei der Meinung sind, daß bestimmte demokratische Maßnahmen im Interesse der Durchführung der demokrati-

---

455 Vgl. *Konferenz der Innenminister der Länder der SBZ in Werder/Havel am 21./22.04.1948.* SAPMO-BArch, DY 30/ IV 2/13/109, Bl. 226 - 228.
456 *Redebeitrag Fischer, ibid, Bl. 231 u. 232.*
457 *Ibid, Bl. 289 - 291.*
458 *Ibid, Bl. 292.*
459 *Ibid, Bl. 295.*

schen Ordnung notwendig sind und obendrein noch ein Befehl der Besatzungsmacht (sic!) vorliegt, wo genau gesagt wird, was wir machen sollen, warum können wir nicht aus eigener politischer Initiative das dann auch durchführen.[460] Mit der Durchführung der Währungsreform am 20. Juni und dem Beginn der Berliner Blockade vier Tage später trat der Kalte Krieg in ein neues Stadium und es dauerte bis zum 12. Juli, als Wilhelm Pieck und Otto Grotewohl auf der 94. Sitzung des Parteivorstands berichten konnten, daß die SMAD gegen die Schaffung kasernierter Polizeieinheiten nichts mehr einzuwenden hatte und auch der angestrebten Schaffung einer einheitlichen Parteiorganisation zustimmte. Der auf der Innenministerkonferenz im April kontrovers diskutierte Aufbau einer Gewerkschaftsorganisation in den kasernierten Bereitschaften wurde hingegen als „nicht für notwendig erachtet" und die beiden Vorsitzenden berichteten von dem Wunsch der SMAD, über die Zuständigkeiten der Polit-Kulturleiter genauer informiert zu werden.[461] Der Parteivorstand legte eine Woche später eine genaue Aufgabenbeschreibung für die Tätigkeit der Polit-Kulturleiter, die bei „allen Einheiten der bewaffneten demokratischen Kräfte in der Ostzone und in Groß-Berlin, die mehr als 10 Mann stark sind," eingerichtet werden sollten. Die Polit-Kulturleiter sollten sicherstellen, daß die Polizeiangehörigen sich „in engster Verbindung mit der fortschrittlichsten demokratischen Partei, den Massenorganisationen und den Betriebsschaffenden ... als Träger und Verwirklicher des Willens der fortschrittlichen demokratischen Kräfte und besonders der werktätigen Bevölkerung..." fühlten. Weiterhin sollten die Leiter der Polit-Kulturarbeit dafür verantwortlich sein, daß „jeder Polizei-Angehörige Träger und Verfechter der Überzeugung (ist), daß nur in engster Zusammenarbeit und gestützt auf die Sowjetunion... der Sieg der Demokratie und des Fortschritts in Deutschland möglich ist."

Außerdem war dafür Sorge zu tragen, daß „jedem Befehl eines Vorgesetzten oder einer vorgesetzten Dienststelle sofort nachgekommen (wird)" und auf Schulungen den Polizisten die „fortschrittliche Rolle der Sowjetunion" und im Gegensatz hierzu die Rolle „aller deutschen und ausländischer Reaktionäre, Monopolkapitalisten und Kriegsverbrecher an Hand unseres deutschen Beispiels ... und die Methoden des Gegners aufzuzeigen ..." waren.

Mit der Verantwortlichkeit, darüber zu wachen, daß „keine Schundliteratur oder reaktionäre beziehungsweise nazistische Bücher in den Bibliotheken vorhanden sind" und die genaueste Einhaltung des Dienstreglements in den Bereitschaften durchzusetzen, wurden die Polit-Kulturleiter zu Schlüsselpersonal, die mit dem Recht ausgestattet wurden, Befehle und Anweisungen des Dienststellenleiters gegenzuzeichnen, um auf diese Weise

---

460 Ibid, Bl. 267.
461 SAPMO-BArch, DY 30/IV 2/2.1/216, Bl. 3 u. 4. Protokoll der 94. Sitzung des ZS des PV der SED am 12.07.1948.

„... die ständige Koordinierung zwischen der Polizei und den fortschrittlichen Kräften zu gewährleisten" und in Personalangelegenheiten die Bereitschaften vor jedem „reaktionären Einfluß" zu schützen und die „Förderung und Entwicklung neuer Kader" vorzunehmen. Besonderen Wert legte die Führung der SED auf die Feststellung, daß „... die Disziplin und die Dienstauffassung der Volkspolizei nichts mit dem militärischen Kadavergehorsam der Vergangenheit zu tun haben, sondern in ihrem Inhalt genau das Gegenteil darstellen." Mit der Festlegung, daß „eine Anweisung des Polit-Kulturleiters nicht durch einen Beschluß der Parteibetriebsgruppe aufgehoben werden (kann)" und Beschlüsse der Parteibetriebsgruppe nicht bindend sein sollten, falls der Leiter der Polit-Kulturarbeit seine Zustimmung verweigern sollte,[462] wurde eine Institution geschaffen, die dem Vorbild der Kommissare in der Roten Armee ähnelte und auch die strikten Vorstellungen von Disziplin entsprachen sicherlich sowjetischen Vorstellungen über die Streitkräfteorganisation.

Auf der Ersten Staatspolitischen Konferenz der SED, die am 23. und 24. Juli 1948 in Werder stattfand, wies Ulbricht die Konferenzteilnehmer darauf hin, daß es unter den sich verschärfenden Bedingungen des internationalen Klassenkampfes darauf nunmehr ankomme, die Lehren Lenins umzusetzen und „... gerade unter den Bedingungen des Kampfes um die Demokratie die Staatsgewalt (zu) stärken, festigen und (zu) sichern" Der Chef der DVdI stellte hierzu fest, daß man auf seiten der SED über keine „operative Reserve für den Fall der Fälle" verfüge und dementsprechend für den erwarteten Bürgerkrieg und die Verschärfung des Klassenkampfes nur unzureichend vorbereitet sei. Er schlug deswegen vor, „... einige Bereitschaften (zu) schaffen, die gewissermaßen die Verstärkung für unsere Grenzpolizei bilden werden, die ja heute schon im operativen Einsatz steht, kaserniert ist und unter strenger militärischer Disziplin steht und stehen muß. Diese Hundertschaften werden militärisch diszipliniert aufgebaut sein, anders kann man das bei Kasernierten nicht machen."[464]

Ohne damit Widerspruch hervorzurufen, zeichnete Fischer das Bild eines militärisch organisierten Verbandes, der „von Vorgesetzten mit bestimmten Rangabzeichen und Disziplinargewalt" geführt werden sollte und über dessen personelle Zusammensetzung er konkrete Vorstellungen hatte: „Wir wollen Metallarbeiter, Bergarbeiter, Schlosser, gute rote Proleten aus den Betrieben, die das Knochengerüst der Polizei bilden sollen." Außerdem zeigte er sich überzeugt, daß die von einigen Konferenzteilnehmern in Weiterentwicklung alter militärpolitischer Forderungen der KPD geäußerten Wünsche nach Schaffung einer Gewerkschaftsorganisation überflüssig sein würden: „Was soll in diesen

462 Vgl. SAPMO-BArch, DY 30/IV 2/2.1/217, Bl. 5 - 8. Anlage Nr. 1 zum Protokoll Nr. 95 der Sitzung des ZS des PV der SED am 19.07.1948.
463 SAPMO-BArch, DY 30/IV 2/1.01/95, Bl. 27 f. Protokoll der Ersten Staatspolitischen Konferenz der Partei am 23./24.07. 1948 in Werder/Havel.
464 Ibid, Bl. 124 ff.

Bereitschaften noch eine Gewerkschaftsorganisation, ... die, wenn man jemand für drei oder fünf Tage einsperrt, sagt: Wir wollen einmal beraten, was werden soll, ebenso wenn innerhalb einer Stunde die Hundertschaft marschbereit zur Absperrung eingesetzt wird." Rückendeckung für die Vorstellungen des Präsidenten der Deutschen Verwaltung des Innern und Chefs der Deutschen Volkspolizei kam von Walter Ulbricht, der sich für „ordentlich organisierte und gut ausgebildete" Polizeibereitschaften aussprach, „... wo es nicht so sein kann wie in Weimar, daß man erst darüber diskutiert wie vor einiger Zeit, ob man Befehle ausführt oder nicht." Mit Blick auf die befürchteten Vorbehalte der Bevölkerung und Parteimitgliedern gegenüber kasernierten und militärähnlich organisierten Polizeiverbänden schlug Ulbricht eine Abkehr von der bisherigen Strategie der strengsten Geheimhaltung vor, wobei der auf der Konferenz beschlossene unübersehbare militärische Charakter der Verbände weiterhin verschleiert blieb. Ulbricht erläuterte die künftige Behandlung des Themas in der Öffentlichkeit: „Soll die ganze Arbeiterklasse und Bevölkerung wissen, wo wir stehen. Was ist das für eine Geheimdiplomatie? Haben wir das nötig? Die Leute denken Wunder, was alles vor sich geht. Wir festigen die Polizei, weiter nichts, und wir werden ihr noch ein bißchen Waffen geben, damit sie nicht so hilflos dasteht. Das ist notwendig. Wir sollten also nicht so tun, als ob solche Maßnahmen vor der Bevölkerung oder der Arbeiterklasse zu verhehmlichen (sic!) wären."[466] Insgesamt kamen die Konferenzteilnehmer zu der Auffassung, daß es unter den Bedingungen eines verschärften Klassenkampfes und zur Sicherung der Herrschaft der Arbeiterklasse darauf ankäme, die Polizei zu einem „sehr schlagkräftigen Instrument" auszubauen und durch gezielte Auswahl der Bereitschaftspolizisten aus Mitgliedern der SED deren „führende Rolle" zu sichern.[467] Damit hatten die Konferenzteilnehmer bezüglich der sozialen Zusammensetzung der bewaffneten Organe, deren strikte Unterwerfung unter den ideologischen Führungsanspruch der SED und nicht zuletzt deren Ausrichtung am Vorbild der Roten Armee unübersehbar an die 1939 in Bern fixierten militärpolitischen Forderungen der KPD angeknüpft. Obwohl die damalige Zentralforderung nach Schaffung einer Volksarmee einer neuen demokratischen Republik, in Ermangelung eines staatlichen Rahmens und entsprechend den offiziell immer noch auf dauerhafte Entmilitarisierung Deutschlands angelegten besatzungspolitischen Zielen der Alliierten vorerst zurückgestellt werden mußte, hielt der Aufbau kasernierter Polizeibereitschaften mittelfristig militärische Optionen offen, die sich unter den Bedingungen einer sich abzeichnenden Zweistaatlichkeit Deutschlands bei entsprechender Zustimmung und Unterstützung der Sowjetunion sehr schnell realisieren lassen würden. Daß dieser Fall sehr schnell eintreten konnte, war dem Parteivorstand der SED seit längerem sehr bewußt,

---

465 Ibid, Bl. 127.
466 Ibid, Bl. 38.
467 Ibid, Bl. 124 f.

denn Otto Grotewohl hatte schon im Januar 1948 im engsten Kreis geäußert, daß „an der Zerrei-ßung Deutschlands in zwei Zonen nicht mehr gezweifelt werden (kann)" und vor allem aber hatte Stalins deutschlandpolitische Bestandsaufnahme im Februar gegenüber bulgarischen KP-Führern, daß „... der Westen sich Westdeutschland zu eigen machen (wird) und wir (die Sowjetunion) aus Ostdeutschland unseren eigenen Staat machen (werden),"[469] hatte inzwischen auch im Führungszirkel um Pieck und Ulbricht tiefen Eindruck hinterlassen. In die gleiche Richtung hatte eine Unterredung Piecks mit der SMAD gezeigt, in deren Verlauf die sowjetische Seite bereits im Mai darauf verwiesen hatte, daß sich die SED „an der Grenze zweier Welten, dort wo die Welt des Kapitalismus auf die Welt des Sozialismus trifft", befände und in der SBZ nicht nur eine „herrschende staatliche Stellung" innehabe, sondern vielmehr bereits „faktisch an der Macht" sei.[470] Vor diesem Hintergrund gewann die Beschäftigung mit Fragen zur Gestaltung des Staatsapparats und der bewaffneten Kräfte eine tagespolitische Aktualität, wenngleich die strenge Geheimhaltung und das in dieser sensiblen Angelegenheit für notwendig erachtete engste Einvernehmen mit sowjetischen Zielvorstellungen weiterhin die militärpolitische Diskussion im engsten Zirkel der SED bestimmte. Konsequenterweise setzte der 2. Parteitag der SED im Sommer mit der Losung „Mehr produzieren, gerechter verteilen, besser leben" die Bemühungen um die Verbesserung der ökonomischen Bedingungen und Gründung einer Aktivistenbewegung, die sich nach sowjetischem Vorbild die Übererfüllung der Arbeitsnormen zum Ziel gesetzt hatte, auf den ersten Platz der Prioritätenliste und vermied die Erörterung der bereits beschlossenen Aufstellung von kasernierten Polizeibereitschaften.

Neben der Geheimhaltung erwies sich die traditionelle Distanz, welche die Mitglieder der KPD zu Polizei, Reichswehr und Wehrmacht und umgekehrt gehalten hatten, als scherwiegendes Problem bei der Rekrutierung von Offizieren und Unteroffizieren zur Führung und Ausbildung militärischer Verbände. Es wurde zunehmend schwieriger, bei der Aufstellung kasernierter Verbände in der SBZ auf militärische Experten aus der Wehrmacht zu verzichten und die angestrebte Zielvorstellung einer sich ausschließlich aus „proletarischen Elementen aus der Reihe der fortschrittlichen Arbeiterklasse"[471] rekrutierenden Armee unter Verzicht auf militärische Spezialisten zu realisieren. Erschwerend kam hinzu, daß das Interesse der umworbenen sozialen Schichten für Polizeidienst und Kasernierung offensichtlich trotz massiver Werbung der SED-Parteiorganisationen und der Sonderzuteilung von Nahrungsmitteln für deutsche Polizeikräfte durch die SMAD – unter den Bedingungen der Nachkriegszeit war letzteres als besonders zugkräftiges

---

468 *SAPMO-BArch, DY 30/IV 2/1/19, Bl. 29.*
469 *Djilas, Milovan, Gespräche mit Stalin, Frankfurt am Main 1962, S. 195.*
470 *SAPMO-BArch, DY 36/753, Bl. 57 (Unterredung Piecks mit Tjulpanow am 8.5.1948).*
471 *Vgl. SAPMO-BArch, DY 30/IV 2/1.01.100, Bl. 64. Konferenz der Ministerpräsidenten der Länder, der Landesvorsitzenden der SED und Wirtschaftsfunktionäre in Potsdam am 10.10.1948, Referat des Präsidenten der DVdI, Kurt Fischer.*

Argu-ment zu sehen – sehr gering blieb. In dieser kritischen Phase besann sich die DVdI auf die Ausführungen Ulbrichts, die dieser auf der Konferenz der Innenminister im April gemacht hatte, als er auf die Bedeutung der heimkehrenden Kriegsgefangenen als potentielle Personalreserve für die aufzustellenden Bereitschaften hinwies.

Mit Erlaubnis und Unterstützung der Sowjets setzte das Zentralkomitee der SED ab Juli 1948 eine Kommission ein, die in sowjetischen Kriegsgefangenenlagern durch Anwerbung von Freiwilligen für den Polizeidienst diesem Mißstand abhelfen sollte und sich dabei auf Weisung Ulbrichts vor allem auf Unteroffiziere und Mannschaften zu konzentrieren hatte.

Mit Blick auf die gewünschte soziale Zusammensetzung der Bereitschaften erschien den Planern ein derartiges Vorgehen nicht nur konsequent, sondern auch sehr erfolgversprechend, denn den ehemaligen Unteroffizieren und Mannschaften wurde nicht nur die vorzeitige Rückkehr in die Heimat, sondern auch die in Ermangelung des entsprechenden Bildungsabschlusses in der Wehrmacht nur in seltenen Ausnahmefällen vorhandene Möglichkeit, in die Offizierlaufbahn übernommen zu werden, versprochen.

Tatsächlich gelang es der Kommission, die unter Führung des Abteilungsleiters für Justiz und Polizei beim ZK der SED, Erich Mielke, stand, von den zwischen September und Oktober 1948 4.934 Heimkehrern 4.774 Mann für die Polizeibereitschaften zu verpflichten.

Auch die soziale Struktur der Verpflichteten - 81 % waren Arbeiter, 8 % Angestellte, 7 % Bauern und 4 % Handwerker, Geschäftsleute oder in anderen Berufen tätig gewesen – fand im Abschlußbericht des Leiters der Hauptabteilung Politkulturarbeit der DVdI Erwähnung.[472]

Trotz dieser offensichtlichen Erfolge sah sich Robert Bialek als Leiter der Politkulturarbeit verpflichtet, darauf hinzuweisen, daß unter den Heimkehrern teilweise „antidemokratische und antisowjetische" Tendenzen festgestellt werden mußten und unter den Rückkehrern des ersten Heimkehrertransport zahlreiche ehemalige Soldaten befanden, die sich zunächst nicht für den Dienst in den Polizeibereitschaften verpflichten lassen wollten, da ihnen in der Sowjetunion zugesichert worden sei, daß sie in Deutschland ihren früheren Zivilberuf ausüben dürften. Auch die konstatierte „positive Haltung" des zweiten Transports wurde von Bialek relativiert, da „.. den Heimkehrern beim Eintreffen in der Hornkaserne in Frankfurt/Oder durch das deutschen Lagerpersonal mitgeteilt wurde, daß sie auf jeden Fall zu allem, was von ihnen verlangt wird, „ja" sagen sollen, da sie sonst wieder zurück müssen in die Sowjetunion, wie es beim 1. Transport bereits vorgekommen ist. Das gleiche erklärte vor den angetretenen Heimkehrern die sowjetische

---

472 BA-MZAP Pt 7187, Bl. 84 (Abschlußbericht des Leiters der Hauptabteilung PK der DVdI, Bialek, über die Heimkehrertransporte aus der UdSSR im September/Oktober im Lager Fürstenwalde, 07.10.1948).

Dolmetscherin." Da die Angehörigen des 4. Transports bereits in Brest Verbindung mit
in den in die Sowjetunion zurückverbrachten Kriegsgefangenen aufgenommen hatten,
zeigten sie sich tatsächlich kooperativer als die ersten Transporte und äußerten in infor-
mellen Gesprächen die Befürchtung, in die Sowjetunion zurückkehren zu müssen, falls
sie sich dem Werben der SMAD und der Volkspolizei zu entziehen versuchten. Diese
Erscheinung stellte die DVdI vor das Problem, einerseits die Heimkehrer zu beruhigen
und andererseits darauf hinzuweisen, daß lediglich ehemalige hohe Funktionäre und
Kriegsverbrecher oder Angehörige der Waffen-SS, die die deutschen Behörden betrogen
hätten, mit dem Rücktransport zu rechnen hätten.

Für die SMAD hingegen war die „erhebliche Anzahl von Mitgliedern der ehemaligen
NSDAP und solche, deren Angehörige aktive Faschisten waren" und die große Gruppe
ehemaliger Berufsunteroffiziere[473] unter den Heimkehrern offensichtlich ein nachrangi-
geres Problem als für die deutschen Auswahlkommissionen, denn Bialek berichtete dem
Parteivorstand mit großem Erstaunen, daß „... von seiten unserer Freunde (gemeint ist
die SMAD) wurde in der Hornkaserne auf unsere Kommissionen eingewirkt, nur ganz
schlimme Fälle zurückzustellen ... ".[474]

Offensichtlich hatten die Werber in den Lagern den künftigen Polizisten falsche Ver-
sprechungen gemacht, denn der Leiter der Hauptabteilung Personal stellte in seinem
Bericht eine „starke Abneigung gegen Kasernierung und Uniformierung" fest und zeigte
sich zudem über die „bei einer ganzen Anzahl von Heimkehrern mehr oder minder stark
ausgeprägte Überheblichkeit gegenüber dem sowjetischen Menschen"[475] besorgt. Der
„Anteil der wirklich bewußten Heimkehrer" wurde als „verhältnismäßig gering" eingeschätzt und keine Prognose über den prozentualen Anteil dieser angehenden Polizisten
gewagt. Statt dessen sah sich die Personalabteilung der DVdI veranlaßt, eine Anzahl der
Heimkehrer „wegen ihrer ausgesprochenen antisowjetischen Haltung vom Dienst in der
Polizei fernzuhalten."[476] Als weiteres Defizit der künftigen Polizisten wurde in erster Linie
deren oftmals nur geringe Schulbildung und die durch die lange Gefangenschaft nur
noch schwach vorhandene Schriftgewandtheit angesehen, wobei die Hauptabteilung
Personal in diesem Zusammenhang darauf hinwies, daß sich sogar ein vollkommener
Analphabet unter den Heimkehrern befunden hatte.[477]

Das Hauptinteresse der SED und der SMAD galt jedoch in dieser Phase der gezielten
Rekrutierung ehemaliger Offiziere der Wehrmacht, denn ohne das militärische Wissen
dieser Gruppe mußte die angestrebte militärische Effizienz der Bereitschaften trotz der

---

473 *Ibid, Bl. 65 (Bericht des Leiters der Hauptabteilung Personal der DVdI, Mickinn, über den ersten Heimkehrertransport aus der UdSSR im Lager Fürstenwalde vom 15.09.1948).*
474 *Ibid, Bl. 88 f.*
475 *Ibid, Bl. 63 u. 64.*
476 *Ibid, Bl. 62.*
477 *Ibid, Bl. 63.*

im Parteivorstand geäußerten Zuversicht, eine eigene Militärelite aus der Arbeiterschaft und den ehemaligen Unteroffizieren und Mannschaften formen zu können, leiden.

Dementsprechend sorgfältig wurde von sowjetischen Offizieren und KPD-Funktionären eine Auswahl von kriegsgefangenen fünf Generälen und 100 Offizieren der Wehrmacht getroffen, die für die Übernahme verantwortlicher Aufgaben beim Aufbau der militärisch ausgerichteten Verbände geeignet erschienen.

Die Mitgliedschaft im ehemaligen Nationalkomitee Freies Deutschland und im Bund Deutscher Offiziere war als entscheidendes Kriterium für die Auswahl der Heimkehrer von entscheidender Bedeutung, auf dessen Einhaltung die Sowjets streng achteten. Welche Bedeutung die Aufnahme und Verwendung der fünf Generäle und 100 Offiziere für die sowjetische Besatzungmacht hatte, ließ sich daran erkennen, daß der Präsident der DVdI in einem Schreiben an die SMAD die geplante Verwendung von Generalleutnant Vincenz Müller als Stabschef der Hauptabteilung und den Einsatz von Generalarzt Professor Dr. Werner Schreiber als Generalarzt der Polizei namentlich zur Prüfung anmeldete und die Aufteilung der restlichen drei Generäle und 100 Offiziere auf die Bereitschaften erläuterte.[478] Auch die sowjetische Staatsführung schaltete sich ein und befahl dem Chef der SMAD über dessen telefonische Standleitung nach Moskau, die Ankömmlinge angemessen zu empfangen, in einer Villa außerhalb Berlins unterzubringen und deren Familienangehörige zum Essen einzuladen. Anschließend an das gemeinsame Abendessen teilte Oberst Tjulpanow den deutschen Offizieren mit, daß sich das Leben in der SBZ auf einer „völlig neuen Grundlage entwickelt hätte und die Heimkehrer bald mit Vertretern der SED und der anderen Parteien des antifaschistisch-demokratischen Blocks zusammenkommen würden, die sie noch eingehender mit der Lage und den Schwerpunkten im Kampf um die Festigung der antifaschistisch-demokratischen Verhältnisse vertraut machen werden." Gemeinsam mit den deutschen Gästen wolle die SMAD jetzt beraten und festlegen, „wo diese ihre Kenntnisse und Erfahrungen am sinnvollsten einsetzen und ihrem Wunsch, am Aufbau des neuen Lebens und zur Festigung der antifaschistisch-demokratischen Verhältnisse beizutragen, am besten entsprechen konnten." [479] Mit der kaum mehr geheimzuhaltenden Verwendung ehemaliger Offiziere der Wehrmacht trat der Aufbau von militärisch organisierten Bereitschaften in der SBZ in ein neues Stadium und die anvisierte Zielvorstellung, bis zum Jahresende über 40 kasernierte Verbände verfügen zu können, konnte nun tatsächlich unter großen Kraftanstrengungen realisiert werden.

Auf einer Konferenz in Potsdam kamen am 10. Oktober die bisherigen Maßnahmen über die Reorganisation der Polizei zur Sprache. Ausgehend von der Überzeugung, daß

---

478 SAPMO-DO-1 7/42, Bl. 50 (Schreiben des Präsidenten der DVdI, Fischer, an den Chef der Verwaltung Inneres der SMAD, Generalmajor Gorochow, zur Aufnahme und Verwendung der „5 + 100 Offiziere" vom 14.09.1948).
479 Tjulpanow, Deutschland nach dem Krieg, S. 274 und 275.

in den Westzonen Bürgerkriegsvorbereitungen im Gange seien und alle Konferenzteilnehmer wüßten, daß im Westen „der Stahlhelm aufgezogen wird," und eine „Schwarze
Reichswehr" im Entstehen begriffen sei, beschrieb der Präsident der DVdI die Erfolge
der vergangenen Monate und die Probleme, die sich aus der Wiederverwendung ehemaliger Offiziere aus seiner Sicht ergaben: „Bei der Aufstellung der Polizei galt es, vor
allem die proletarischen Elemente aus den Reihen der fortschrittlichen Schichten der
Arbeiterklasse zu werben... Ein anderer Grund, der kategorisch von uns verlangte, daß
gute, klassenbewußte proletarische Elemente jetzt in die Polizei kommen, war der, daß
wir wußten, ein großer Teil von Heimkehrern aus der Sowjetunion sollte in die Bereitschaften aufgenommen werden, und daß es bei dem Aufbau und der Art und den Aufgaben der Polizei unbedingt notwendig ist, einen Teil militärischer Spezialisten in die
Polizei aufzunehmen, d. h. auch Offiziere und auch ganz hohe Offiziere; denn wir haben
in der Arbeiterklasse und auch in unserer Partei solche Spezialisten nicht, die die Waffenausbildung, die taktische Ausbildung und auch die Versorgung des Nachschubs, der
Intendantur besorgen könnten und die nötigen Voraussetzungen mitbringen. Deshalb
war es notwendig, von vornherein auch Kurs darauf zu nehmen, bestimmte Spezialisten
in diese Arbeit einzuschalten. Das kann man aber nur bedenkenlos, wenn gewisse Voraussetzungen geschaffen sind, einmal durch einen guten sozialen Bestand der Polizei, dann
durch ... den politischen Apparat." Die als Problem empfundene Anwesenheit von „klas-
senfremden Offizieren" sah er dadurch gemildert, daß man in der überwiegenden Mehr-
zahl unter den Heimkehrern auf Soldaten, die früher dem sozialistischen oder kommunistischen Jugendverband angehört hätten oder auf „Kinder von proletarischen Eltern,
aus rein sozialistischen Familien, die in den Lagern bereits Lageraktivisten waren und in
der antifaschistischen Arbeit tätig waren," zurückgegriffen habe. Neben dieser Personengruppe, die „mit Handkuß für die Polizei geworben und aufgenommen" worden war,
ließ er jedoch keinen Zweifel an der Notwendigkeit, auf die ehemaligen Offiziere zurückgreifen zu müssen: „An der Spitze brauchen wir sogar noch vier ehemalige Generale, die
jahrelang in Antifaschulen und in der Gefangenschaft zeigen konnten, daß sie mit ihren
Traditionen gebrochen haben, zum mindesten theoretisch fest im Lager des Fortschritts
stehen. Die erste Zeit ihrer Arbeit zeigt schon, daß sie tatsächlich ehrlich gewillt sind,
alles zu geben und sogar einen Teil dessen gutzumachen, was sie früher in der Führung
der Hitlerarmee mitverschuldet haben."[480] Damit war die Rolle der ehemaligen Offiziere
definiert: Sie blieben ein notwendiges Übel, das der ständigen Kontrolle und Aufsicht
bedurfte.[481] Enttäuscht zeigte sich Fischer über den geringen Rückhalt, den er für die
Aufstellung der Polizeibereitschaften in der Partei vorgefunden hatte und unterstrich die

---

480 SAPMO-BArch, DY 30/IV 2/1/100, Bl. 62 - 71 (Konferenz der Ministerpräsidenten, Landesvorsitzenden der SED und von
    Wirtschaftsfunktionären in Potsdam am 10.10.1948, Redebeitrag Fischer).
481 Wenzke, Auf dem Weg zur Kaderarmee, S. 225.

Bedeutung der Politkulturleiter in den Bereitschaften: „Man sollte als Politkulturstellvertreter, also als Erzieher junger Menschen im Sinne unserer Partei, als diejenigen, die darüber zu wachen haben, daß zu guter letzt nichts passiert, die besten und erprobtesten Leute nehmen, die ihrem ganzen Leben nach die Gewähr dafür geben, daß sie für die Ideen des Sozialismus stehen, die im KZ gewesen sind, oder in Spanien gekämpft haben. Einer, der am Ebro gekämpft hat, mit der Waffe in der Hand, wird auch in der Polizei heute mit jeder beliebigen Lage fertigwerden."[482] Unzufriedenheit äußerte Fischer hingegen über den Stand der politischen Arbeit in den Bereitschaften und führte eine Gehorsamsverweigerung in Leipzig, wo sich Polizisten offenbar geweigert hatten, schwere Maschinengewehre aus sowjetischen Beständen zu übernehmen, auf Mängel in der politischen Erziehung kasernierten Verbände zurück. Auch die Rolle, die die Besatzungsmacht spielte, wurde von dem Leiter der für die Anwerbung der Heimkehrer in den sowjetischen Lagern zuständigen Erich Mielke gewürdigt, der nicht versäumte, darauf hinzuweisen, daß „... die große Arbeit, die hier geleistet wurde, nur dank der großen Unterstützung durch unsere sowjetischen Freunde möglich war. Ich will ehrlich sagen, daß wir selber schwammen und nicht die Kraft hatten, um die Fragen aus eigener Kraft zu lösen." Der Funktionär, der als ehemaliges Mitglied des Spartakusbundes bereits 1921 in die Sowjetunion emigriert und von 1924 bis 1945 Mitglied der KPdSU gewesen war, sah zudem eine langfristige Interessenidentität der Ziele der Besatzungsmacht mit den Vorstellungen der SED und sprach „der Militäradministration und unseren russischen Freunden" den Dank für die geleistete Unterstützung aus.[483] Walter Ulbricht forderte seinerseits, das Tempo bei der Aufstellung der Bereitschaften zu forcieren und ging auch auf die in der westlichen Presse thematisierte Verwendung ehemaliger Offiziere ein, die offensichtlich auch in der Bevölkerung der SBZ nicht unbeachtet geblieben war und führte aus: „Nein, wenn die anderen schreiben: Wir hätten Generale und Obersten, so werden wir ihnen sagen: Was glaubt ihr denn, wie eine Polizei geleitet wird! Wir müssen es als das Selbstverständliche von der Welt darstellen, daß wir wir eine gut ausgebildete Polizei haben." Er plädierte erneut für mehr Offenheit im Umgang mit der von vielen Parteimitgliedern offensichtlich als heikel empfundenen Angelegenheit: „Darüber soll man auch in Gewerkschafts- und Belegschaftsversammlungen ganz offen sprechen, damit die Geheimniskrämerei aufhört und niemand denkt, daß etwas besonderes geschieht. Das ist eine solche staatliche demokratische Selbstverständlichkeit, daß wir in der Presse darüber schreiben und die Bevölkerung in Versammlungen darüber aufklären können."[484] Offensichtlich war die Zeit hierfür jedoch noch nicht gekommen, denn obwohl dem scharfen Beobachter Ulbricht nicht entgangen war, daß die für eine Verwendung vorge-

---

482 *SAPMO-BArch, DY 30/IV 2/1/100, Bl. 65 f.*
483 *Ibid, Bl. 72 f. (Diskussionsbeitrag Mielkes)*
484 *Ibid, Bl. 78.*

sehenen Offiziere von den Sowjets „mit größtmöglicher Aufmerksamkeit und Achtung" behandelt wurden und die Sowjets „ausdrücklich wünschten", daß den Generälen von den deutschen Gesprächspartnern die „größte Aufmerksamkeit und Höflichkeit"[485] entgegenzubringen sei, wurden Einsatz und Tätigkeit der Offiziere beim Aufbau der bewaffneten Formationen offiziell weiterhin geheimgehalten.[486]

Immerhin sah sich der Parteivorstand der SED zwei Wochen später veranlaßt, „die demagogische Ausnützung der gesunden, nach Idealen strebenden Jugend, der Versuch, durch pazifistische und scheinhumanistische Phrasen ihre noch undeutlichen Begriffe von Freiheit, Demokratie und Sozialismus zu verwirren",[487] zu kritisieren und damit eine vorsichtige Neupositionierung in militärpolitischen Fragen vorzunehmen. Im Zuge der sich weiter verschlechternden Beziehungen zwischen den ehemaligen Verbündeten des Zweiten Weltkriegs konnte Pieck bei Stalin Ende Dezember 1948 dessen Zustimmung zur Bildung einer Volkskammer erreichen, wenngleich die im Grundsatz bereits erteilte Erlaubnis Moskaus zur Bildung einer provisorischen ostzonalen Regierung bis nach der als unvermeidlich angesehenen Staatsgründung in Westdeutschland erst einmal ausgesetzt wurde.[488]

In den kommenden Monaten stand konsequenterweise das Bemühen um Sicherung und Ausbau der dominierenden Stellung der SED im künftigen Staatsapparat im Mittelpunkt der SED-Führung.

In diese Richtung wies auch der am 14. Januar 1949 erlassene „Befehl Nr. 2" des Präsidenten der DVdI über die Festigung der seit 15. November 1948 unter der Leitung des ehemaligen Oberleutnants der Wehrmacht und Mitglieds des NKFD, Hermann Rentzsch, stehenden Grenzpolizei: Ausgehend von den Erfahrungen der letzten Monate, die gezeigt hätten, daß der jetzige Personalbestand „in politischer und fachlicher Sicht" nicht den Anforderungen der DVdI entsprach, wurde angeordnet, Angehörige der Grenzpolizei aus dem Polizeidienst zu entfernen, die Angehörige in gerader Linie in den Westzonen hätten, sich in westlicher Kriegsgefangenschaft befunden hatten, mehrfach disziplinar gemaßregelt worden waren, sich moralisch oder charakterlich als unzuverlässig erwiesen hätten, oder als Umsiedler politisch nicht zuverlässig erscheinen würden.[489] Obwohl die Umsetzung des Befehls aufgrund der unklaren Ausführungsbestimmungen und der von vielen Polizisten als willkürlich empfundenen Auswahlkriterien große Verunsicherung in den gerade erst in der Aufstellung befindlichen Verbänden auslöste und die Entlasung von qualifiziertem Personal zu erheblichen Defiziten der Ausbildung führte, gelang es der SED mit dieser Säuberung, eine wichtige Weichenstellung für die langfristige poli-

---

485 SAPMO-BArch, NY 182/902, Bl. 1.
486 Vgl. Wenzke, Kaderarmee, S. 224.
487 Aus der Entschließung des Parteivorstands der SED, 21.10.1948, Text in: Dokumente der SED, Bd. 2, Berlin (Ost) 1951, S. 147.
488 SAMPO-BArch; NY 36/695, Bl. 75 - 78 (Eintrag Piecks am 27.12.1948).
489 BA-MA, DVH 3/7005, Bl. 4 ff., Befehl des Präsidenten der DVdI vom 14.01.1949.

tische Kontrolle des Volkspolizeipersonals vorzunehmen. Damit hatte sich die SED noch vor Gründung der DDR ein zuverlässiges Instrument zur Machtsicherung im Inneren geschaffen und sich gleichzeitig erste Kader für den Aufbau militärischer Formationen verfügbar gemacht.[490] Die als entscheidendes Kriterium für die Zuverlässigkeit der Polizisten angesehene Mitgliedschaft in der SED erreichte innerhalb der inzwischen 20.000 Mann umfassenden kasernierten Bereitschaften mit 100 % für die höhere Laufbahn, 89,4 % in der mittleren und 58,8 % in der unteren Dienstlaufbahn im März 1949 einen Höchststand.[491] Auch die soziale Herkunft der Volkspolizei blieb von Interesse für die SED, die vor allem in dem zwischen Dezember 1947 und September 1949 von 78 auf 85,9 % gestiegenen Anteil von Arbeitern innerhalb der Polizeikräfte größten Wert legte. Mit 2,6 % waren die Bauern, mit 5,2 % die Angestellten und mit 6,3 % „Sonstige" deutlich unterrepräsentiert. Lediglich 8 Volkspolizeiangehörige hatten im März in der Reichswehr als Offizier gedient, wohingegen 84 Polizisten auf eine Karriere als Offizier in der Wehrmacht zurückblicken konnten. Den 117 ehemaligen Unteroffizieren und 70 Mannschaften, die ihre ersten militärischen Erfahrungen in der Reichswehr gesammelt hatten, standen 11.931 Unteroffiziere und 40.736 Mannschaften aus der Wehrmacht gegenüber.[492] Obwohl die ehemaligen Offiziere aus Reichswehr und Wehrmacht ein Drittel der Leitungsfunktionen besetzten, machte ihr Anteil an der Gesamtstärke der Polizeikräfte von lediglich 2,1 % deutlich, daß die SED offenbar nur mit starken Vorbehalten auf dieses Schlüsselpersonal zurückgegriffen hatte und ausschließlich dort eingesetzt hatte, wo es aus Gründen der militärischen Effizienz unvermeidlich erschienen war.

Ulbricht griff dieses Thema auf der Zweiten Staatspolitischen Konferenz im März 1949 auf, als er die „schnellere Heranziehung neuer Kader" anmahnte, wobei er darauf hinwies, daß „in bezug auf die soziale Zusammensetzung die Angehörigen der Arbeiterklasse im Staatsapparat allmählich stärkeren Einfluß gewinnen müssen."

Damit erhielt die Entwicklung personeller Kader in den kasernierten Bereitschaften einen höheren Stellenwert eingeräumt, wenngleich Ulbricht in Abkehr seiner bisher verfolgten Linie es nicht für zweckmäßig hielt, „die Volkspolizei öffentlich hervortreten zu lassen," sondern in der jetzigen Situation „eine solide, gründliche, exakte Ausbildung in jeder Hinsicht" als vorrangig zu lösende Grundaufgabe für die Leitung und Kontrolle des Staatsapparates durch die SED sah.[493]

---

490 Vgl. Ehlert, Hans, Die Hauptverwaltung für Ausbildung (1949 - 1952), in: Im Dienste der Partei. Handbuch der bewaffneten Organe der DDR, hrsg. von Torsten Diedrich, Hans Ehlert und Rüdiger Wenzke, Berlin 1998, S.259.
491 Vgl. Wenzke, Kaderarmee, S. 227.
492 Ibid, S. 226 u. 237.
493 SAPMO-BArch, NY 182/330, Bl. 174 - 176 u. 195 (Schlußwort Ulbrichts auf der Konferenz der Ministerpräsidenten, leitender Funktionäre aus dem Staatsapparat und der Landesvorsitzenden der SED – Zweite Staatspolitische Konferenz der Partei am 13./14.03.1949).

Als Konrad Adenauer am 15. September 1949 zum erstern Bundeskanzler der Bundesrepublik Deutschland gewählt worden war, umfaßten die kasernierten Verbände der Volkspolizei bereits 24 Infanterie-, 8 Artillerie-, 3 Panzer- Bereitschaften, 5 Infanterie-, 3 Artillerie-, jeweils eine Panzer-, Pionier, und Polit-Schule und ein Volkspolizei-Krankenhaus.[494] Nachdem seit Juli verstärkt sowjetische Offiziere als Berater der SMAD eingesetzt worden waren, konzentrierten sich die Bereitschaften vor allem auf die Ausbildung von künftigen Offizieren und Unteroffizieren. Für die Ausbildung der Panzertruppe standen den Bereitschaften in Burg, Pinnow, Großenhain und der Truppenschule Priemerwald allerdings lediglich 19 Kampfpanzer vom Typ T 34/76, 19 Selbstfahrlafetten, 19 Schützenpanzer und 26 Raupenfahrzeuge britischer Herkunft zu „reinen Lehrzwecken" zur Verfügung.[495] Auch die Artilleriebewaffnung, die aus 29 leichten und 23 schweren Feldhaubitzen, 64 mittleren und 23 schweren Granatwerfern bestand, war nicht einsatzbereit und nur für Lehr- und Ausbildungszwecke bestimmt. Zubehör, Erstatzteile und Munition fehlten zu diesem Zeitpunkt gänzlich.[496] Ähnlich schwierig war die Ausbildungssituation an den Infanteriewaffen, wo die Sowjets nicht nur auf 580 Karabiner aus dem Jahr 1888, sondern auch auf 1.594 tschechische, 408 jugoslawische, 39 belgische und 924 polnische Gewehre als Erstausstattung zurückgriffen. Bei der Ausstattung mit Maschinenpistolen wurden den ostzonalen Verbänden teilweise englische, bei den schweren Maschinengewehren polnische Modelle überlassen. Die Bestände an Pistolen sezten sich sogar aus 27 verschiedenen Modellen und Bauarten zusammen.[497] Offensichtlich war militärische Effizienz der ostdeutschen Verbände im Spätsommer 1949 nicht das vorrangige Ziel der SMAD, die peinlich darauf achtete, daß die Ausbildung vor allem an dem schweren Gerät meist nachts und in unzugänglichen Gelände erfolgte und die Panzer weiterhin sowjetische Hoheitsabzeichen trugen. Die ebenfalls im Herbst 1949 anlaufende Ausbildung von ostdeutschen Offizieren, die für eine Kommandeursverwendung vorgesehen waren, fand unter strengster Geheimhaltung in Saratow an der Wolga statt. Selbst die sowjetische Bevölkerung in unmittelbarer Nähe des Lehrgangsortes sollte in dem Glauben gelassen werden, daß es sich bei den Lehrgangsteilnehmern nicht um ostdeutsche Offiziere, sondern um „Monteure" und arbeitsverpflichtete Ingenieure, die ein Zementwerk oder ein Observatorium errichten," handelte.[498]
Die Führungsspitze der SED konnte am 27. September 1949 Stalins Einwilligung zur Gründung eines ostdeutschen Staates erreichen und durchsetzen, daß alle Verwaltungsfunktionen, die bislang von der SMAD ausgeübt worden waren, auf die Regierung der

494 Vgl. BA-MA, DVH 3/2070, Bl. 5, (Bericht über die Entwicklung der Kasernierten Volkspolizei).
495 Ibid, Bl. 42.
496 Ibid, Bl. 35.
497 Ibid, Bl. 36.
498 Vgl. Haase, Roland, Auf dem letzten Lehrgang für Regimentskommandeure in der Sowjetunion, in: Vom kalten Krieg zur deutschen Einheit. Analysen und Zeitzeugenberichte zur deutschen Militärgeschichte 1945 bis 1990, München 1995, S. 75.

Deutschen Demokratischen Republik übertragen wurden. Die weiterhin bestehenden sowjetischen Vorbehaltsrechte sollten nunmehr durch die Sowjetische Kontrollkommission (SKK) wahrgenommen werden.[499] Eine Woche später diskutierte der Parteivorstand der SED das Ergebnis der Moskauer Gespräche Piecks und bewertete die geplante Schaffung eines Staates als Chance, eine „Kampfbasis ... zu schaffen, die es den feindlichen Mächten unmöglich machen soll, ihre Pläne durchzuführen und das deutsche Volk erneut in einen Krieg hineinzutreiben." Durch Besetzung von Schlüsselfunktionen mit Funktionären der SED sollte die Schaffung einer zentralen Staatsmacht zur Verstärkung dieser Kampfbasis genutzt werden. Allerdings übersah der Parteivorstand bei aller Euphorie über die anstehende Staatsgründung nicht, daß zwar die eigenen Gestaltungsmöglichkeiten nun größer geworden waren, jedoch weiterhin in zentralen Fragen staatlicher Existenz Rücksichten auf die Interessen der Sowjetunion zu nehmen waren. Die Ergebnisse der Sitzung zusammenfassend, beschrieb Pieck dem Parteivorstand realistisch die Bedingungen, unter denen die Klärung der Fragen des Staatsaufbaus stattfinden würden: „Wir haben die Hoffnung, daß die SMAD nicht nur damit einverstanden sein wird und das durch eine entsprechende Erklärung zum Ausdruck bringen wird, sondern daß sie auch ihre Funktion in Deutschland grundlegend ändern und auf die Verwaltungsarbeit verzichten wird, daß sie sich lediglich auf die Kontrolle der Durchführung der Maßnahmen in Zukunft beschränken wird, die im Potsdamer Abkommen vorgesehen sind und die sich auf die Beschlüsse stützen, die durch die vier Mächte gemeinsam verfaßt worden sind."[500] Mit der Gründung der DDR am 7. Oktober 1949, der einstimmigen Wahl Wilhelm Piecks zum ersten Präsidenten vier Tage später und der Wahl Otto Grotewohls zum Ministerpräsidenten am 12. Oktober bekamen auch die bisher im vorstaatlichen Stadium verbliebenen Überlegungen und Vorstellungen der SED über die bewaffneten Organe unübersehbar eine neue Dimension. Zwar unterstrich Pieck in seiner Antrittsrede als Präsident, daß eine „Wende der deutschen Geschichte" eingetreten war und „dank der großen Hilfe der Sowjetregierung" die „ersten Schritte der staatlichen Selbständigkeit"[501] getan werden könnten, entwickelte allerdings öffentlich keine sicherheitspolitischen Vorstellungen. Damit befand er sich auf einer Linie mit Otto Grotewohl, der in seiner ersten Regierungserklärung die Überzeugung äußerte, daß Westdeutschland in ein „Aufmarschgebiet für eine neue Aggression" umgewandelt worden sei und in dem „Bonner Separatstaat" einen „Tummelplatz ausländischer und deutscher Imperialisten und Militaristen" erblickte, die die „Durchführung der Entmilitarisierung und der Demokratisierung" verhindert hätten, sich jedoch im außenpolitischen Teil seiner Rede auf die Versicherung

499 Vgl. SAPMO-BArch, NY 36/695, Bl. 103.
500 SAPMO-BArch, DY 30/IV/2/1/62 (22. (36.) Sitzung des PV am 04.10.1949).
501 Vgl. Pieck, Wilhelm, Reden und Aufsätze, Bd. II, Berlin (Ost) 1964, S. 303.

beschränkte, daß die Regierung der DDR „in völliger Übereinstimmung mit den Beschlüssen der Potsdamer Konferenz und den sonstigen gemeinsamen Deklarationen der „" ihren Auftrag erfüllen würde.[502] Immerhin war es der neuen Regierung im bereits im Oktober gelungen, mit der Gründung der Hauptverwaltung für Ausbildung (HVA) innerhalb des Innenministeriums ein zentrales Organ zur Führung der Bereitschaften zu installieren. Mit Berufung des im Spanischen Bürgerkriegs als „General Gomez" bekanntgewordenen Wilhelm Zaisser konnte außerdem ein Funktionär mit militärischer Erfahrung an die Spitze gestellt werden, der das Vertrauen der sowjetischen Berater genoß. Trotzdem sperrte sich die SKK auch weiterhin wiederholt gegen alle vorgebrachten deutschen Bestrebungen, die Ausstattung der kasernierten Bereitschaften mit Panzern und Großgerät zu verbessern.

Zu Ende des ereignisreichen Jahres 1949 zog die HVA eine erste Bilanz ihrer Arbeit. Als besonderer Erfolg wurde gewertet, daß der Anteil der Arbeiter an der Gesamtstärke auf 89 % gesteigert werden konnte und der Anteil der ehemaligen Bauern mit 1,6 % und der ehemaligen Angestellten mit 6,7 % auf die konsequente Umsetzung der bisherigen Rekrutierungsstrategie hinwies. Der Anteil der ehemaligen Wehrmachtoffiziere belief sich in den Bereitschaften auf 0,9 %, der Unteroffiziere und Mannschaften aus der Wehrmacht auf 3,2 %, beziehungsweise 21,1 %.[503] Bemängelt wurde allerdings, daß vor allem Angehörige der Volkspolizei, die von der Grenzpolizei und von den Kreispolizeiämtern übernommen worden waren, „... zu einem großen Teil die Kasernierung, die straffe Disziplin, Befehle und Dienstausführung" abgelehnt hätten. Zum Erstaunen der Führung der HVA vertraten diese Kursanten zudem die Meinung, „daß Befhele (sic!) vor der Ausführung diskutiert werden müßten. Die Urlaubs- und Ausgangsregelung bezeichneten sie als eine Beschränkung ihrer persönlichen Freiheit."[504] Beunruhigt zeigte sich Zaisser vor allem über die in den Bereitschaften festgestellten „pazifistischen Stimmungen", die in der für Polizisten sicherlich bemerkenswerten Aussage „wir wollen nicht mehr Soldat sein"[505] ihren Niederschlag fanden. Unmittelbar nach dem Beginn der Ausbildung an Panzern und Großgeräten sah sich die Partei vor die Aufgabe gestellt, „stärker in Erscheinung tretende pazifistische Gedankengänge zu beseitigen."

Der Weigerung von Kursanten, an Kriegswaffen ausgebildet zu werden und geäußerten Befürchtungen, daß die Ausbildung am Großgerät einen Bruch des Potsdamer Abkommens darstellen könnte, sollte durch verstärkte Aufklärungsarbeit der Partei und der Freien Deutschen Jugend begegnet werden. Hierdurch sollte den Kursanten klargemacht

---

502 *Regierungserklärung Otto Grotewohls vor der Provisorischen Volkskammer der Deutschen Demokratischen Republik, 12. Oktober 1949, Text in: Dokumente der SED, S. 110 - 120 (Dokument 11).*
503 *BA-MA, DVH 1/809, Bl. 37.*
504 *Ibid, Bl. 4. Die Worte „diskutiert" und „persönlichen Freiheit" wurden in der Quelle in Anführungszeichen gesetzt.*
505 *Ibid, Bl. 5.*

werden, „daß es im Kampf um die Erhaltung des Friedens notwendig ist, eine fachlich gut ausgebildete und ausgerüstete VP zu haben."[506] Die Führung der HVA wertete es als Erfolg, daß es im Verlauf des Ausbildungsjahres gelungen war „die pazifistischen Stimmungen auf ein Minimum zurückzudrängen" und stellte mit Befriedigung fest, daß „die überwältigende Mehrheit unserer VP-Angehörigen bereit ist, im Ernstfalle an der Seite der SU zu kämpfen." Mit Befriedigung wurde darauf verwiesen, daß die Weigerung eines Kursanten, einen Panzer zu besteigen, bei dessen Kameraden derart große Empörung ausgelöst hatte, daß dieser in „Schutzhaft" genommen werden mußte und es sich bei der gegenüber früher festgestellten Begeisterung der Polizisten für die Ausbildung am Großgerät um eine „Massenerscheinung" handelte.[507] Als problematisch konnten auch die Zustände innerhalb des Offizierkorps gelten. In einer Reihe von Fällen traten unter den Politkulturoffizieren „sektiererische Einstellungen zu ehemaligen Offizieren der Wehrmacht auf" und ein Volkspolizeikommissar einer sächsischen Bereitschaft machte keinen Hehl daraus, „daß er in jedem ehemaligen Offizier einen Feind der Arbeiterklasse" sah.[508] Besonders bemängelt wurde an der Arbeit der Politkulturoffiziere, daß sie sich „in der Frage der Einführung einer „straffen Disziplin" schwankend gezeigt hätten. Insgesamt wurde die „ungenügende Einsicht in die Notwendigkeit einer engen Zusammenarbeit, kleinliche persönliche Differenzen, sektiererische Einstellung zu ehemaligen Offizieren und kindische Prestigefragen" bemängelt, „worunter die politische und fachliche Ausbildung der Kursanten und Offiziere litt."[509] Auch der Versuch der Politkulturoffiziere, auf Versammlungen in den Bereitschaften auf die Remilitarisierung Westdeutschlands unter Einbeziehung ehemaliger Generale der Wehrmacht als abschreckendes Beispiel hinzuweisen, führte nicht immer zum gewünschten Erfolg. Ein Zwischenruf eines Kursanten, der darauf hinwies, daß der Ausbildungsleiter in Prenzlau ebenfalls zu diesem Personenkreis gehörig sei, führte die Bemühungen, ein Gegenbild zu den Verhältnissen in Westdeutschland zu entwerfen, ad absurdum.[510] Mit Besorgnis registrierte die Führung der HVA, daß Kursanten der Bereitschaft Prora täglich 10 bis 15 Entlassungsgesuche einreichten und das verbotene Abhören westlicher Radiosender in der Bereitschaft Naumburg offenbar „organisiert" durchgeführt worden war. Auch ablehnende Haltung zur Anwesenheit sowjetischer Berater und zur Politik der Sowjetunion wurden sorgfältig registriert.[511]

Mit 78 Desertionen in den ersten drei Monaten ihres Bestehens[512] zeichnete sich für die HVA ein weiteres Problem ab, das die Einsatzbereitschaft der Verbände zusätzlich in

---

506 *Ibid, Bl. 34.*
507 *Ibid, Bl. 35.*
508 *Ibid, Bl. 7.*
509 *Ibid, Bl. 8.*
510 *Ibid, Bl. 7.*
511 *Ibid, Bl. 5.*
512 *Ibid, Bl. 90.*

Frage stellte. Obwohl mit Errichtung des Ministeriums für Staatssicherheit unter der Leitung des bisherigen Chefs der HVA im Februar 1950 unübersehbar wichtige staatliche Kompetenzen an die Regierung der DDR übertragen worden waren und mit der Ernennung von Heinz Hoffmann zum neuen Chef der HVA auch die militärische Ausbildung in den Bereitschaften forciert werden sollte, konnte sich die SKK erst im März durchringen, weiteres Großgerät in ostdeutsche Hände zu geben. Durch die Überlassung von jeweils 141 leichten und schweren Maschinengewehren, insgesamt 162 Granatwerfern, 39 Haubitzen und Zuführung weiterer 2.544 Infanteriewaffen konnte die Ausbildung mit sowjetischer Unterstützung in den Einheiten verbessert werden, wenngleich die Anzahl der Kampfpanzer bis 1952 unverändert blieb.[513] Insgesamt schien die Arbeit der unter Führung des sowjetischen Generals Petrakowsky stehenden SKK im Frühjahr 1950 das Element der Kontrolle über die bewaffneten ostdeutschen Verbände in den Vordergrund zu stellen, denn nicht nur für die Fabrikation von 5.000 Marschkompanten,[514] die Nutzung von Artilleriegeschossen der Wehrmacht für Ausbildungszwecke,[515] die Lizenzerteilung für den Druck topographischer Karten,[516] der Gebrauch von Holzmodellen für Zielübungen ohne Munition[517] und vor allem für Schießvorhaben[518] mußte vom Generalinspekteur der Volkspolizei oder dessen Vertreter die Erlaubnis der SKK eingeholt werden. Über eine eigens eingerichtete telefonische Standleitung[519] wurde die SKK über alle besonderen Vorkommnisse unterrichtet, wobei Meldungen über „Unerlaubte Entfernungen" – 127 Volkspolizisten waren im 1. Quartal des Jahres desertiert –[520] für die Sowjetische Kontrollkommission von großer Wichtigkeit waren und aufmerksam registriert wurden. Auch antisowjetische Parolen in den Unterkünften der Bereitschaften mußten der SKK duch den Chefinspekteur der Volkspolizei unter Aufzählung der dagegen veranlaßten Maßnahmen sofort gemeldet werden.[521] Als besonders kritische Phasen für die Einsatzbereitschaft der Bereitschaften galten die Urlaubsperioden, da das zahlenmäßige Ansteigen der Desertionen von der Führung der HVA gegenüber der SKK mit der „negativen Beeinflussung während der Urlaubszeit" begründet wurde.[522] Trotzdem rang sich die Sowjetunion am 10. Juni 1950 durch, die

---

513 Vgl. BA-MA, DVH 3/2070, Bl. 42.
514 Schreiben des Stabschefs der HVA an die SKK betreffend Fabrikationsgenehmigung von Marschkompassen (sic!) vom 20.01.1950, BA-MA, DVH 1/29, Bl. 18.
515 Schreiben des Generalinspekteurs der HVA an die SKK betreffend der Erteilung einr Genehmigung für den Erwerb von geborgenen Artilleriegeschossen der ehemaligen Wehrmacht vom 15.02.1950, ibid, Bl. 33.
516 Schreiben des Chefinspekteurs der Volkspolizei an die SKK betreffend der Lizenzerteilung von topographischen Karten vom 20.03.1950, ibid, Bl. 75.
517 Schreiben des Chefinspekteurs der Volkspolizei an den Stab/Ausbildungsabteilung betreffend der Anfertigung von Modellen für Sandkastenübungen vom 16.06.1950, ibid, Bl. 153 u. 154.
518 Vgl. Schreiben des Chefinspekteurs der Volkspolizei an die SKK vom 01.04.1950 betreffend Scharfschießen auf Übungsplätzen, ibid, Bl. 84 u. 85.
519 Schreiben des Generalinspekteurs der Volkspolizei an die SKK vom 31.01.1950, ibid, Bl. 27.
520 Vgl. Schreiben des Chefinspekteurs der Volkspolizei an die SKK betreffend „Besondere Vorkommnisse" vom 15.03.1950, ibid, B. 63.
521 Schreiben des Chefinspekteurs der Volkspolizei an die SKK betreffend antisowjetische Propaganda in der Unterkunft der 5. VP-Bereitschaft Sachsen vom 22.06.1950, ibid, Bl. 181.

Durchführung von Kontrollaufgaben an den Grenzkontrollpunkten teilweise an die Volkspolizei abzutreten und gestattete 5 Tage später den Aufbau einer „Hauptverwaltung der Seepolizei" (HVS), die mit Minenräum- und Küstenschutzbooten ausgerüstet wurde. Zeitgleich mit der Aufstellung der HVS kam es zum Abschluß eines Abkommens zwischen dem französischen Gewerkschaftsbund und dem FDGB gegen die Remilitarisierung der Bundesrepublik und für die Erhaltung des Friedens in Europa. Der Beginn des Koreakrieges Ende Juni 1950 leitete auch im Osten Deutschlands eine sicherheitspolitische Bestandsaufnahme ein und lenkte das Interesse der Staatsführung verstärkt auf die künftige Rolle der bereits bestehenden bewaffneten Organe und deren Integration in den nunmehr vorhandenen staatlichen Rahmen.

2.3. Die sicherheitspolitischen Weichenstellungen in der DDR vom Ausbruch des Koreakrieges bis zur Niederschlagung des Volksaufstands am 17. Juni 1953

Der Koreakrieg hinterließ auch in den kasernierten Bereitschaften der DDR Spuren und eine Vielzahl von Gerüchten, die vor allem durch die als vergleichbar eingeschätzte Situation in Korea und in Deutschland hervorgerufen wurden. Es wurde in den Bereitschaften hinter vorgehaltener Hand der Verdacht geäußert, daß „die Hälfte der Volkspolizisten bereits in Korea sei" und in der 6. Volkspolizeibreitschaft zeigte sich ein Volkspolizeimeister im Gespräch mit seinen Kameraden davon überzeugt, daß die Eingliederung der Bereitschaften in die Rote Armee kurz bevorstünde. Der Polizeimeister erklärte öffentlich: „Wir werden bald Rote Armee sein, die Waffen haben wir schon, uns fehlen blos (sic!) noch die Glatzen..."[523] und rief damit offensichtlich ernsthafte Befürchtungen hervor, die von der Führung der Bereitschaften nicht immer erfolgreich zerstreut werden konnten.

Der III. Parteitag der SED, der im Juli 1950 in Berlin stattfand, setzte sich außenpolitisch das Ziel, „den anglo-amerikanischen Block als Kriegstreiber zu entlarven und die breitesten Massen darüber aufzuklären, daß allein dieser Block die Menschheit mit der furchtbaren und massenvernichtenden Atomwaffe bedroht."[524] Die Vorgänge in Korea deutend, stellten die Delegierten fest, daß eine Scheidung der Welt in das Lager der „friedliebenden demokratischen Kräfte einerseits" und das Lager der „imperialistischen, kriegslüsternen Kräfte andererseits"[525] eingetreten sei.

---

522 Schreiben der HVA an die SKK vom 03.02.1950, betreffend „Besondere Vorkommnisse", ibid, Bl. 28.
523 BA-MA, DVH 1/698, Bl. 48. Mit „Glatzen" wurde die in der Roten Armee bei Mannschaften übliche Rasur des Schädels umschrieben.
524 Protokoll des III. Parteitages der Sozialistischen Einheitspartei Deutschlands. 20. bis 24. Juli 1950 in der Werner-Seelenbinder-Halle zu Berlin, 4. und 5. Verhandlungstag, Berlin (Ost) 1951, S. 233.
525 Ibid, S. 225.

Das amerikanische Engagement in Korea wurde als Beweis für die „Gefahr eines neuen Weltbrandes" angeführt und darauf hingewiesen, daß „unter Anwendung brutaler militärischer Gewalt" seitens der USA der Versuch unternommen worden sei, „das koreanische Volk an der Einigung und Befreiung seiner Heimat zu hindern, wobei sie (die USA) sich auf die Merheit der in der UN vereinigten kapitalistischen Länder stützen, die dem Dollarkapital hörig geworden sind."[526] Westdeutschland wurde als „Aufmarschgebiet und Operationsbasis für die amerikanische Aggression in Europa" eingeschätzt und festgestellt, daß in der Bundesrepublik „nazistische Kriegsverbrecher in Generalsuniform (...) mit der Ausarbeitung strategischer Aufmarschpläne betraut und beauftragt (werden) und die westdeutsche Jugend als Landsknechte für den imperialistischen Angriffskrieg auszubilden."[527] Die Schuld an dieser Entwicklung gab der Parteitag hingegen bemerkenswerterweise nicht in erster Linie dem Bundeskanzler, sondern den als „Schumacher, Ollenhauer und Co." bezeichneten sozialdemokratischen Führern in der Bundesrepublik, die „heute die eifrigsten Einpeitscher der imperialistischen Kriegspropaganda und die gehässigsten Verleumder der Sowjetunion und der fortschrittlichen Länder" darstellten und nach Auffassung der SED konsequent die „Politik des Verrats von 1914 und 1918" fortsetzten.[528] Der Parteitag rief dazu auf, den Kampf gegen alle Vorbereitungen der ideologischen Kriegsvorbereitungen zu führen. „Der Kampf gegen Nationalismus und Chauvinismus, gegen Antisowjetismus als die Hauptlosung der Aggressoren, gegen chauvinistische Hetze über die Oder-Neiße-Friedensgrenze und gegen den Kosmopolitismus" wurde als wichtiger Bestandteil des Kampfes um den Frieden beurteilt.[529]
Ambivalent blieb allerdings die sicherheitspolitische Aussage des Parteitages, der sich einerseits dafür aussprach, „die Friedensbewegung allseitig zu verbreitern, dafür zu sorgen, daß Gewerkschaften und Genossenschaften, Organisationen der Frauen und der Jugend, Sport- und Kulturverbände, religiöse und sonstige Organisationen sowie Persönlichkeiten des öffentlichen Lebens in die Friedensbewegung einbezogen werden",[530] andererseits die Partei vor die Aufgabe stellte, „den Kampf gegen den Pazifismus zu führen, der die Friedensanhänger entwaffnet, sowie gegen die Neutralitätstheorie, die das deutsche Volk wehrlos den Aggressoren ausliefert",[531] zu kämpfen.
Der Auftritt einer uniformierten Ehrenformation der Hauptverwaltung Ausbildung auf dem Parteitag deutete an, daß sich die SED ihrer Rolle als Staatspartei sehr bewußt war und auch die bewaffneten Organe als Instrument dieses Staates ansah. Von den Parteitagsdelegierten wurde der Beschluß gefaßt, die „breiten Massen darüber aufzuklären, daß

526 Ibid, S. 228.
527 Ibid, S. 229.
528 Ibid, S. 230.
529 Ibid, S. 233.
530 Ibid, S. 232.
531 Ibid, S. 233.

es im Falle einer Aggression die Pflicht des deutschen Volkes ist, gegen die Aggressoren zu kämpfen und die Sowjetarmee in der Herbeiführung des Friedens zu unterstützen."[532] Mit dem Hinweis darauf, daß mit Gründung der DDR „zum ersten Mal in der Geschichte Deutschlands ein friedliebender deutscher Staat" geschaffen worden sei, während im Gegensatz dazu „alle früheren deutschen Staaten ein Instrument der Eroberungspolitik" gewesen seien und deswegen der „Kampf um einen dauerhaften Frieden oberstes Gesetz der Deutschen Demokratischen Republik"[533] sein müsse, sowie dem klaren Bekenntnis der Delegierten zu den strikten Entmilitarisierungsbestimmungen des Potsdamer Abkommens schien kein Diskussionsbedarf über die künftige Militär- und Sicherheitspolitik mehr zu bestehen.

Der wenige Tage später mit Erlaubnis der SKK gefaßte Beschluß des Zentralrats der Freien Deutschen Jugend, wehrsportliche Interessengemeinschaften zu bilden,[534] deutete jedoch an, daß der vom Parteitag beschlossene Kampf gegen den Pazifismus vor allem in der Jugend konsequent umgesetzt werden sollte.

Diese neue Aufgabe war 5 Jahre nach Ende des Zweiten Weltkriegs alles andere als leicht, denn selbst der Vorsitzende der FDJ, Erich Honecker, wurde bei seinen Diskussionen mit Jugendlichen zu seinem Erstaunen immer wieder mit „weitvebreiteten pazifistischen Anschauungen" konfrontiert.

Die Erläuterungen der FDJ zur marxistisch-leninistischen Auffassung von Krieg und Armee, Erklärungen, daß „Gewehr nicht gleich Gewehr ist, daß vor allem entscheidet, wer es besitzt, zu welchem Zweck, für welche Politik es eingesetzt wird", konnten offensichtlich nicht alle Zweifler überzeugen.

Ebenso konnte auch der Hinweis, „daß auch das deutsche Volk und die Arbeiterklasse ihre progressiven militärischen Traditionen besitzen",[535] nur in geringem Umfang die Bereitschaft der Jugendlichen erhöhen, sich zum Dienst in den kasernierten Bereitschaften zu melden.

Der Beschluß des Parteitags, „die revolutionäre Wachsamkeit zu erhöhen und die bürgerlich-nationalistischen Elemente und alle sonstigen Feinde der Arbeiterklasse und Agenten des Imperialismus, unter welcher Flagge sie auch segeln mögen, zu entlarven und auszumerzen",[536] ließ sich im Sinne der SED in den kasernierten Bereitschaften leichter umsetzen.

Von den Offizieren der HVA gehörten im Juli 1950 92,3 % der SED, 41,9 % der FDJ und lediglich 0,1 % anderen Parteien an und die soziale Herkunft der Offiziere, die sich zu 61,3 % aus der Arbeiterschaft, 0,3 % aus Bauern, 28,7 % aus Angestellten und 9,7 %

532 Ibid, S. 234.
533 Ibid, S. 238 und 239.
534 Vgl. Zeittafel zur Militärgeschichte der DDR, S. 20.
535 Vgl. Honecker, Erich, Aus meinem Leben, Berlin (Ost) 1981, S. 184.
536 Protokoll III. Parteitag, S. 251.

aus „Sonstigen" rekrutierte, wies darauf hin, daß eine gezielte Kaderpolitik betrieben wurde, die den Vorstellungen der SED sehr genau entsprach. Der Organisationsgrad der Unteroffizier und Mannschaften in der SED war mit 52,3 % und 58,4 % in der FDJ beachtlich und vor allem das Kriterium der vorrangigen Rekrutierung der Volkspolizisten aus der Arbeiterschaft mit 80,6 % gegenüber einem Anteil von 0,4 % aus bäuerlichen Familien, 14,7 % aus Angestelltenhaushalten und 4,3 % „Sonstiger" konnte als erreicht angesehen werden.[537]

Die insgesamt 105 Angehörigen der Volkspolizei, die nicht der SED angehörten, rückten im Sommer 1950 verstärkt in das Blickfeld der Parteiorganisation, die „einige positive Mitglieder der LDPD und CDU" zum Parteiaustritt bewegen konnte und die Entlassung der nicht aus den bürgerlichen Parteien ausgetretenen Bereitschaftsangehörigen veranlaßte. Auch von den 51 Mitgliedern der mit dem Segen der SED mit Bedacht als Sammelbecken für ehemalige Offiziere gegründeten National-Demokratischen Partei Deutschlands (NDPD) konnten einige zum Austritt aus ihrer Partei bewogen werden, obwohl mit den Generälen Vincenz Müller, Arno von Lenski und Dr. Otto Korfes, führende Vertreter dieser Partei – Müller war sogar Mitbegründer der NDPD gewesen – Spitzenfunktionen in der HVA ausübten.[538] Offensichtlich wurde die Fachkompetenz der Generäle als unverzichtbar angesehen und die Mitgliedschaft dieser Personengruppe in einer anderen Partei aller ideologischen Bedenken zum Trotz ihrer Bedeutung für die Ausbildung militärisch organisierter Verbände untergeordnet. Alle diese Bemühungen um soziale und ideologische Geschlossenheit konnten jedoch nicht verhindern, daß in den drei Monaten seit Beendigung des Parteitags 218 Volkspolizisten desertierten und sich unter den Deserteuren sogar 18,3 % Mitglieder der SED befanden, die sich durch Flucht nach Westdeutschland dem Dienst in den kasernierten Bereitschaften entzogen.[539]

Erschwert wurde die konkrete Ausformulierung einer ostdeutschen Militärpolitik zusätzlich durch eine Erklärung der Sowjetunion, die in einer Note an die Regierung der Vereinigten Staaten am 10. Oktober 1950 erklärt hatte, daß es sich beim Aufbau der Volkspolizei in Übereinstimmung mit den von der Potsdamer Konferenz angenommenen Beschlüssen nicht um die Aufstellung einer militärischen Formation handelte. Damit mußte sich die Staatsführung der DDR weiterhin unter strengster Geheimhaltung des Themas annehmen, was den Aufbau des am 30. Oktober 1950 vom Chef der HVA befohlenen „Referats zur besonderen Verwendung (Luft)" mit zunächst 19 Offizieren und 7 Unteroffizieren und Mannschaften stark beeinträchtigte und den Beginn der planmäßigen Pilotenausbildung auf sowjetischen Düsenmaschinen bis in den Februar 1952 verzögerte. Aus Tarnungsgründen wurde die mit den Vorarbeiten zur Aufstellung

537 Vgl. BA-MA, DVH 1/809, Bl. 37.
538 BA-MA, DVH 1/698, Bl. 59 (Statistik über VP-Angehörige, die einer anderen Partei als der SED angehören).
539 Ibid, Bl. 90.

einer künftigen Luftwaffe beauftragte Dienststelle als „Zweigstelle Johannisthal der HVA" bezeichnet.[540]

Wie stark sich das Verhältnis zur sowjetischen Besatzungmacht gewandelt hatte, belegte die erstmalige gleichberechtigte Teilnahme des Außenministers der DDR an der Konferenz der sozialistischen Staaten Ende Oktober in Prag.

Die Konferenzteilnehmer sahen den Kurs der Regierungen der Westmächte als eine Politik des offenen Bruchs der Potsdamer Beschlüsse an und forderten ihrerseits die Westmächte auf, eine Remilitarisierung der Bundesrepublik im Interesse der Sicherheit Europas nicht zuzulassen.[541]

Die Beschlüsse der New Yorker Konferenz der Außenminister der drei Westmächte, die die Voraussetzungen für eine Einbeziehung der Bundesrepublik in ein westliches Verteidigungsbündnis im September geschaffen hattten und vor allem der „Pleven-Plan", der zeitgleich mit der Prager Konferenz die Aufstellung westdeutscher Truppen im Rahmen einer europäischen Armee vorsah, deuteten zwangsläufig eine neue Rolle der DDR im sowjetischen Machtbereich an, wenngleich Stalin immer noch nicht bereit war, die Teilung Deutschlands als unumkehrbar anzusehen und sich mit der strikten Trennung der Einflußsphären abzufinden.

Für die HVA bedeutete diese ambivalente Haltung Moskaus, daß die bisherige Struktur der Verbände zugunsten einer Umgliederung nach dem Vorbild eines sowjetischen motorisierten Regiments mit einer Sollstärke von 1800 Mann erfolgte, welche die Ausbildung auf Verbandsebene und das Zusammenwirken der Waffengattungen ermöglichen sollte. Im Gegensatz zu dieser Steigerung der militärischen Effizenz stand die weiterhin aufgeschobene Ausrüstung der neugeschaffenen Verbände mit Großgerät und Kampfpanzern und vor allem die weiterhin der Einzelfallprüfung und der Kontrolle der sowjetischen Berater vorbehaltene Zuführung von Munition. Im Zuge der Umstrukturierung fand die Ausbildung der höheren Offiziere in Kochstedt, die Infanterieausbildung an drei sogenannten „A-Schulen", die artilleristische Ausbildung an der „B-Schule", die Panzerausbildung an der „C-Schule", die Pionier- und Nachrichtenausbildung an den beiden „D-Schulen" statt. Weiterhin standen der HVA nach der Umstrukturierung ab Ende 1950 eine Polit-Schule in Berlin, eine Sportschule in Potsdam, eine Schule für Waffentechnik, eine Kfz-Schule und eine Dolmetscherschule zur Verfügung, die im Folgejahr um eine Flugabwehrschule und eine Schwesternschule ergänzt wurden.[542]

Das Jahr 1951 stand für die HVA ganz im Zeichen der Schaffung eines neuen Offizierkorps, nachdem verschiedene Säuberungswellen gerade bei den Offizieren zu Entlas-

540 BA-MA, DVH 3/2070, Bl. 28.
541 Vgl. Geschichte der Außenpolitik der DDR. Abriß. Hrsg. vom Institut für Internationale Beziehungen, Potsdam-Babelsberg, Berlin (Ost) 1984, S. 61 f.
542 BA-MA, DVH 1/034, Bl. 2 (Befehl zur Reorganisation der VPS und VPB vom 22.11.1950).

sungen aus den bewaffneten Organen geführt hatten, die große qualitative Lücken in der Ausbildungsarbeit hinterließen. Als Richtlinie für die Zulassung zur Offizierlaufbahn wurde festgelegt:

„ *1.* Soziale Lage, vorwiegend Arbeiter

2. Klare politische Einstellung zur DDR

3. Keine Verwandten in Westdeutschland, keine Verwandten 1. und 2. Grades in Westberlin, keine Verwandten in kapitalistischen Ländern, keine Verbindung zu Personen in diesen Gebieten

4. Keine westliche oder jugoslawische Kriegsgefangenschaft

5. Alter zwischen 18 und 25 Jahren

6. Bisher gute dienstliche Führung

7. Bereitschaft zu unbegrenztem Dienst in der VP als VP-Offizier und Interesse an der Ausbildung in einem Offizierslehrgang

8. Voll VP-diensttauglich (...)" [543]

Mittels dieser Richtlinien sollte ein Offizierkorps geschaffen werden, das mit Recht das Prädikat der Einmaligkeit in der deutschen Militärgeschichte verdient, da die Forderung nach Abitur als Voraussetzung für die Einstellung als Offizieranwärter und die bevorzugte Rekrutierung des Offizierkorps aus Offizieren, höheren Beamten und Gutsbesitzern, die sich seit Ende des 19. Jahrhunderts in Deutschland durchgesetzt hatte, in der DDR offensichtlich aufgegeben wurde, während im auffälligen Gegensatz in der Bundesrepublik die Forderung nach Abitur von den militärischen Planern niemals zur Disposition gestellt wurde.

In der Tat rekrutierte sich das Offizierkorps der HVA im Jahr 1951 bereits zu 91,5 % aus der Arbeiterfamilien, der Anteil der Bauern von 2,2 %, der Angestellten mit 3,8 %, der Beamten mit 0,9 % und „Sonstiger" mit 1,6% konnten als zu vernachlässigende Größe gelten. [544]

Die Neuorientierung in der sozialen Zusammensetzung blieb nicht ohne Auswirkungen auf das Gefüge der Streitkräfte, da 88,1 % der Offiziere lediglich über eine achtklassige Volksschulausbildung oder ein noch geringeres Bildungsniveau verfügten, lediglich 10 % der Offiziere die mittlere Reife besaßen [545] und ein gewisser Anteil des Offizierkorps zudem nach Meinung Ulbrichts sogar der Hilfestellung beim Erlernen der deutschen

---

543 BA-MA, DVH 1/046, Bl. 78.
544 BA-MA, DVH 3/3878, Bl. 71 und 72 (Strukturübersicht zum Offizierbestand in der HVA am 30.06.1951).
545 Ibid.

Sprache und der Grundrechenarten bedurfte,[546] wurde unter diesen Bedingungen die Gestaltung einer ernsthaften militärischen Ausbildung zu einem Problem, daß sich aufgrund der Tatsache, daß sich unter den Unteroffizieren und Mannschaften zudem noch ein großer Prozentsatz von Analphabeten befand, verschärfte.[547]

Dementsprechend unverzichtbar für eine effiziente militärische Ausbildung blieben die insgesamt 431 ehemaligen Offiziere der Wehrmacht, die zusammen mit 956 Unteroffizieren und 2.004 Mannschaften zwar lediglich ein Drittel des Offizierskorps stellten, aber aus denen sich mit Vincenz Müller als Stabschef, einem Hauptabteilungsleiter, 11 Abteilungsleiter, 17 Bereitschafts- und Schulleitern, 22 Hauptfachlehrern und vielen weiteren Stabsoffizieren das Schlüsselpersonal bildete,[548] das allein in der Lage war, einen den Anforderungen entsprechenden Mindeststandard zu sichern.

Obwohl die geringe Anzahl der ehemaligen Offiziere aus der Wehrmacht durch die Vervierfachung des Offizierkorps auf 11.556 Mann bei einer Truppenstärke von lediglich 52.006 Mann im Laufe des Jahres kaum noch zahlenmäßig eine Rolle spielten und der überhohe Offizieranteil an der Gesamttruppenstärke von 22,2 %[549] – die westdeutschen Planer eines künftigen Verteidigungsbeitrages gingen zu diesem Zeitpunkt von einem von den Alliierten vorgegebenen Offizieranteil von 6 % der Gesamtstärke des deutschen Kontingents aus und empfanden bereits diesen Anteil als groß[550] – die Befehlsgewalt und die Rolle des einzelnen Offiziers im Vergleich zur Vergangenheit stark relativierte, bildeten die ehemaligen Offiziere eine von der politischen Führung der HVA mit Mißtrauen begegnete Sondergruppe. Besonders offensichtlich wurde das schwierige Verhältnis im Umfeld der Chefs der HVA, der bemängelte, daß es seinem Stabschef und den anderen Generälen aus der Wehrmacht offensichtlich sehr schwer viel, zu akzeptieren, daß die neuen Offiziere „in ihre neuen, ungewohnten Aufgaben erst hineinwachsen" mußten und vor allem hinsichtlich des Bildungsstandes nicht mit dem Offizierkorps der kaiserlichen Armee, der Reichswehr und der Wehrmacht zu vergleichen waren. Insgesamt kamen Hoffmann und seine nähere Umgebung zu der Bewertung, daß sich die Auffassungen der Generäle „nicht mit den Schwierigkeiten des sozialistischen Aufbaus vertrugen" und diese Gruppe seiner Einschätzung nach „noch lange mit den Gepflogenheiten und Privilegien der Offiziere in bürgerlichen Armeen verbunden" blieb.[551]

Vor allem der Umstand, daß die politischen Funktionäre der HVA in allen Befehlen gleich welchen Inhalts die Beschlüsse der Partei widergespiegelt sehen wollten, stieß auf

546 BA-MA, DVH 3/2066, Bl.4.
547 Vgl. SAPMO-BArch, DY 30/IV 2/1/57, Bl. 67.
548 BA-MA, DVH 3/034, Bl. 8 (Jahresbericht über die Durchführung und den Stand der Ausbildung der HVA 1951 vom 29.12.1951).
549 Ibid.
550 Vgl. Das deutsche Offizierkorps 1860 -1960. Hrsg. von Hanns Hubert Hoffman in Verbindung mit dem Militärgeschichtlichen Forschungsamt, Boppard am Rhein 1978, S. 375. In der kaiserlichen Armee und in der Reichswehr lag der Offizieranteil bei 4%, bei der Wehrmacht am Schluß des Zweiten Weltkrieges steigerte sich der Anteil der Offiziere auf 6 % des Gesamtkontingents.
551 Vgl. Hoffmann, Moskau, Berlin, S. 313.

Unverständnis der Offiziere, die ihren Dienst offensichtlich mehr als militärische Aufgabe verstanden und sich zudem sicher sein konnten, daß sie unter den geschilderten Bedingungen unersetzliche Experten waren, die sich im Gegensatz zu dem neugeschaffenen Offizierkorps, dessen Defizite den sowjetischen Beratern keinesfalls verborgen geblieben waren, der uneingeschränkten Wertschätzung und Anerkennung ihrer sowjetischen Pendants sicher sein konnten.

Es war sicherlich kein Zufall, daß Hoffmann, der sich zu dieser Zeit verstärkt mit den militärischen Schriften Lenins auseinandersetzte bei seinem Versuch, sich andessen Lehren zu orientieren, auf ein Zitat des Revolutionsführers stieß, welches das bürgerliche Militärwesen beschrieb. Ausgehend von „wertvollen militärischen Erfahrungen" der bürgerlichen Militärs hatte Lenin darauf hingewiesen, daß „es Übles in den Erfahrungen mit den schlechtesten Elementen unter den Militärs" gebe und rechnete hierzu vor allem die Überheblichkeit.[552] Eine weitere Lehre Lenins, die der Chef der HVA offensichtlich ebenfalls auf die Situation in den bewaffneten Organen bezog, wollte Hoffmann durchsetzen, nämlich „die Rekrutierung des Offizierkorps aus den Reihen der Arbeiterklasse und die unablässige Erziehung der Offiziere durch die Partei, vor allem jener, die nicht unmittelbar aus der Arbeiterklasse hervorgegangen waren."[553]

Hierbei bezog er sich auf eine Aussage Lenins vom Dezember 1918: „Wenn wir jetzt eine Armee haben, in der Disziplin herrscht, begründet auf den Parteizellen, die es in jedem Regiment gibt, und wenn die meisten Offiziere jetzt Offiziere sind, die aus der Arbeiterschaft kommen und keine Herrensöhnchen; wenn das Offiziere sind, die verstanden haben, daß die Arbeiterklasse den Staat regieren und auch die roten Offiziere stellt, dann wird die sozialistische Armee eine wirkliche sozialistische Armee sein mit einem durch die roten Offiziere erneuerten Offizierkorps."[554] Dieser Linie folgend, stellte die HVA die „Schaffung und Entwicklung eines festen, der Partei und der Regierung treu ergebenen bewaffneten Organes, dessen Kommandobestand über hohe fachliche Qualifikationen verfügen muß"[555] in den Mittelpunkt des Ausbildungsjahres 1951/52. Im Mittelpunkt der „gesamten ideologischen Erziehungsarbeit" stand für die Führung der HVA „die Liebe zur Heimat und der Haß gegen die Feinde unserer Heimat," womit die Delegierten der Parteikonferenz vorrangig die „schändliche Erscheinung der Desertierung" – in diesem Zusammenhang fand Erwähnung, daß allein in einer Dienststelle 28 Volkspolizisten „zu Verrätern an den Interessen unseres Volkes wurden und nach dem Westen desertierten" – bekämpfen wollten. Als entscheidend für den Erfolg der Arbeit in der

552 Lenin, Über die Gewerkschaften, Werke, Bd. 32, Berlin (Ost) 1963, S. 21.
553 Vgl. Hoffmann, Heinz, Von Lenin lernen, wie man kämpft und siegt. Referat vor leitenden Politkadern der Nationalen Volksarmee in Brandenburg, 11.12.1969, in: Sozialistische Landesverteidigung. Aus Reden und Aufsätzen 1963 bis Februar 1970, Teil II, Berlin (Ost) 1971, S. 920 f.
554 Lenin, Rede auf einer Arbeiterkonferenz des Moskauer Stadtbezirks Presnaj, Werke, Bd. 29, Berlin (Ost) 1959, S. 371.
555 BA-MA, DVH 1/696, Bl. 26 (Protokoll der IV. Parteikonferenz der SED im Dienstbereich der HVA vom 15. - 16.03.1952).

HVA wurde die „hundertprozentige Anerkennung der Überlegenheit der uns von den Freunden (den sowjetischen Beratern) vermitelten fachlichen und technischen Lehren"[556] angesehen, was die starke Fixierung auf die Vorgaben der Besatzungmacht zusätzlich unterstrich. Als problematisch für die Umsetzung ihrer Vorstellungen galten den Konferenzteilnehmern „starke pazifistische Tendenzen", die dazu geführt hätten, daß Angehörige der HVA sich unzufrieden über die Tatsache, daß sie an Waffen ausgebildet wurden, äußerten und es zudem mehrfach sogar zur Verweigerung des Dienstes an Waffen gekommen sei. Vor allem nach dem Urlaub schienen die Volkspolizisten „stärker beeinflußt von diesen pazifistischen Tendenzen" zu sein und konnten sich offenbar nicht den von „außerhalb der Dienststellen" an sie herangetragenen derartigen Tendenzen in der von der Führung der SED gewünschten Art und Weise befreien.

Der erarbeitete Lösungsvorschlag für dieses Problemfeld spiegelte das Dilemma der HVA, deren Aufgaben weiterhin unter strengster Geheimhaltung wahrgenommen werden sollten und die durch verbalen Antimilitarismus der SED geförderte Tendenz zur entschiedenen Ablehnung militärischer Organisationen in der Bevölkerung vor ernste Probleme gestellt war, wider: „Wenn uns auch die Notwendigkeit einer antimilitaristischen Friedenspropaganda klar ist, und wir eine solche sogar auch bei uns in der Hauptverwaltung für Ausbildung führen, so ist doch sehr oft die Form und manchmal auch der Inhalt der offiziellen antimilitaristischen Propaganda außerhalb der Hauptverwaltung für Ausbildung für die Erziehung von kämpferischen Patrioten und Waffenträgern nachteilig."[557] Solchen Tendenzen sollte auch durch stärkere Einbeziehung der Partei in den Dienstablauf der Bereitschaften entgegengetreten werden. Insgesamt 1.602 Parteiverfahren wurden zwischen Januar 1951 und Februar 1952 innerhalb der HVA angestrengt, die zu insgesamt 542 Parteiausschlüssen führten. In 64 Fällen führte „Versöhnlertum, Pazifismus, Objektivismus, Sozialdemokratismus", in 75 Fällen „Ablehnung der Politik der DDR", in 38 Fällen „feindliche Haltung zur Sowjetunion", in 14 Fällen „Nichtanerkennung der Oder-Neiße-Friedensgrenze und Hetze gegen die Volksdemokratien", in 7 Fällen die „Verbreitung von RIAS-Meldungen", in 80 Fällen „unmoralisches Verhalten", in 48 Fällen „Desertionen", in 88 Fällen „dienstliche Vergehen", in 8 Fällen „Agententätigkeit", in 25 Fällen „Verluste von Parteidokumenten" und in 95 Fällen „kriminelle Vergehen" zur Entlassung von Parteimitgliedern aus den bewaffneten Organen. Insbesondere der „antisowjetischen Hetze" sagten die Delegierten den Kampf an und mahnten „auf das Schärfste" die Bekämpfung „auch der kleinsten Äußerung" an.[558] Trotz der aufgetretenen Probleme zeigte sich die Führung der HVA überzeugt, daß die gesteckten Ausbildungziele – Angriff und Verteidigung eines mechanisierten Infanterie-

---

556 Ibid, Bl. 36.
557 Ibid, Bl. 47.
558 Ibid, Bl. 215.

regiments und verstärkte Befähigung der Verbände zur Panzerabwehr[559] – erreicht worden waren. Walter Ulbricht sah sich veranlaßt, die Konferenzteilnehmer auf ihre „große Aufgabe" hinzuweisen, „... die sie haben in einer künftigen deutschen Armee, wo sie sicher auch etwas zu bestimmen haben."[560] Damit war die Marschrichtung der weiteren Entwicklung der kasernierten Bereitschaften in ungewohnter Eindeutigkeit der Begrifflichkeiten vorgegeben, wenngleich Ulbricht sehr genau wußte, daß das hierfür notwendige Placet Stalins noch nicht vorlag und auch die angesprochenen Widersprüchlichkeiten zwischen dem in der Bevölkerung auf breite Zustimmung stoßenden verbalen Antimilitarismus der DDR-Führung und dem in Angriff genommenen Vorhaben, eine Armee aufzustellen, nicht gelöst war. In der Tat zeigten die Sowjets zu diesem Zeitpunkt keinerlei Interesse, durch Zuführung von Großgerät und Kampfpanzern den Ausbau der HVA in Richtung regulärer Streitkräfte zu unterstützen, obwohl der Präsident der DDR nach Rücksprache mit der SKK sich einstweilen vor allem darum bemühte, die sich abzeichnende Einbeziehung Westdeutschlands in die Verteidigung Westeuropas zu verhindern. Hierzu erschien am 11. August ein „Weißbuch über die amerikanisch-englische Interventionspolitik in Westdeutschland und das Wiedererstehen des deutschen Imperialismus", das den angeblich fortschreitenden Prozeß der Remilitarisierung in der Bundesrepublik und die sich daraus ergebenden Gefahren für den Frieden in Europa dokumentieren sollte und die Bevölkerung der DDR gleichzeitig über den „fortschrittlichen Charakter der Organisation des bewaffneten Schutzes der Gesellschafts- und Staatsordnung der DDR" aufklären sollte.[561]

In einem öffentlichen Briefwechsel mit Bundespräsident Heuß warnte Pieck im November 1951 vor den Gefahren, die sich seiner Meinung nach aus der Einbeziehung in den Nordatlantikpakt und der Remilitarisierung Westdeutschlands ergeben könnten[562] und zeigte sich im ganzen Jahr 1951 bemüht, den Fortgang der Aufstellung regulärer ostdeutscher Streitkräfte offiziell nicht zu erwähnen. Obwohl in diesem Jahr 395 Angehörige der Volkspolizei desertierten und sich unter den Deserteuren sogar 73 Offiziere befanden, galten die Verbände nach Einschätzung der SED zum Jahresende 1951 dennoch als „einsatzbereit" und wurden für die weitergehenden sicherheitspolitischen Ziele der Staatsführung als geeignet betrachtet.[563]

Im Frühjahr 1952 stand der Kampf gegen die Ratifizierung des Deutschlandvertrags durch die Regierung Adenauer im Mittelpunkt der Politik der DDR-Führung. Dies lag

559 BA-MA, DVH 1/625, Bl. 1 - 234 (Lektionen über Schützenregimenter im Angriffs- und Verteidigunskampf, Panzerabwehr, Besonderheiten des Kampfes bei Nacht und Nebel, November 1951 - Mai 1952).
560 BA-MA, DVH 1/696, Bl. 156.
561 Vgl. Zeittafel, S. 26.
562 Pieck, Wilhelm, Zwei Briefe an den Präsidenten der Bundesrepublik, Prof. Heuß, in: Reden und Aufsätze, Bd. III, Berlin (Ost) 1954, S. 219 - 220.
563 Vgl. BA-MA, DVH 3/034, Bl. 17 und 27.

offensichtlich auch im sicherheitspolitischen Interesse der Sowjetunion, die vorrangig die Eingliederung der Bundesrepublik in den Westen verhindern wollte und auch bereit war, hierfür einen hohen Preis zu zahlen: In seiner Note vom 10. März 1952 stellte der sowjetische Staatschef die ganze DDR zur Disposition, als er in seiner Note an die drei Westmächte die Wiederherstellung der Einheit Deutschlands bei gleichzeitiger Erlaubnis an die Deutschen, Land-, Luft- und Seestreitkräfte aufzustellen vorschlug und sogar den Abzug der Besatzungsmächte und den Beitritt Deutschlands zu den Vereinten Nationen in Aussicht stellte.

Die zusätzlich gestellten Bedingungen, daß das künftige Deutschland auf die Anerkennung der Oder-Neiße-Grenze verpflichtet und auf den Abschluß von Koalitionen und Militärbündnissen, die sich gegen einen Kriegsgegner Deutschlands aus dem Zweiten Weltkrieg richteten, verzichten mußte, sollten die bewaffnete Neutralität Deutschlands im sicherheitspolitischen Interesse der Sowjetunion garantieren. Mit diesem Vorschlag aus Moskau war der ganze bisher mit Hilfe der Sowjetunion etablierte Staatsapparat der DDR in Frage gestellt. Dementsprechend schätzte die Staatsführung den vorgeschlagenen Weg als „Risiko" für die DDR ein und es wurde im engsten Kreis die Befürchtung geäußert, daß die Sowjetunion die DDR preisgeben könnte, wenn sie auf diese Art die von ihr als Bedrohung empfundene Remilitarisierung Westdeutschlands auf der Seite des Westens zu verhindern konnte.[564] Aus eigener Erfahrung wußte die Funktionärsgruppe um Pieck und Ulbricht, daß Stalin Wahrnehmung sicherheitspolitischer Interessen der Sowjetunion sowohl bei der Zusammenarbeit zwischen Roter Armee und Reichswehr zwischen 1922 und 1933, als auch beim Abschluß seines Paktes mit Hitler im August 1939 nicht im geringsten Rücksicht auf die damalige KPD und deren Anhänger genommen hatte. Vielmehr hatte sich der sowjetische Staatschef bereit gezeigt, alle ideologischen Gemeinsamkeiten mit den deutschen Genossen im Zweifelsfall den militärischen Interesse der Sowjetunion unterzuordnen.

Die Verleihung des Ehrennamens „Deutsche Kommunistische Partei" an eine Division der Roten Armee und die Ernennung Piecks zum Ehrensoldaten der Roten Armee im Mai 1932[565] waren sicherlich symbolträchtige Vorgänge aus der Vergangenheit, die zwar ideologische Gemeinsamkeiten in der Militärpolitik zwischen KPD und der KPdSU unterstrichen hatten, aber in letzter Konsequenz hatten sie keinen verbindlichen Schulterschluß in der Sicherheitspolitik dargestellt und bedeuteten keinen Wechsel auf die Zukunft.

Die scharfe Ablehnung des Vorschlags durch die Westmächte und die aktive Rolle, die Adenauer hierbei zukam, führten in sowjetischen Diplomatenkreisen allerdings sehr bald

564 Vgl. Loth, Stalins ungeliebtes Kind, S. 182.
565 Voßke, Wilhelm Pieck, S. 145 f.

zu der Überzeugung, daß weder die Unterzeichnung des Deutschlandvertrags, noch die langfristige militärische Eingliederung der Bundesrepublik in den Nordatlantikpakt durch die Sowjetunion verhindert werden konnten. Die SED-Führung, die sich vom 23. März bis 10. April zur Erörterung der Angelegenheit in Moskau aufhielt, äußerte sich gegenüber Stalin ebenfalls davon überzeugt, daß sich Westdeutschland bald militärisch an der Seite der USA befinden werde und pries ihrerseits den ostdeutschen Staat als Plattform zum Kampf gegen die Politik Adenauers an. Unter dem Eindruck des sich entgegen sowjetischer Anstrengungen immer fester formierenden westlichen Lagers rückte der Ausbau der DDR als militärischer Bündnispartner verstärkt in den Mittelpunkt der sicherheitspolitischen Erwägungen Stalins.

Als Präsident Pieck als Delegationsleiter am 1. April 1952 vorsichtig die Frage vortrug, ob nunmehr „Schritte zur Bildung einer Volksarmee statt Polizei" in der DDR durchgeführt werden sollten, stellte Stalin umgehend klar, daß er nicht an den von seinem ostdeutschen Gegenüber vorgeschlagenen „Schritten", sondern vielmehr an einer umfassenden Bewaffnung des ostdeutschen Staates interessiert war: Eine in 9 oder 10 Korps mit 30 Divisionen gegliederte und insgesamt 300.000 Mann umfassende Armee deren Ausbildung durch die Sowjetunion sichergestellt werden sollte, schwebte ihm vor, wobei die ostdeutschen Streitkräfte sich seiner Meinung nach nicht allein aus Heeresverbänden, sondern auch aus modernen Marine- und Luftstreitkräften zusammensetzen sollten. Pieck wurde zudem dahingehend orientiert, daß die sowjetische Seite an einer sofortigen Aufstellung interessiert sei, wobei als Begründung für die plötzliche Eile die Gefährlichkeit der Demarkationslinie zwischen den beiden deutschen Staaten angeführt wurde, die nach Meinung des Kreml die Gefahr „terroristischer Akte" in sich barg.

Stalins plakativer Auftrag an die ostdeutsche Delegation, „ohne Geschrei" eine Volksarmee zu schaffen,[566] zerstreute endgültig die latent vorhandenen Ängste der ostdeutschen Staatsführung, von Stalin zu Gunsten weiterreichender gesamtdeutscher Interessen fallen gelassen zu werden und deutete an, daß die Sowjetunion in der DDR zunehmend einen Bündnispartner sah, der die durch die als sicher geltende Einbeziehung des westdeutschen Militärpotentials an der Seite des Westens eintretende Verschiebung des konventionellen Kräftegleichgewichts zugunsten der USA relativieren konnte.

Bei der Umsetzung des Auftrags, die militärische Landesverteidigung zu organisieren, hatte Stalin seinen ostdeutschen Gesprächspartnern vorgeschlagen, einen „Jugenddienst" zu bilden und eine effiziente vormilitärische Ausbildung der Jugendlichen zu organisieren, um auf dieser Grundlage die Aufstellung militärischer Verbände zu beschleunigen und die Ausbildung effizienter zu gestalten.[567]

---

566 SAPMO-BArch, NY 36/696, Bl. 12 - 15 und Bl. 26 - 29 (Einträge Piecks am 01. und 07.04.1952).
567 Ibid, Bl. 21 - 27.

Kurz nach der Rückkehr aus Moskau einigten sich Pieck, Ulbricht und Grotewohl mit der SKK, eine Organisation mit dem Namen „Schutz der Heimat" zu bilden, in der Jugendliche eine vormilitärische Ausbildung erhalten sollten. Allerdings wurde trotz dieser eindeutigen Zielsetzung Wert darauf gelegt, daß diese Organisation, die von einer Kommission unter dem Vorsitz des Chefs der HVA geführt wurde, die zivile Bezeichnung „Gesellschaft für Sport und Technik" (GST) erhielt.

Der FDJ war die Aufgabe zugedacht, die Aktivitäten der GST zu unterstützen und bestehende Vorbehalte der Jugend – von Ulbricht in einer Besprechung mit Kreissekretären am 14. April wurde dieser Auftrag als „vorrangige Aufgabe" bezeichnet – zu zerstreuen. Zugleich schärfte Ulbricht den Funktionären ein, daß es seiner Meinung nach zu diesem Zeitpunkt" nicht notwendig erschien, in der Presse „ausführlich über interne Parteiargumentationen zu berichten"[568] und er offensichtlich ebenfalls nicht gewillt war, die strikte Geheimhaltung der militärpolitischen Überlegungen aufzugeben.

Diese Linie wurde aber nicht lange eingehalten, denn bereits auf dem IV. Parlament der FDJ erläuterte Präsident Pieck kaum einen Monat nach der Besprechung der Kreissekretäre den Jugendlichen, daß sich die DDR weiterhin als „Feind des preußisch-deutschen Militarismus" betrachtete, stellte jedoch nunmehr das Bekenntnis „zum bewaffneten Schutz unserer demokratischen Errungenschaften und unserer Deutschen Demokratischen Republik" in den Mittelpunkt seiner Ausführungen.[569] Am Ende der Veranstaltung übernahm die FDJ die Patenschaft über die bewaffneten Kräfte und die Delegierten stellten in einer Resolution fest, daß der Dienst „in den bewaffneten Kräften unserer Republik für jedes Mitglied der Freien Deutschen Jugend Ehrendienst an der Nation" sein sollte.[570]

Mit der Zuführung von 100 Kampfpanzern vom Typ T 34/76 und 150 Selbstfahrlafetten SFL 76 im Mai[571] setzte die Sowjetunion ein Zeichen, daß die bisher an den Tag gelegte Zurückhaltung bei der Ausstattung der kasernierten Bereitschaften endgültig der Vergangenheit angehörte und Stalins Aufforderung an die Staatsführung der DDR, mit sowjetischer Billigung und Unterstützung eine Volksarmee aufzustellen, offensichtlich sehr schnell eine politische Realität geworden war.

Die grundlegende Änderung der Situation berücksichtigend, wandte sich die SED-Führung am 2. Juli in einem Brief an den sowjetischen Staatschef, in dem dieser um Zustimmung zu den weitreichenden Zielen der führenden ostdeutschen Politiker der SED gebeten wurde: Ausgehend von der Feststellung, daß sich die DDR von der „antifaschistisch-demokratischen Ordnung zur demokratischen Volksmacht, zur Volksdemokratie

568 Ibid, Bl. 301 u. 302.
569 Pieck, Wilhelm, An die Jugend, S. 213.
570 Dokumente der Geschichte der FDJ, Bd. 2, Berlin (Ost) 1981, S. 437.
571 BA-MA, DVH 3/2070, Bl.42.

entwickelt (habe)", sollte es nun die Aufgabe der SED sein, „die Arbeiterklasse und die Werktätigen auf dem Wege des Aufbaus des Sozialismus vorwärtszuführen."[572] Die Schaffung des Sozialismus wurde als unverzichtbare Basis für die „Sicherung der Deutschen Demokratischen Republik gegen feindliche Sabotage- und Diversionsmaßnahmen und für die Organisierung der bewaffneten Streitkräfte"[573] angesehen und damit ein unmittelbarer Zusammenhang zwischen der Entwicklung der Streitkräfte und der Festigung der volksdemokratischen Ordnung geschaffen.

Unmittelbar im Anschluß an die auf Beschluß des Politbüros erfolgte Umbenennung der HVA in „Kasernierte Volkspolizei" (KVP) im zweiten Quartal 1952[574] wurde zudem eine neue Phase in der militärischen Ausrichtung der Verbände eingeleitet.

In den folgenden zwei Monaten konnte die Kasernierte Volkspolizei mit Hilfe der Besatzungsmacht ihren Bestand an Kampfpanzern um 361 T 34/85, 15 weiteren Panzern des Typs T 34/T, insgesamt 109 Selbstfahrlafetten unterschiedlichen Typs, 47 Haubitzen und 115 Panzerspähwagen BA/64[575] erheblich erhöhen und durch die Erhöhung der Beweglichkeit und Feuerkraft der Verbände ein nicht zu unterschätzendes militärisches Potential entwickeln, das bei Bedarf die Grundlage weitergehender militärpolitischer Maßnahmen bilden konnte.

Die Unterzeichnung des im offiziellen Sprachgebrauch der DDR als „Generalkriegsvertrag" bezeichneten Deutschlandvertrags durch die Regierung Adenauer und deren verteidigungspolitische Ambitionen im Rahmen der Europäischen Verteidigungsgemeinschaft stärkten die Rolle der SED im sicherheitspolitischen Kalkül Stalins, der unter dem Eindruck der internationalen Entwicklung vor allem die militärische Sicherung der Ostflanke des unter sowjetischen Einfluß stehenden Teils Europas garantiert wissen wollte. Dementsprechend wurde der Kurs der SED, den planmäßigen Sozialismus in der DDR aufzubauen, in Moskau abgesegnet und Präsident Pieck konnte gemeinsam mit Ministerpräsident Grotewohl auf der 2. Parteikonferenz der SED am 9. Juli 1952 in Berlin den begeisterten Delegierten verkünden, daß der Aufbau des Sozialismus in der DDR nunmehr zur „grundlegenden Aufgabe der Partei"[576] geworden war. Auf die Zeitspanne seit 1946 zurückblickend, sah Pieck in seinem einleitenden Referat die Arbeit der SED durch die Erfolge in wirtschaftlichen Entwicklung bestätigt und wies darauf hin, daß sich der Zuwachs an Vertrauen der Partei in der Bevölkerung seiner Überzeugung nach auch in „... der immer größer werdenden Aktivität aller Volksschichten im Kampf um den Frieden und um den Schutz unserer Heimat"[577] äußerte. Dementsprechend setzte

572 SAPMO-BArch, DY 30 J IV 2/2/218.
573 Deutschland-Archiv, Bd. 24, S. 698.
574 BA-MA, DVH 3/2070, Bl. 2.
575 Ibid, Bl. 43.
576 Protokoll der Verhandlungen der II. Parteikonferenz der Sozialistischen Einheitspartei Deutschlands, Berlin (Ost) 1952, S. 492.
577 Ibid, S. 15.

sich der Parteikongreß primär mit Fragen der weiteren Festigung der Staatsmacht, deren Organe als „Hauptinstrumente beim Aufbau des Sozialismus"[578] dienen sollten und unter denen die bereits bestehenden Verbände der Kasernierten Volkspolizei naturgemäß eine herausragende Rolle als staatliches Machtpotential einnahmen. Pieck begründete in der Diskussion in Abkehr der bislang gültigen Linie der Geheimhaltung aller militärpolitischen Überlegungen die Notwendigkeit der Schaffung bewaffneter Streitkräfte: „Wir sollen wohl verstehen, wenn die Deutsche Demokratische Republik schwach und ungeschützt ist, wenn sie keine Verteidigung zu schaffen vermag, so wird sie zu einer Verlockung für die Aggressoren werden, die auf leichte Beute aus sind."[579] In der Stärkung der DDR durch eigene Streitkräfte sah Pieck eine Möglichkeit, die Bonner Regierung zu einer Verständigung über gesamtdeutsche Wahlen zwingen zu können und warnte die Delegierten davor, die Bildung ostdeutscher Streitkräfte hinauszuschieben: „Kein einziges Volk wird seine Regierung achten, wenn sie angesichts der Gefahr einer Aggression nicht eine zuverlässige Verteidigung ihres Landes organisieren würde."[580] Der Präsident der DDR versicherte, daß man seitens der DDR keinen Krieg wünsche und vielmehr alles zu dessen Verhinderung tun wolle.

Auf die internationale Lage eingehend, stellte er unmißverständlich und mit bis dahin unbekannter Deutlichkeit fest: „Aber eben um den Imperialisten die Lust an Kriegsabenteuern im Herzen Europas zu nehmen, müssen wir unsere eigenen starken nationalen Streitkräfte schaffen, die alle Waffen der modernen Kriegstechnik zu Lande, zu Wasser und in der Luft beherrschen." Auch über die Zusammensetzung und die Art der Ausbildung in den Streitkräften konkretisierte Pieck seine Vorstellungen, ohne allerdings auf die bisher geleistete Aufbauarbeit für das künftige Militär im Rahmen der Kasernierten Volkspolizei einzugehen:

Die künftigen ostdeutschen Soldaten sollten seiner Ansicht nach von „dem großen Vorbild der Sowjetarmee von der großen Idee der Verteidigung der Freiheit und Unabhängigkeit unserer Republik durchdrungen sein. Sie müssen erzogen werden im Geiste des Internationalismus, im Geiste der Achtung vor anderen Völkern, im Geiste der Liebe und der Achtung vor den Arbeitern aller Länder im Geiste der Erhaltung und Festigung des Friedens zwischen den Völkern."[581] Um offensichtlich vorhandene Vorbehalte der Delegierten gegen die Aufrüstungspläne und pazifistische Haltungen der Parteidelegierten zu zerstreuen, führte der Präsident der DDR aus: „Kann es eine gerechtere Sache geben, als die, daß die Arbeiter unserer volkseigenen Betriebe und Werke ihrer Hände Arbeit

578 Vgl. Horn, Werner, Der Kampf der SED um den Aufbau der Grundlagen des Sozialismus in der DDR und um die Herstellung der Einheit Deutschlands als friedliebender, demokratischer Staat (1952 bis 1955), Berlin (Ost), 1960, S. 8.
579 Protokoll der II. Parteikonferenz, S. 210 f.
580 Ibid, S. 214.
581 Ibid, S. 216 f.
582 Armee für Frieden und Sozialismus, S. 57.

gegen die Profitgier der kriegslüsternen Monopolherren verteidigen? Kann es eine gerechtere Sache geben als die, daß unsere Bauern den Boden, den sie mit ihrem Schweiß gedüngt haben, gegen die Raffgier der militaristischen Junker verteidigen? Kann es eine gerechtere Sache geben als die, daß unsere Jugend ihre Schulen und Universitäten und Institute gegen diejenigen verteidigt, die ihr das Recht auf Bildung wieder rauben wollen? Die Verteidigung dieser Errungenschaften unserer Republik ist die denkbar gerechteste Sache der Welt. Indem wir das verkünden, befinden wir uns in voller Übereinstimmung mit den besten Traditionen der deutschen Arbeiterbewegung."[582] Unterstützung erhielt der Parteivorsitzende von dem Generalsekretär des ZK, Walter Ulbricht, der über die angebliche „Schaffung einer westdeutschen Söldnerarmee für aggressive Zwecke durch amerikanische, englische und französische Imperialisten und westdeutsche Revanchepolitiker" referierte und die Kongreßteilnehmer darauf hinwies, daß nunmehr „die Orga-nisierung der Verteidigung der Heimat die erste Pflicht jedes Patrioten in der Deutschen Demokratischen Republik" sein sollte.[583]

Für Ulbricht entsprach das „Bekenntnis zu Schaffung einer Volksarmee dem Willen aller friedliebenden und fortschrittlichen Kräfte" und er verwahrte sich entschieden gegen eine offensichtlich bei den Delegierten vorhandene Einstellung, die das Militär generell ablehnte. Hierzu führte er aus, daß eine Waffe in der Hand des als Oberbefehlshaber der US-Truppen in Korea eingesetzten „Pestgenerals Ridgway" etwas grundsätzlich anderes sei, als die „Waffe in den Händen eines antifaschistischen Arbeiters oder werktätigen Bauern." Auf die miitärische Auseinandersetzung in Südostasien eingehend, bezeichnete der Funktionär den Kampf der koreanischen Kommunisten als „gerechten Krieg" und stellte die Vorgänge in Südostasien in eine Kontinuitätslinie zu den deutschen Befreiungskriegen gegen die napoleonische Fremdherrschaft im Jahr 1813. Insgesamt bewertete Ulbricht die Aufstellung von Streitkräften folgendermaßen: „Es entspricht dem Willen des Werktätigen Volkes, und es ist unsere nationale Pflicht gegenüber den patriotischen Kräften in Westdeutschland, daß wir auf jede Maßnahme der westlichen Militaristen mit starken Gegenmaßnahmen antworten, damit sich das Kräfteverhältnis in Deutschland immer mehr zugunsten der friedliebenden patriotischen Kräfte verändert."[584] Obwohl sich die Führung der SED sogar auf das Votum der Repräsentanten der im Demokratischen Block zusammengeschlossenen Parteien und Massenverbände stützen konnte, die sich bereits im Vorfeld der Konferenz einstimmig für den militärischen Schutz der DDR ausgesprochen hatten, machte sich Ulbricht keine Illusionen über die Haltung der ostdeutschen Bevölkerung und selbst seiner eigenen Anhängerschaft hinsichtlich der geplanten Aufstellung einer Volksarmee im Rahmen eines sich etablieren-

583 *Protokoll der II. Parteikonferenz, S. 61 f.*
584 *Ibid, S. 73 - 75.*

den sozialistischen Staates: „In den Betrieben, Massenorganisationen und Wohngebieten gilt es, eine systematische Aufklärungsarbeit gegen die pazifistischen Auffassungen, die in manchen Teilen der Bevölkerung noch vorhanden sind, zu führen. Es ist unsere Sache, der Bevölkerung entsprechend den Beschlüssen der 2. Parteikonferenz die vaterländische Aufgabe der kasernierten Volkspolizei zu erklären." Um Vorbehalte gegen das Militär zu zerstreuen, führte der Generalsekretär aus, daß „die Schaffung von bewaffneten Streitkräften nicht im Widerspruch zu unserem Kampf um die Erhaltung des Friedens (steht), da eine Wehrlosigkeit der Deutschen Demokratischen Republik die amerikanischen und westdeutschen Aggressoren direkt zur Kriegsprovokation ermuntern würde. Die Feinde müssen wissen, daß die Werktätigen der Deutschen Demokratischen Republik jeden Versuch zur Störung der friedlichen Arbeit mit einem vernichtenden Gegenschlag beantworten werden." Konsequenz mahnte der Redner bei der Schaffung militärischer Kader an: „Die Kaderpolitik innerhalb der kasernierten Volkspolizei muß verbessert werden, damit geschulte Partei- und FDJ-Funktionäre sowie Jugendliche mit guter Fachausbildung entsprechend ihren Fähigkeiten eingesetzt werden." In der Gesamtschau seiner Militärpolitik betonte Ulbricht: „In einem Staat, in dem die Werktätigen bestimmen, dient die kasernierte Volkspolizei dem Schutz der friedlichen Arbeit und der Erhaltung des Friedens."[585] Der FDJ wurde eine herausragende Funktion bei der Rekrutierung des Personals der künftigen Streitkräfte zugewiesen, denn der Parteikongreß beschloß, daß aus dem sogenannten FDJ-Aufgebot in den kommenden Monaten nicht allein insgesamt 37.000 junge Männer für den Dienst in der KVP und der Grenzpolizei geworben werden sollten, sondern definierte außerdem die „Meisterung der modernen Militärwissenschaft und der modernen Waffengattungen"[586] als Ziel der vormilitärischen Ausbildung in der Jugendorganisation. Da die FDJ als Unterorganisation der SED ihren Angehörigen einen obligatorischen „Verbandsauftrag" zum freiwilligen Eintritt in die KVP erteilen konnte, setzte die Gruppe um Pieck und Ulbricht besonders große Hoffnungen auf die Einbeziehung der FDJ im Rahmen der geplanten Aufstellung von regulären Streitkräften, zumal das Interesse der männlichen Jugendlichen am militärischen Dienst nur sehr gering ausgeprägt war und sich die Vermutung aufdrängte , daß der hohe Anteil der für den Dienst in der KVP in Frage kommenden männlichen Jugendlichen zwischen 18 und 25 Jahren unter den Flüchtlingen aus der DDR unter anderem auch auf die bald einsetzenden massiven Werbeaktionen für den Dienst in den bewaffneten Organen zurückzuführen war.[587] Außerdem sollte mittels der Jugendorganisation vorhandene Tendenzen in Behörden, Betrieben und sogar einzelnen Funktionären begegnet werden, die

585 Ulbricht, Walter, Lehren des XIX. Parteitags der KPdSU für den Aufbau des Sozialismus in der Deutschen Demokratischen Republik, Berlin (Ost) 1952, S. 56 f.
586 Protokoll der II. Parteikonferenz, S. 217.
587 Vgl. Wenzke, Kaderarmee, S. 264 f.

sich teils offen, teils indirekt gegen Werbemaßnahmen der bewaffneten Organe in ihrem Einflußbereich erfolgreich verwahrt hatten und an ihrer bedingungslosen Ablehnung alles Militärischen auch unter sozialistischen Vorzeichen zum Mißfallen des Zentralkomitees der SED, keinen Hehl gemacht hatten.[588] In ihrer Abschlußresolution bestätigten die Delegierten der Parteikonferenz jedoch den eingeschlagenen militärpolitischen Kurs der SED-Führung, indem sie festhielten, daß „die Sicherung des Friedens, des demokratischen Fortschritts und des sozialistischen Aufbaus der Deutschen Demokratischen Republik und in Berlin gegenüber Aggressionsakten vom Westen (...) die Festigung und Verteidigung der Grenzen der Deutschen Demokratischen Republik, die Stärkung der demokratischen Volksmacht der demokratischen Ordnung und Gesetzlichkeit und die Organisierung bewaffneter Streitkräfte, die mit neuester Technik ausgerüstet sind, die Errungenschaften der Werktätigen vor einem imperialistischen Angriff schützen", erforderlich machte.[589] Die Streitkräfte sollten zudem neben ihrer militärischen Aufgabenstellung als „Instrument zum Aufbau des Sozialismus" eingesetzt werden.[590] Damit war die Entwicklung der KVP, deren uniformierte Ehrendelegation während des Kongresses von den Delegierten überaus freundlich begrüßt worden war, unwiderruflich an den staatlichen und politischen Aufbau der DDR gekoppelt worden und sollte ganz im Sinne Lenins als Spiegelbild und Motor der Umgestaltung im Sinne der SED-Führung dienen. Um diesen eingeschlagenen Kurs erfolgreich beschreiten zu können, sollten die Parteimitglieder „aus den Erfahrungen des Kampfes der Kommunistischen Partei der Sowjetunion und vom großen Stalin lernen, wie der Sozialismus aufgebaut wird." [591] Für Westdeutschland hingegen konstatierte die Abschlußresolution das „Wiedererstehen des deutschen Militarismus" und sah in den durch Bundeskanzler Adenauer angestellten und immer konkreter werdenden Überlegungen zur Aufstellung von Streitkräften Vorbereitungen zur „Entfesselung eines neuen Weltkrieges." Um diesen Krieg zu verhindern, wurde zum „Sturz des Bonner Vasallenregimes" aufgerufen, der durch den „Zusammenschluß aller deutschen Patrioten in der Friedensbewegung" erreicht werden sollte.[592] Die Janusköpfigkeit eines Programms, das dem Pazifismus im eigenen Lager den Kampf ansagte, während die breite Ablehnung der Bevölkerung im Osten und Westen Deutschlands gegen die Aufrüstungspläne Adenauers unterstützt wurde, schien den Delegierten des Parteikongresses in der Masse wenig Sorgen zu bereiten, obwohl der verbale Antimilitarismus der SED bereits in der Vergangenheit mehrfach zu den bereits geschilderten Irritationen in den Reihen der bewaffneten Kräfte geführt hatte, die bis zur Verwei-

588 SAPMO-BArch, DY 30 IV 2/3/288, Bl. 33 - 36 (Sitzung des ZK der SED am 12.05.1952).
589 Beschluß zur gegenwärtigen Lage und zu den Aufgaben im Kampf für Frieden, Einheit, Demokratie und Sozialismus, angenommen auf der 2. Parteikonferenz der SED, 9. - 12. Juli 1952, Text in: Dokumente der SED, S. 170 f.
590 Ibid, S. 172.
591 Ibid, S. 174.
592 Ibid, S. 170.

gerung der Waffenausbildung und der kuriosen Forderung des Chefs der HVA nach Einstellung der antimilitaristischen Arbeit der Partei in seinen Verbänden reichten. Trotz des eindeutigen Bekenntnisses zur Schaffung einer Volksarmee stand für den Parteikongreß unzweifelhaft die Lösung wirtschaftlicher Probleme und die Übererfüllung des Fünfjahresplans im Mittelpunkt des Interesses. Das von den Delegierten formulierte überaus ehrgeizige Ziel, „der Bevölkerung in ganz Deutschland die Möglichkeit (zu geben), sich mit eigenen Augen davon zu überzeugen, daß der Weg der Demokratie und des Sozialismus der einzige Weg ist, der den Interessen des Volkes entspricht und der deutschen Nation eine große Zukunft als gleichberechtigte Nation im Kreise friedliebender Völker gewährleistet,"[593] konnte mit Blick auf das in der Bundesrepublik erste Früchte tragende und eine Magnetwirkung auf die Bevölkerung der DDR erzielende Wirtschaftswunder nicht mit Beschlüssen zur Militärpolitik, sondern ausschließlich durch die Steigerung der ökonomischen Leistungskraft und spürbare Hebung des Lebensstandards der Bevölkerung erreicht werden.

Bezeichnenderweise stand die Diskussion über ökonomische Fragen und die ideologische Auseinandersetzung mit dem Wirtschaftssystem des Westens im Zentrum der Parteikonferenz. Durch die „Überwindung der Überreste des kapitalistischen Denkens und der kapitalistischen Methoden in der volkseigenen Wirtschaft" sollte die „Verwirklichung des von Genossen Stalin formulierten ökonomischen Grundgesetzes des Sozialismus" erreicht werden. Darunter verstanden die Delegierten die „Sicherung der maximalen Befriedigung der ständig wachsenden materiellen und kulturellen Bedürfnisse der gesamten Gesellschaft durch ununterbrochenes Wachstum und stetige Vervollkommnung der sozialistischen Produktion auf der Basis höchstentwickelter Technik."[594] Während die sowjetische Besatzungmacht der SED hinsichtlich ihrer ökonomischen Umgestaltungspläne offensichtlich freie Hand ließ, wurde der militärpolitische Beschluß zur Schaffung einer Volksarmee in der DDR immer noch stark von den Interessen der Sowjetunion mitgestaltet. Die SED sah sich zum Abschluß der Parteikonferenz veranlaßt, darauf hinzuweisen, daß sie in enger Übereinstimmung mit der KPdSU noch mit der Aufstellung regulärer Verbände warten wolle, solange die Bundesrepublik noch nicht in das westliche Verteidigungssystem einbezogen worden sei. Damit beugte sich die Parteiführung erneut den trotz der vor einem Vierteljahr getroffenen Grundsatzentscheidung Stalins zur Bewaffnung Ostdeutschlands immer noch latent vorhandenen gesamtdeutsch ausgerichteten und auf Verhinderung einer Blockbildung fixierten sicherheitspolitischen Vorstellungen des Kreml.

Mit der Einführung von neuen Uniformen und der Verleihung militärischer Dienstgrade – bisher hatten die Angehörigen der Volkspolizei ausschließlich polizeiübliche Dienst-

593 Ibid, S. 175.
594 Ibid, S. 173.

gradbezeichnungen verwendet – wollte Innenminister Stoph am 17. September 1952 den "Charakter der KVP als militärisch auszubildendes Schutzorgan" deutlich machen. Allerdings hatte sowohl in Uniformfragen als auch bei Kasernenbauten und Truppenunterkünften der sowjetische Oberkommandierende das letzte Wort und bestimmte die Einführung von Kompanieschlafsälen für 100 Soldaten nach dem Vorbild der Roten Armee ohne auf Einwendungen des Chefs der KVP, der nach deutscher Armeetradition Unterkünfte mit einer Belegung von höchstens 10 Soldaten bauen wollte, Rücksichten zu nehmen.[595]

Mit der ohne vorangegangene Laufbahnprüfung erfolgenden Beförderung von 120 Unteroffizieren und Mannschaften der Volkspolizei See zu Offizieren leitete Innenminister Stoph am 4. Oktober eine neue Phase der Kaderbildung und Vervielfachung des Offizierkorps ein und unterstrich, daß die vom 2. Parteikongreß beschlossene Linie, die Kaderauswahl für den Staatsapparat zu forcieren, in der KVP umgesetzt werden sollte.[596] Nachdem am 7. Oktober 1952 die Demonstration zum Jahrestag der Gründung der DDR zum ersten Mal mit einem Vorbeimarsch von Einheiten der KVP in neuer Uniform und Dienstgradabzeichen eingeleitet wurde und auch die Registrierabteilungen in den Bezirken und Kreisen ihre Arbeit zur Gewinnung von Freiwilligen planmäßig aufgenommen hatten, rückte die Militärpolitik der SED erstmals in das Rampenlicht der Öffentlichkeit. Am 22. November konnte Generalleutnant Hoffmann auf der 10. Tagung des Zentralkomitees eine Bestandsaufnahme seiner Arbeit vorlegen. Hierbei legte er besonderen Wert darauf, den Anwesenden zu versichern, daß „80 bis 85 % aller unserer Offiziere in der Kasernierten Volkspolizei, der VP-Luft und der VP-See neue, von uns erzogene Offiziere sind." Der General führte weiterhin aus, daß in der KVP lediglich annähernd hundert Funktionäre aus der KPD tätig seien und sah hierin den Grund, warum die Offiziere der KVP noch „bestimmte Mängel haben müssen und daß wir mit den erzielten Ergebnissen nicht vollauf zufrieden sein können." Er gestand vielmehr ein, daß man zwar eine "große Anzahl junger, fachlich mehr oder weniger qualifizierter Offiziere erzogen (habe), die aber in ihrer gesamten Arbeit noch viel entscheidende Schwächen und Mängel zeigen" und wollte diese Mängel vor allem durch dem gezielten Einsatz von Politoffizieren abstellen, die in der KVP die Einsicht in die Notwendigkeit der Politik der SED wekken sollten.[597] Mit der Nennung der Defizite der neuen Offiziere legte der Chef der KVP den Finger in eine offene Wunde, denn die bisherige Rekrutierungspraxis des Offizierkorps nach dem „Klassengesichtspunkt" und die massenhafte Beförderung von Unteroffizieren und Mannschaften zu Offizieren hatte zwar den quantitativen Bedarf der KVP

---

595 Vgl. Hoffmann, Moskau - Berlin, S. 307 f.
596 BA-MA, DVH 3/3768 (Kaderbefehle Nr. 154 - 198 September - Oktober 1952, Bl. 205 - 208), Zahlenangabe wurde vom Autor auf der Grundlage des Befehls Nr. K/179/52 errechnet.
597 SAPMO-BArch, DY 30 IV, 2/1/57 (10. Tagung des ZK der SED am 22. November 1952).

an Offizieren decken können, aber gleichzeitig zu einer qualitativen Verschlechterung des Offizierkorps geführt, der auch durch die Verdreifachung der Personalstärke der Polit-offiziere nicht erfolgreich abgeholfen werden konnte.[598] Wie stark sich die qualititative Schwäche des Offizierkorps in der operativen und taktischen Führung der Verbände bemerkbar machte, blieb auch der militärischen Führung nicht verborgen, die im November 1952 selbstkritisch festellte, daß die Ausbildungsziele"im allgemeinen nicht erreicht worden waren" und dies darauf zurückführte, daß die „Ausbilder sich ihren Aufgaben größtenteils nicht gewachsen gezeigt" hatten.[599] Dabei hatte Ulbricht erst im Vormonat gegenüber Funktionären der SED die Herausbildung einer neuen militärischen Elite zur vorrangigen Aufgabe der Partei erklärt und sich dazu bekannt, „Offizierskader für unsere nationalen Streitkräfte heranzubilden."

Hierbei sollten ganz gezielt „Offiziere und Generäle, die die moderne Kriegführung gut kennen und mit dem Volk aufs engste verbunden sind, die in der selbstlosen Verteidigung der Interessen der Werktätigen ihre höchste Pflicht sehen," gewonnen werden, deren Dienst in der Armee von Ulbricht erstmals als „Lebensaufgabe" bezeichnet wurde.[600] Gerade unter den mit großer Offenheit thematisierten schwierigen bildungsbedingten Rahmenbedingungen der Streitkräfte bildeten auch im folgenden Jahr die lediglich 3,5 % des insgesamt 13.000 Mann starken Offizierkorps umfassende Gruppe der ehemaligen Wehrmachtoffiziere innerhalb der KVP weiterhin die für eine effiziente militärische Ausbildung unverzichtbare Militärelite, die sich aus 5 früheren Generälen und 30 Stabsoffizieren in Spitzenfunktionen zusammensetzte. Aufgrund ihrer den traditionellen Auswahlkriterien für Offiziere der kaiserlichen Armee, der Reichswehr und der Wehrmacht entsprechenden Herkunft und ihrem Bildungsstand handelte es sich allerdings um eine Gruppe mit einem Sonderstatus innerhalb der Kasernierten Volkspolizei, die vor allem von altgedienten Funktionären unter den Politoffizieren mit ständigem Mißtrauen beobachtet wurde.

Insgesamt befanden sich unter den 4.177 ehemaligen Angehörigen der Wehrmacht, die einen Offizierdienstgrad der KVP trugen, 9,1 % ehemalige Unteroffiziere und 19,4 % ehemalige Mannschaftsdienstgrade, die den von der SED vorgegebenen Auswahlkriterien eher entsprachen und auf frühere militärische Erfahrungen zurückgreifen konnten. Aufgrund der Tatsache, daß die Masse der Offiziere auch im Jahr 1953 lediglich einen Volksschulabschluß hatte und 5 % der Offiziere nicht einmal diesen vorweisen konnten, verfügten die künftigen Streitkräfte der DDR über ein Offizierkorps, das in seiner Heterogenität, seiner sozialen Zusammensetzung und vor allem in seinem überhohen quanti-

598 BA-MA, DVH 3/3419, Bl. 149 (Jahresbericht der Politischen Verwaltung der Kasernierten Volkspolizei 1952/1953).
599 BA-MA, DVH 3/3601, Bl. 129.
600 SAPMO-BArch, DY 30 IV 2/2/229 Bl. 15 f. (Brief Ulbrichts an Funktionäre der SED vom 03.09.1952).
601 BA-MA, DVH 3/2070, Bl. 44 (Bericht über Entstehen der KVP) bzw. DVH 2/3979, Bl. 20 (Angaben zum Offiziersbestand der KVP am 15.09.1953).

tativen Umfang bezogen auf das Gesamtkontingent in der Tat das Prädikat der Einmaligkeit in der deutschen Militärgeschichte verdiente.[601] Mit dem Befehl vom 10. Januar 1953 über die Aufstellung einer fliegertechnischen Division und gleichzeitigen Ausbau von vier Militärflugplätzen in Drewitz, Preschen, Bautzen und Kamenz wurde die Ausbildung der auf 5.551 Mann angewachsenen Volkspolizei-Luft, deren Bestand an Flugzeugen bis Ende des Jahres auf 7 Propeller- und 70 Düsenflugzeuge aufwuchs, als eigene Teilstreitkraft im Rahmen der künftigen Streitkräfte zügig vorangetrieben, obgleich die Volkspolizei – Luft im Sommer aus Tarnungsgründen die auf eine zivile Zielsetzung hindeutende Bezeichnung „Verwaltung der Aero-Klubs" erhielt.[602]

Auch Wilhelm Pieck, der in den zurückliegenden Monaten regelmäßig Delegationen der KVP empfangen hatte, schaltete sich in den Aufbau der Streitkräfte ein und erläuterte in einer Rede an der Schule der Kasernierten Volkspolizei in Kamenz am 29. Januar 1953 seine fünf Grundsätze zur politischen Erziehung und fachlichen Ausbildung der künftigen Soldaten. Ausgehend von der Vorbildfunktion der Roten Armee für den Streitkräfteaufbau in der DDR, sah Pieck in der „vollkommenen Beherrschung der Waffentechnik, der ständigen Hebung des politisch-ideologischen Bewußtseins der Soldaten, Unteroffiziere und Offiziere auf das denkbar höchste Niveau, der größten revolutionären Wachsamkeit, der eisernen Disziplin und strikten Durchführung der erteilten Befehle und der Erziehung der Soldaten zu lebensfrohen, für Kultur und Kunst aufgeschlossenen Menschen" die Garantie für das Gelingen seines Vorhabens und rief seine Zuhörer zu „kraftvollen Anstrengungen" auf, um die „Verteidigung des sozialistischen Aufbaus sicherzustellen."[603] Trotz dieser deutlichen Worte fiel Pieck in der Folgezeit als Motor der Streitkräfteentwicklung in der DDR weitgehend aus, da er sich aus gesundheitlichen Gründen von April bis Spätsommer 1953 einem Kuraufenthalt in der Sowjetunion unterziehen mußte und auch nach seiner Rückkehr aus der Sowjetunion gesundheitlich angeschlagen blieb. Unter diesen Bedingungen füllte Ulbricht noch stärker das entstandene Machtvakuum an der Spitze der Staatsführung und setzte seine strikten Vorstellungen vom sozialistischen Staatsaufbau mit aller Konsequenz durch. Vor allem gegenüber den Kirchen, die als „Hort der Reaktion" galten, dem Mittelstand, den selbständigen Bauern und parteikritischen Intellektuellen wurde eine bislang unbekannte ideologische Härte an den Tag gelegt, die mit der Festnahme des bisherigen Außenministers der DDR, dem CDU-Politiker Georg Dertinger, welchem feindliche Tätigkeit gegen die DDR zur Last gelegt wurde, im Frühjahr einen neuen Höhepunkt erlebte und den Auftakt für zahllose Prozesse gegen „Agenten und Saboteure" bildete. Auch in der Arbeiterschaft, die durch die von

602 BA-MA, DVH 3/2070, Bl. 31 u. 32.
603 Zitiert nach: Zorn, Heinz Bernhard, Wilhelm Pieck zur politischen Erziehung und fachlichen Ausbildung der bewaffneten Kräfte der DDR im Jahr 1953. In: Zeitschrift für Militärgeschichte, Heft 6/1973, Berlin (Ost), S. 713 f.

der politischen Führung angestrebten Erhöhung der Arbeitsleistungen besonders betroffen war, regte sich spürbarer Protest gegen die Linie der SED,[604] der auch in der Kasernierten Volkspolizei sichtbar wurde. Allein in den ersten 5 Monaten des Jahres desertierten 697 Angehörige der KVP, darunter 36 Offiziere, wobei neben den Desertionen vor allem die Zahl von insgesamt 8.626 gemeldeten unerlaubten Entfernungen ein sehr schlechtes Bild auf den inneren Zustand der Streitkräfte warf.[605] Vor allem eine Gruppendesertion von 4 Soldaten, die sich am 5. Mai 1953 während einer Marschübung ihres in Eggesin stationierten Regiments gemeinschaftlich absetzten, schreckte die Führung der KVP auf, die nach einer umfangreichen Untersuchung der Gruppendesertion derartige Vorgänge auf „Mängel und Schwächen der Polit-Mitarbeiter" zurückführte und den Kommandeuren die „genaue Einhaltung des Tagesdienstablaufs, insbesondere auf die Durchführung des täglichen Abendappells zur Feststellung der Anwesenheit des Personalbestandes" zur Verhinderung derartiger Vorkommnisse empfahl.[606] Mit Einführung einer Militärstaatsanwaltschaft am 1. März 1953 und die vorgenommene Ernennung von Oberst Max Berger zum Oberst der Justiz wurde in der DDR die Vorstufe einer eigenen Militärgerichtsbarkeit geschaffen. Deren Effizienz litt allerdings bedingt durch die Tatsache, daß aus Geheimhaltungsgründen selbst den Kommandeuren der KVP die Existenz einer solchen Dienststelle zur Ahndung militärischer Straftaten weitgehend unbekannt war. Zudem fehlten gesetzliche Regelung für die Arbeit der Militärgerichtsbarkeit, denn außer den Kontrollratsdirektiven und Befehlen der SMAD bildete das Strafgesetzbuch vom 1. Januar 1872 immer noch die wichtigste Grundlage der Tätigkeit diese neuen Organs. Die Existenz einer solchen Gerichtsbarkeit wurde bis Sommer 1954 von der Führung der KVP geheimgehalten.

Die juristische Tätigkeit blieb hingegen maßgeblich von sowjetischen Beratern bestimmt, die bis Februar 1957 ihren Dienst in der Militärjustiz der DDR versahen.[607] Entgegen dieser gezielten Unterstützungsarbeit für den Aufbau regulärer ostdeutscher Streitkräfte auf dem besonders sensiblen Gebiet der Militärjustiz, blieb eine nennenswerte Erhöhung der Zuführung von Großgerät an die KVP jedoch aus.

Der SKK war eine Verschlechterung der Stimmung in der Bevölkerung nicht entgangen und die sowjetischen Stellen bemühten sich offenkundig um eine Verbesserung ihres Verhältnisses zu bürgerlichen Kräften in der DDR.

---

604 Vgl. Loth, Wilfried, Stalins ungeliebtes Kind, S. 194 - 197.
605 BA-MA, DVH 3/3420, Bl. 7 (Jahresbericht 1953 der Polit-Verwaltung, Angaben vom Autor aufgrund der monatlichen Statistik errechnet).
606 BA-MA, DVH 3/2866, Bl. 100 - 111, Zitate auf Bl.110 (Besondere Vorkommnisse - unerlaubte Entfernungen Mai - Juni 1953).
607 BA-MA, ohne Signatur, Chronik der Militärstaatswaltschaft, Verschlußsache vom 28.09.1984, o. Ort, S. 1 - 5. Die Chronik wurde dem Verfasser von dem Referatsleiter „Volksarmee" im Bundesarchiv-Militärarchiv, Herrn Albrecht Kästner, freundlicherweise zur Verfügung gestellt. Unter dem Datum 01.07.1953 ist vermerkt: „Den Kommandeuren ist die Existenz des Untersuchungsbüros nicht bekannt, die Befugnisse sind nicht abgegrenzt." Der sowjetische Chefberater war Oberst der Justiz Stefan Michailowitsch Solin, der bis 10. Februar 1957 Militärberater beim Militäroberstaatsanwalt blieb.

Hierzu nahm der politische Beraters der SMAD, Semjonow, sogar zu dem ehemaligen Reichskanzler Joseph Wirth, Verbindung auf. Der ehemalige Reichskanzler Wirth wurde von der SMAD sogar offensichtlich als potentieller Ministerpräsidentkandidat angesehen, was ein Indiz dafür war, daß sich die Besatzungmacht im Frühjahr 1953 eher auf vorsichtige Distanz zur SED ging und die Stimmungslage in der ostdeutschen Bevölkerung realistischer einzuschätzen in der Lage war als die Funktionäre der SED.[608] Der plötzliche Tod Stalins am 5. März 1953 und die Machtkämpfe seiner Nachfolger rückte deutschlandpolitische Interessen erst einmal in den Hintergrund der sowjetischen Überlegungen, zumal Stalin die Formulierung und Umsetzung sicherheitspolitischer Erwägungen niemals zum Gegenstand kollektiver Beratungen seines Umfelds gemacht, sondern dieses Politikfeld weitgehend autonom bestimmt hatte.

In Anbetracht des entstandenen Machtvakuums bemühte sich die Führung der DDR um die Fortsetzung des seit April 1952 eingeschlagenen sicherheitspolitischen Kurses, der die Schaffung ostdeutscher Streitkräfte vorsah. In seinem Tagesbefehl anläßlich des Ablebens Stalins brachte Innenminister Stoph diesen Willen zum Ausdruck, als er den Volkspolizisten den Tod „unseres weisen und gütigen Lehrmeisters, Führers und Freundes Stalin" mitteilte und darauf hinwies, daß „die Angehörigen der bewaffneten Streitkräfte der Deutschen Demokratischen Republik" in Stalin, „den größten Feldherrn der Geschichte und in der von ihm geschmiedeten, erzogenen und zu welthistorischen Siegen geführten Sowjetarmee die genialen Lehrmeister in unserer verantwortungsvollen Arbeit zum Schutze der Heimat und der sozialistischen Errungenschaften unseres Volkes" zu sehen hätten. „Unter dem hocherhobenen Banner von Marx, Engels, Lenin und Stalin" sollten die Volkspolizisten die Disziplin festigen, „ revolutionäre Wachsamkeit gegen alle inneren und äußeren Feinde" erhöhen und die „Kampffähigkeit und Kampfbereitschaft" zu vervollkommnen. Stoph forderte dazu auf, „unsere bewaffneten Streitkräfte zum starken Schutz bei der Schaffung der Grundlagen des Sozialismus in unserem Vaterlande" zu entwickeln und beschwor die „unzerstörbare Freundschaft und Kampfgemeinschaft" zwischen dem deutschen Volk und den Völkern der Sowjetunion."[609]

Trotz dieser deutlichen Töne hinsichtlich der Zukunft der „bewaffneten Streitkräfte" und der Beschwörung der bestehenden „unzerstörbaren Kampfgemeinschaft" zwischen DDR und der Sowjetunion konnte sich der zu Stalins Beisetzung gereiste Grotewohl mit seiner Bitte um materielle Hilfen der Sowjetunion zum Aufbau des Sozialismus in der DDR bei dem neuen Ministerpräsident Malenkow nicht durchsetzen. Vielmehr forderte der sowjetische Staatschef Anfang Juni von Grotewohl und Ulbricht sogar die Unter-

---

608 Vgl. Osten, Hermann, Die Deutschlandpolitik der Sowjetunion in den Jahren 1952 und 1953, in: Osteuropa (14), 1964, S. 6 f.
609 BA-MA, DVH 3/2001. Bl. 7 - 9 (Tagesbefehl des Ministers des Innern an die KVP vom 07.03.1953 anläßlich der Beisetzung des Vorsitzenden des Ministerrats der UdSSR und Sektretär des Zentralkomitees der Kommunistischen Partei der Sowjetunion, Josef Wissarionowitsch Stalin).

stützung der SED bei seiner Rückorientierung auf gesamtdeutsche Ambitionen der Sowjetunion ein. Die ostdeutsche Delegation erfüllte diesen Wunsch und erklärte sich bereit, den „Kampf um die nationale Vereinigung Deutschlands auf demokratischer und friedlicher Grundlage" als „Hauptaufgabe in der gegenwärtigen Zeit" zu akzeptieren und die „ökonomischen und politischen Maßnahmen in der DDR dieser zentralen Aufgabe unterzuordnen."[610]
Der sinkende Lebensstandard der Bevölkerung, die eingeleiteten Zwangsmaßnahmen zur Kollektivierung der Industrie und der Landwirtschaft durchgesetzte rigide Kurs der SED verschlechterte die Stimmung in der DDR, die durch eine von der Staatsführung verfügte zehnprozentige Normerhöhung der Arbeitsleistung am 16. Juni 1953 zu einer landesweiten Protestbewegung anschwoll und zu Unmutsäußerungen und Streiks von 500.000 Bürgerinnen und Bürgern führte, die schließlich in den durch sowjetische Truppen und Verbände der KVP blutig niedergeschlagenen Volksaufstand des 17. Juni einmündeten.

2.4. Die Sicherheitspolitik der SED von der Niederschlagung des Volksaufstandes bis zur Aufstellung der Nationalen Volksarmee

Nachdem die militärpolitischen Vorstellungen der SED im Gegensatz zu der Wiederbewaffnungsdebatte in der Bundesrepublik unter den herrschenden politischen Bedingungen naturgemäß nicht Gegenstand kontroverser parlamentarischer und außerparlamentarischer Diskussionen gewesen waren, sondern im Gegenteil – zumindest offiziell – bei allen gesellschaftlichen Gruppen einschließlich der Gewerkschaften und der Blockparteien sogar vordergründig auf einmütige Zustimmung und Unterstützung stießen, zeigte sich während des 17. Juni, daß nicht nur die geringen Rekrutierungserfolge der KVP, deren schwieriger innerer Zustand im Spannungsfeld zwischen dem offiziell gültigen und von Parteimitgliedern wie Bevölkerung in den vergangenen Jahren gleichsam auf Zustimmung gestoßenen verbalen Antimilitarismus bei gleichzeitiger militärischer Ausbildung, Irritationen hervorriefen, sondern die Aufrüstung als solche Gegenstand des öffentlichen Protests wurde. Obgleich die Beseitigung der Wirtschafts- und Versorgungskrise eindeutig im Mittelpunkt des Massenprotests stand, richtete sich der Volkszorn jedoch auch vereinzelt aber unüberhörbar gegen die Kasernierte Volkspolizei, die hohe Besoldung der Offiziere und die Aufrüstung und vor allem gegen die hohen Kosten dieser Politik, die von einigen Demonstranten in direktem Zusammenhang mit der schwierigen wirtschaftlichen Situation gesehen wurde.[611]

610 SAPMO-BArch NY 90/699 (Eintrag Grotewohl am 02.06.1953).
611 Vgl. Diedrich, Torsten, Der 17. Juni 1953 in der DDR. Bewaffnete Gewalt gegen das Volk, Berlin 1991, S. 26.

Gleichzeitig bedeutete die Niederschlagung des Aufstands die Bewährungsprobe der KVP, deren Führung in den vergangenen Jahres alles getan hatte, ein wirksames Machtinstrument zu schaffen, das der Staatsführung der DDR im Ernstfall bedingungslos gehorchen sollte.

Allerdings signalisierte der Kommandeur der Gruppe der Sowjetischen Streitkräfte in Deutschland, Generaloberst Gretschkow, dem Chef der KVP auf dessen Unterstützungsangebot an die Rote Armee unmißverständlich, daß die Vorfälle allein in den Zuständigkeitsbereich der Besatzungmacht fielen, die sowjetischen Verbände bereits auf dem Marsch seien und von dem offensichtlich überforderten Hoffmann von der sowjetischen Militärführung lediglich erwartet wurde, daß dieser sich und seine Verbände „bereithalten" sollte.[612] In der Tat wurde erst am Nachmittag des 17. Juni, nachdem die Sowjets bereits über 500 Kampfpanzer zur blutigen Niederschlagung des Aufstandes eingesetzt hatten, die KVP mit Billigung der Sowjets in Alarmzustand versetzt,[613] wobei der als geheime Verschlußsache eingestufte Abschlußbericht des Innenministeriums feststellte, daß der „einsatzfreudige Elan, die die meisten auszeichnete" nicht ausreichte, um offensichtliche Schwächen in der Befehlsgebung und im Alarmierungsapparat zu kompensieren.[614] Bedingt durch unklare Befehlslagen hinsichtlich des Waffengebrauchs und vor allem die Tatsache, daß Waffen und Munition der Verbände auch in dieser Situation ausschließlich auf Befehl des sowjetischen Beraters ausgegeben werden durften, führte dazu, daß teilweise nur unzureichend bewaffnete Verbände eingesetzt wurden. Das vorhandene Großgerät wie Kampfpanzer und Schützenpanzer kamen überhaupt nicht zum Einsatz.[615] Die KVP zeigte sich vielmehr überfordert, die Unruhen selbständig und unabhängig von der Roten Armee einzudämmen, obwohl sich die Zahl der eingesetzten Volkspolizisten von 8.133 am 17. Juni bis auf 13.390 am 22. Juni enorm steigerte.[616] Die Staatsführung mußte im Zusammenhang mit dem Einsatz der KVP sogar ein „zögerndes und unentschlossenes Verhalten unserer Offiziere und Einheiten" konstatieren, so daß erst „durch das entschlossene Beispiel unserer Freunde (der Roten Armee) einerseits und die Notwendigkeit, offene Herausforderungen der Provokateure zu beseitigen, andererseits" der von der politischen Führung angestrebte „Eindruck eines entschlossenen, bewußten und korrekten Auftretens unserer Einheiten, der von Partei, staatlichen Stellen und Freunden gelobt wird," entstand.[617]

Trotz der offenkundigen Tatsache, daß die Besatzungsmacht in einer Krisensituation nicht allzuviel Vertrauen in die KVP und deren Führung durch die SED gesetzt hatte

612 Vgl. Hoffmann, Moskau, Berlin, S. 334.
613 BA-MA, DVH 3/2070 (Erfahrungsbericht über den Einsatz der KVP, VP-See und VP-Luft bei der Niederschlagung der faschistischen Provokation in der Zeit vom 17. - 22.6.1953), Bl. 46 - 80, hier Bl. 49.
614 Ibid, Bl. 57.
615 Ibid, Bl. 72.
616 Ibid, Bl. 80 ff. (Eingesetzte Kräfte, entstandene personelle Verluste und Waffenverluste des M.d.I. für die Zeit vom 17.6. - 22.6.1953).
617 Ibid, Bl. 58.

und die vorhandenen Lücken in der taktischen Ausbildung der Verbände nicht abgeleugnet werden konnten, stellte das Innenministerium die „große Begeisterung vor und während des Einsatzes"[618] heraus und betonte den „großen Aufschwung des politisch-moralischen Zustandes," der Truppe, der auf das „tiefe Bewußtsein" der Verbände, „die Sache der Arbeiterklasse, der Partei und der Regierung zu verteidigen", zurückgeführt wurde.[619] Tatsächlich erwies sich die KVP insgesamt als funktionierende Stütze der SED, wobei Vorkommnisse wie in Zittau, wo in der Unterkunft auf eine Toilettentür die Parole „Nieder mit Wilhelm Pieck" angebracht worden war und die Ankündigung eines Panzersoldaten in Burg, der geäußert hatte, daß sein Panzer selbst dann nicht die Halle verlassen würde, falls dies befohlen würde, Ausnahmeerscheinungen blieben,[620] die in Anbetracht der Vielzahl an Loyalitätsbekundungen an die Adresse der politischen Führung der DDR aus den Reihen der Kasernierten Volkspolizei kaum ins Gewicht fielen. Besonderen Wert legte das Innenministerium auf die in Anbetracht des tatsächlichen Ablaufs der Ereignisse erstaunliche Feststellung, daß „die gezeigten Leistungen und Maßnahmen unsererseits von den Soldaten und Offizieren der Sowjet-Armee voll anerkannt und, daß sie von den Genossen der sowjetischen Streitkräfte als völlig gleichberechtigt und vollwertig behandelt wurden."[621] Mit der Niederschlagung des Aufstandes mit miitärischen Mitteln hatte sich die Sowjetunion in großer Eindeutigkeit an die Seite der DDR gestellt und letzte Befürchtungen, die DDR im Zweifelsfall ihren gesamtdeutschen Interessen unterzuordnen, ausgeräumt. Umgekehrt hatten sich die ostdeutsche Staatsführung und deren bewaffnetes Organ trotz verschiedener Mängel im Einsatz als loyaler Bündnispartner in einer sehr problematischen Situation erwiesen und damit die Bedeutung Ostdeutschlands als sicherheitspolitischer Partner unter Beweis gestellt. Außerdem sorgte die Vorgehensweise der Sowjetunion bei der Niederschlagung des Volksaufstands dafür, daß sich die Staaten Westeuropas noch enger in der bereits starken antisowjetischen Abwehrfront unter Führung der USA und unter Einschluß der Bundesrepublik zusammenschlossen und die Sowjetunion zunehmend politisch diskreditiert erschien. Nur vier Tage nach dem Aufstand beschloß das Zentralkomitee der SED die Fortführung des eingeschlagenen militärpolitischen Kurses und rief die Arbeiter zusätzlich zur Gründung von „Arbeiterwehren zum Schutz der Errungenschaften des Arbeiter- und Bauern-Staates auf",[622] die einige Monate später in Form von Kampfgruppen der volkseigenen Betriebe ihre systematische militärische Ausbildung begannen und unter die Leitung des Kreissekretärs der SED gestellt wurden.[623] Damit schuf sich die SED neben der regulären Armee noch ein

618 Ibid, Bl. 60.
619 Ibid, Bl. 61.
620 Ibid, Bl. 61.
621 Ibid, Bl. 76.
622 SAPMO-BArch, DY 30/ J IV 2/202/15.
623 SAPMO-BArch DY 30/J IV 2/3/430 (Richtlinien für die Ausbildung der Kampfgruppen).

zweites Standbein zur Durchsetzung ihrer sicherheitspolitischen Zielsetzungen, das nach dem Willen des Zentralkomitees die Traditionen des Roten Frontkämpferbundes fortsetzen und das Verfügungsmonopol der Partei über staatliche Machtorgane unterhalb der Ebene von Streitkräften sicherstellen sollte. Mit dem Dank an die Kasernierte Volkspolizei, einer gemeinsamen Erklärung aller im demokratischen Block zusammengeschlossenen Parteien, in der die Richtigkeit des politischen Kurses der SED bestätigt und der Volksaufstand als „verbrecherischer Anschlag auf die erkämpften Errungenschaften" der DDR bezeichnet wurde, setzte die Staatsführung am 25. Juni den eingeschlagenen Kurs fort und konnte hierbei sogar auf eine von 70.000 Berlinern am Folgetag unterzeichnete Erklärung, daß es "mehr denn je darauf ankomme, jedwede Provokation der Imperialisten und ihrer Handlanger im Keim zu ersticken", verweisen.[624]

Auch der Präsident der DDR meldete sich aus seinem Kurort in der Sowjetunion zu Wort und rechtfertigte den Einsatz der Roten Armee und der ostdeutschen Sicherheitskräfte, indem er seine Anhängerschaft darauf hinwies, daß die Plünderung und Zerstörung von Gewerkschafts- und Parteihäusern sowie die heimtückische Ermordung von Arbeiterfunktionären schon einmal der Auftakt für einen Weltkrieg mit unvorstellbaren Opfern gewesen sei. Deswegen hielt es der Präsident der DDR für gerechtfertigt, daß der von ihm als „faschistisches Abenteuer" gedeutete Volksaufstand „mit allen verfügbaren Mitteln" hatte zerschlagen werden müssen.[625]

Trotz der präsidialen Unterstützung sah sich die Staatsführung der DDR unter dem Eindruck der Krise und Proteste veranlaßt, das bislang vorgelegte Tempo der Aufrüstungsmaßnahmen nicht zuletzt unter dem Gesichtspunkt der offenkundig von der Bevölkerung als vorrangiges Problem empfundenen wirtschaftlichen Schwierigkeiten zu verlangsamen. Nach Rücksprache mit der SKK rang sich die Regierung wider Erwarten dazu durch, den Umfang der KVP von 86.276 Mann nicht weiter zu vergrößern, sondern auf dem bisherigem Niveau zu halten. Die Seepolizei sollte sogar um 2.000 Mann zu verringert und die 5.800 Mann starken Luftstreitkräfte vorerst nicht ausgebaut werden. Die große Zahl der hierfür zu entlassenden Volkspolizisten sollte zudem zu einer Säuberung und Zentralisierung der KVP genutzt werden, in deren Verlauf fast 3.500 Offiziere bis zum Jahresende entlassen wurden.[626]

Weiterhin wurden unmittelbar im Anschluß an den 17. Juni im Rahmen dieser Säuberung allein 101 Parteiverfahren, gegen 83 Offiziere, 7 Unteroffiziere und 4 Mannschaften durch-geführt, denen von ihren Vorgesetzten „kapitulantenhaftes Verhalten" und „Nichtverstehen des Charakters der KVP und der Rolle des Staates" zur Last gelegt worden war.[627]

624 Vgl. Zeittafel S. 40.
625 Pieck, Wilhelm, Vorwärts auf neuem Kurs, Reden und Aufsätze, Bd. III, Berlin (Ost) 1966, S. 623.
626 BA-MA, DVH 3/2006, Bl. 70 (Befehl 7/53 des Ministers des Innern).
627 BA-MA, DVH 3/3420, Bl. 38.

Am 20. August erfuhr die Delegation der SED zu ihrer großen Erleichterung aus dem Munde des sowjetischen Ministerpräsidenten Malenkow, daß dieser in der DDR „eine Bastion und ein Staat des ganzen deutschen Volkes" sah, die nicht zur Disposition gestellt werden durfte. Mit der Zusicherung der sowjetischen Führung, im neuen Jahr Botschafter auszutauschen, auf Reparationszahlungen zu verzichten, sowohl neue Warenlieferungen als auch Kreditmittel zur Verfügung zu stellen und die Besatzungskosten zu begrenzen,[628] wurde die DDR nicht nur sichtbar aufgewertet, sondern konnte auch bei der Gestaltung ihrer Sicherheitspolitik davon ausgehen, daß auch der neue sowjetische Ministerpräsident den von Stalin vorgegebenen Kurs der Schaffung ostdeutscher Streitkräfte nachhaltig unterstützen würde.

Mit der Zuführung von weiteren 104 Schützenpanzern vom Typ BA/64, 268 Radpanzern BTR 152, 497 Krädern und der Überlassung von 200 Wasserbomben in den folgenden zwei Monaten[629] setzte die Sowjetunion ein deutliches Zeichen in diese Richtung. Gleichzeitig sollte die Agitation gegen die Remilitarisierung Westdeutschlands verstärkt werden, wozu Ulbricht die Polit-Abteilung der KVP anwies, „sich mit der politischen und schriftstellerischen Arbeit" des seit September in der DDR lebenden ehemaligen Generalfeldmarschalls Friedrich Paulus zu beschäftigen. Paulus sollte nach dem Willen Ulbrichts zu bestimmten Fragen der Remilitarisierung Westdeutschlands Stellung nehmen und hierbei besonders auf ehemalige Offiziere in Westdeutschland im Sinne der SED Einfluß nehmen.[630] Paulus, der vom Chef der KVP regelrecht hofiert wurde[631] und Vorlesungen in Militärgeschichte an der Schule der KVP in Kamenz hielt, konnte jedoch die Erwartungen, welche die DDR-Führung hinsichtlich seines Einflusses auf Westdeutschland in ihn setzte, nicht erfüllen, obwohl seine Aktivitäten von den Medien in der Bundesrepublik mit großer Aufmerksamkeit verfolgt wurden.

Am Ende des ereignisreichen Jahres 1953 äußerte sich der Chef der Kasernierten Volkspolizei auf einer Tagung leitender Kader davon überzeugt, daß die KVP ihre Bewährungsprobe im Kampf gegen den „konterrevolutionären Putschversuch" – gemeint war der Volksaufstand in der DDR – bestanden hätte und im kommenden Ausbildungsjahr durch verbesserte Erziehung und Ausbildung weiter gefestigt werden könne. Durch eine neue Innendienstvorschrift und materielle Verbesserungen sollte vor allem dem weiterhin ungelösten Problem der Desertion von insgesamt 1.940 Volkspolizisten, worunter sich sogar 82 Offiziere befanden, begegnet werden. Außerdem sollte die Zahl der uner-

---

628 Zitiert nach Loth, Stalins ungeliebtes Kind, S. 218.
629 BA-MA, DVH 3/2070, Bl. 42 f.
630 BA-MA, DVH 3/2069, Bl. 97 - 98 (Schriftwechsel den ehemaligen Generalfeldmarschall Friedrich Paulus betreffend, Schreiben des Chefs der KVP an den Leiter der Polit-Kulturarbeit vom 22.12.1953).
631 Ibid, Bl. 86. Der Chef der KVP überreichte beispielsweise am 20. März 1954 dem als „wertem Herrn Feldmarschall" angesprochenen Paulus eine Jagdwaffe samt zugehörigem Jagdschein, nachdem die zuständige Behörde dem Antrag nicht sofort entsprochen hatte.

laubten Entfernungen, von denen es im zurückliegenden Ausbildungsjahr immerhin 14.596 gegeben hatte, im kommenden Jahr spürbar reduziert werden.[632] Nach dem Scheitern der Berliner Konferenz der Außenminister Frankreichs, Großbritanniens, der UdSSR und der USA am 18. Februar 1954 setzte das Politbüro der SED am 25. Februar ein Statut für die Politorgane und Parteiorganisationen in der Kasernierten Volkspolizei, das der politischen Erziehung die Lehren von Marx, Engels, Lenin und Stalin zugrundelegte und sich davon die „Hebung der Kampfbereitschaft, der Erziehung zur Disziplin, Ordnung und Organisiertheit in den Einheiten, Verbänden und Dienststellen" versprach. Gleichzeitig sollten die Angehörigen der Volkspolizei von nun an verstärkt „im Geiste der ruhmvollen revolutionären Traditionen der deutschen Arbeiterklasse im Kampf für die soziale Befreiung der Werktätigen" erzogen werden, wobei von den Politoffizieren zudem der Kampf gegen „jegliche opportunistische und spalterische Elemente, gegen Versöhnler, Pazifisten und gegen den Sozialdemokratismus" in den Reihen der KVP zur primären Aufgabe gemacht wurde.[633] Diese klar definierte Aufgabenstellung unterstrich, daß es trotz der festzustellenden Festigung der Verbände und der Säuberung der KVP von als unzuverlässig im Sinne der SED eingestuftem Personal offensichtlich immer noch Defizite gab, mit denen sich das Politbüro nicht abzufinden bereit zeigte.

Der IV. Parteitag der SED, stand ganz im Zeichen der Entscheidung der Sowjetunion vom 25. März 1954, der DDR die Souveränität zuzugestehen. Die sowjetische Führung hatte der ostdeutschen Staatsführung erstmals zugesichert, fortan „nach eigenem Ermessen über ihre inneren und äußeren Angelegenheiten einschließlich der Frage der Beziehungen zu Westdeutschland zu entscheiden."[634] Damit stärkte die Sowjetunion unübersehbar die Position der DDR, die sich zumindest theoretisch von bindenden Vorgaben der Besatzungmacht befreit, auf allen Politikfeldern selbstbewußter bewegen konnte. Die Delegierten nutzten die gewachsene Bedeutung ihrer Arbeit, um ein Grundsatzprogramm über „Lebensfragen der deutschen Nation" zu verabschieden, in dem es vor allem um Fragen der Remilitarisierung Westdeutschlands im Rahmen der EVG und die staatliche Zukunft Deutschlands ging. Ausgehend von der Annahme, daß die sich immer konkreter abzeichnende Einbeziehung der Bundesrepublik in ein westliches Militärbündnis „die Straße zur deutschen Einheit sperren und den Weg des Krieges öffnen" werde, mahnte die SED die Verhinderung der Remilitarisierung Westdeutschlands, die Beendigung der „amerikanischen Einmischung und Vorherrschaft in Westdeutschland" und die Außerkraftsetzung des für die Bundesrepublik gültigen Besatzungsstatuts an.[635] Unter dem gesamt-

---

632 BA-MA, DVH 3/3420, Bl. 7.
633 BA-MA, DVH 3/2010, Bl. 53 - 56 (Statut für die politischen Organe, Partei- und Jugendorganisationen der Kasernierten Volkspolizei der DDR, 25.02.1954).
634 Dokumente der Außenpolitik der DDR, Bd. 1, Berlin (Ost) 1954, S. 28.

deutschen Motto „Deutsche an einen Tisch" erkannten die Delegierten in der von der Sowjetunion anerkannten Souveränitätserklärung für die DDR einen für ganz Deutschland gangbaren Weg und ermunterten „die patriotischen Kräfte in Westdeutschland" zur Verstärkung des Kampfes gegen die geplante Aufstellung eines bundesdeutschen Militärkontingents: „In einen neuen Krieg darf Deutschland nicht verstrickt werden. Es müßte den dritten Weltkrieg mit seiner Existenz bezahlen. Darum ist der Widerstand gegen das teuflische Gift der militaristischen Propaganda un der Völkerhetze in Westdeutschland erste Bürgerpflicht. Mögen die Mütter und Väter in Westdeutschland eine Mauer des Schutzes um ihre Jugend bilden, damit nie wieder die Klaue eines Hitlergenerals sie erreichen und zu Wehrdienst und Krieg verschleppen kann."[636] Der Parteitag zeigte sich davon überzeugt, daß eine akute Kriegsgefahr von der Bundesrepublik ausgehe, da „an der Spitze Westdeutschlands dieselben Kräfte stehen, die Deutschland in diesem Jahrhundert zweimal in die Kriegskatastrophe stürzten, stets die Arbeiteklasse bekämpften, stets den Faschismus züchteten, die Hitler an die Macht brachten und am Krieg verdienten."[637]

Vor allem die westdeutsche Jugend wurde aufgerufen, „entschlossen gegen den schändlichen Plan zu kämpfen, sie für den Dienst in der Söldnerarmee und für den amerikanischen Krieg reif zu machen."[638]

Vor allem den Mitgliedern der Sozialdemokratischen Partei und gewerkschaftlich organisierten Arbeitern, die in der Bundesrepublik als schärfste Gegner der von Adenauer angestrebten Bewaffnung der Bundesrepublik gelten konnten, wurde die Frage gestellt, „ob sie für die Sicherung des Friedens kämpfen oder Opfer der EVG und des amerikanischen Krieges werden wollen, den die westdeutschen und amerikanischen Militaristen gemeinsam vorbereiten (wollten)."

Den Sozialdemokraten, den Gewerkschaftsmitgliedern und christlichen Gewerkschaftern in Westdeutschland, die in Opposition zu den sicherheitspolitischen Plänen der Bundesregierung standen, wurde vom Parteitag die „Bruderhand zum gemeinsamen Kampfe gegen den gemeinsamen Feind, den deutschen Militarismus" angeboten, um die Aufstellung westdeutscher Soldaten in letzter Minute doch noch verhindern zu können.[639]

Im diametralen Gegensatz zu den Sympathiebekundungen für pazifistische Neigungen in Westdeutschland wurden die Bemühungen der ostdeutschen Staatsführung bei der Aufstellung eigener Streitkräfte und die Verwendung ehemaliger Generäle der Wehrmacht in der KVP nicht zum Gegenstand deutschlandweiter gemeinsamer Widerstands-

635 „Der Weg zur Lösung der Lebensfragen der deutschen Nation", angenommen auf dem IV. Parteitag der SED, 30. März - 6. April 1954, Text in: Dokumente der SED, S. 178 f.
636 Ibid, S. 181.
637 Ibid, S. 182.
638 Ibid, S. 185.
639 Ibid, S. 187 f.

pläne erhoben, sondern den Parteimitgliedern durch eine Statutenänderung des Partei-programms sogar die Pflicht auferlegt, „die Werktätigen zur allseitigen aktiven Verteidi-gung der Heimat, des Staates der Bauer, gegen alle aggressiven Aktionen"[640] anzuhalten und den äußeren Schutz der DDR gemeinsam mit der UdSSR zu organisieren, falls die Entwicklung der politischen Lage dies erforderlich machen sollte.

Mit der Teilnahme von Betriebskampfgruppen neben regulären Verbänden der Kasernier-ten Volkspolizei setzte die SED-Führung im Rahmen der Demonstrationen zum 1. Mai ein Zeichen, daß militärpolitisch ein neues Zeitalter herangebrochen war und man sich zunehmend selbstbewußter und öffentlichkeitsorientierter auf dem Feld der Sicherheits-politik bewegen konnte und wollte. So konnte auch Innenminister Stoph in seinem Tagesbefehl zum 1. Mai öffentlich weitere Maßnahmen zur Erhöhung der Kampfbereit-schaft der Volkspolizei ankündigen und die Rolle der KVP bei der Niederschlagung des Volksaufstandes als „vorbildliche Erfüllung der übertragenen Aufgabe zum Schutze des friedlichen Aufbauwerks in der Deutschen Demokratischen Republik" würdigen.[641] Zwei Wochen später zeigte sich Walter Ulbricht, der vom Politbüro mit der Überprü-fung der Durchführung der Beschlüsse zur weiteren Entwicklung der bewaffneten Kräfte beauftragt worden war, während einer Besprechung mit leitenden Offizieren der KVP in Eggesin davon überzeugt, daß die Offiziere diese Aufgabe, aus die Verbände zu einer „kampfstarken Truppe"[642] zu entwickeln „weitestgehend erfüllt" hätten.[643] Trotz dieser optimistischen Einschätzung der Situation war es Ulbricht nicht entgangen, daß die bis-herige Rekrutierungspraxis des Offizierkorps erhebliche Probleme mit sich gebracht hatte und der Funktionär mahnte deswegen an, „daß das Bildungsniveau in der Truppe bedeu-tend gehoben werden muß. Wir sind der Meinung, daß Wege gefunden werden müssen, um den Offizieren und Mannschaften im größeren Umfange Vertraut (sic!) zu machen, mit der fortschrittlichen Wissenschaft, das (sic!) man ihnen helfen muß, richtig Deutsch und Rechnen zu lernen."[644] So richtig die Forderung des Beauftragten des Politbüros erschien, warf sie doch ein verheerendes Licht auf die Qualifikation des eigenen Offizier-korps, das als bewußtes Gegenbild zu den sich fast ausschließlich aus Abiturienten rekru-tierenden Offizierkorps der kaiserlichen Armee, der Reichswehr und der Wehrmacht geschaffen worden war und deutete einen vorsichtigen Umdenkungsprozeß in der Rekru-tierungspraxis an. Obwohl die Rote Armee weiterhin als Vorbild hingestellt wurde, er-läuterte Ulbricht seinen Zuhörern, daß man es im Vergleich zur jungen Sowjetunion in

---

640 Dokumente der SED, Bd. V. Berlin (Ost) S. 92.
641 BA-MA, DVH 3/2001, Bl. 15 - 17, hier Bl. 17 (Tagesbefehl zum 1. Mai 1954).
642 BA-MA, DVH 3/2066, Bl. 11 (Referat des Genossen Ulbricht auf der Abschlußbesprechung der leitenden Offiziere der KVP in der Dienststelle Eggesin am Freitag, dem 07.05.1954).
643 Ibid, Bl. 1.
644 Ibid, Bl. 4.
645 Ibid, Bl. 11.

der Aufbauphase schwerer habe, da „der Feind mitten in unserer Heimat ist" und verwahrte sich gegen offenbar vorhandene Tendenzen zur schematischen Übernahme sowjetischer Vorstellungen in der ideologischen Beeinflussung der Volkspolizeiangehörigen. [645] Ähnlich selbstkritisch wie Ulbricht stellte die Führung der KVP für das gesamte Ausbildungsjahr 1954 fest, daß man zwar die Aufgaben im „wesentlichen erfüllt" hatte, jedoch „einige Kommandeure der Waffengattungen und Leiter der Dienste sich noch nicht genügend Kenntnisse in der Verwendung ihrer Waffengattung beziehungsweise ihres Dienstes im Gefecht angeeignet hatten." [646] Ebenso wurde bemängelt, daß Generale und Offiziere der KVP offensichtlich nicht einmal die „theoretischen Leitsätze für die Organisation und Führung der modernen Verteidigungsoperation" beherrschten und lediglich über „Anfangskenntnisse im Zusammenwirken mit der Luftwaffe und den Seestreitkräften" verfügten. [647] Unter diesen Bedingungen wurden der Chef des Hauptstabs der KVP und seine 4 weiteren Generalskameraden aus der Wehrmacht immer mehr zu festen Garanten einer ernsthaften militärischen Ausbildung und Multiplikatoren für die lehrgangsbezogene Ausbildung jüngerer Offiziere, wobei sich die schwierige personelle Situation durch die Rückkehr vieler seit zwei Jahren in der Sowjetunion ausgebildeter Offiziere spürbar zu entspannen begann.

Viel bedeutender für die weitere Entwicklung der KVP war allerdings die Unterzeichnung der Pariser Verträge durch die Regierung Adenauer im Oktober, nachdem das EVG-Projekt am 30. August durch die Vertagung der Abstimmung durch die französische Nationalversammlung gescheitert war. Mit der Anfang Dezember in Moskau von den Regierungschefs des Ostblocks getroffenen Entscheidung, als Antwort auf die Pariser Verträge eine eigene sozialistische Verteidigungskoalition unter Einschluß der DDR zu bilden, war die Blockbildung in Mitteleuropa in ein neues Stadium gekommen und der Chef der KVP legte der Staatsführung bereits am 14. Dezember seine geplanten Maßnahmen zur Umwandlung der Kasernierten Volkspolizei in eine Kaderarmee zur Diskussion vor. [648] Hoffmann schlug darin zur Erreichung des angestrebten Ziels die Entwicklung von sechs motorisierten Infanteriedivisionen, zweier mechanisierte Divisionen und einer Panzerdivision aus den bereits vorhandenen Strukturen der KVP vor. Auch Ulbricht schaltete sich erneut in die Entscheidungen ein und betonte am 18. Dezember auf einer Parteikonferenz, daß die Entstehung der Militärblöcke eine Situation geschaffen hatte, die es erforderlich scheinen ließ, „die gesamte Arbeit der Kasernierten Volkspolizei zu überprüfen und entsprechend den veränderten Aufgaben unsere Arbeit weiter zu ent-

646 BA-MA, DVH 3/2221, Bl. 4. (Direktive des Chefs der KVP Nr. 3/55 vom 26.04.1955).
647 Ibid, Bl.2.
648 BA-MA, DVH 3/2062, Bl. 83 - 85 (Vorschlag für Maßnahmen zur Vorbereitung der Umwandlung der Kasernierten Volkspolizei in eine Kaderarmee vom 14.12.1955).
649 BA-MA, DVH 3/2066, Bl.12 (Rede des Genossen Walter Ulbricht, 1. Sekretär des ZK der SED, auf einer Parteikonferenz von Offizieren und Soldaten der KVP einer territorialen Einheit am 18.12.1954).

wickeln, höhere Aufgaben zu erfüllen, die jetzt vor uns stehen."[649] Als Gegenmaßnahme zu den „Pariser Schandverträgen" sah er es als notwendig an, „nationale Streitkräfte in einem Land, wo die Wurzeln des Imperialismus vernichtet worden sind", zu schaffen.[650] Weiterhin bezeichnete er es als unverzichtbar, daß „sich die Arbeiterklasse klar wird, daß sie ihre geschichtliche Aufgabe nur erfüllen kann, wenn wie mit der Waffe in der Hand ausgebildet worden ist" und forderte, daß die nationalen Streitkräfte „erfüllt sein (müssen) vom Haß gegen den amerikanischen, englischen und französischen Imperialismus, vom Haß gegen die Großgrundbesitzer und Militaristen Westdeutschlands." Deutlich machte er dem Kongreß auch seine ablehnende Haltung gegenüber dem Pazifismus: „Es darf keine pazifistischen Tendenzen in unseren Streitkräften geben und auch in Zukunft nicht mehr in der Arbeiterklasse und den werktätigen Bauern."[651] Abschließend schärfte Ulbricht seinem Auditorium ein, daß „die Entwicklung der Kasernierten Volkspolizei zu einer richtigen und kampfkräftigen Kaderarmee eine sehr große Arbeit ist."[652] Zur erfolgreichen Realisierung dieser Aufgabe zeigte sich der Generalsekretär sogar zu einer seit seiner personellen Bestandsaufnahme im Mai bereits vorsichtig angedeuteten Revision der Rekrutierungspraxis des Offizierkorps bereit. Zusammen mit der Sicherheitskommission der SED forderte er jetzt eine sorgfältiger als bisher durchgeführte Auswahl der Offizieranwärter, die seiner Meinung nach „nur noch den Kreis der Ober- und Fachschüler umfassen" könne. Durch die angestrebte „Erhöhung der Allgemeinbildung durch das Studium der Kriegsgeschichte und durch Teilnahme an allgemeinbildenden Kursen" sollten die Voraussetzungen geschaffen werden, daß „jeder Offizier das Niveau eines Absolventen der 10. Klasse erreicht."[653] Damit wurde die bisherige Linie der Rekrutierung des Führungspersonals vorsichtig korrigiert und eine Entwicklung, die sich schon langfristig abgezeichnet hatte, zum Abschluß gebracht. In personeller Hinsicht wurde mit dem Beschluß der Sicherheitskommission vom 17. März 1955, daß alle Parteimitglieder, die Söhne im Alter von 18 bis 22 Jahren hatten, verpflichtet wurden, ihre Söhne von der Notwendigkeit des Dienstes in der KVP zu überzeugen und ihren Eintritt in die Kasernierte Volkspolizei sicherzustellen, die bisherigen Rekrutierungsprobleme gemildert, ohne offiziell das Prinzip der Freiwilligkeit für den bewaffneten Dienst antasten zu müssen.

Die Sicherheitskommission legte außerdem fest, daß alle Mitglieder der SED, die über Erfahrungen und Kenntnisse im militärischen Umfeld verfügten, „nach Bedarf und Anforderung" zum Dienst in der KVP verpflichtet werden konnten. Grundsätzlich bestand damit für alle Parteimitglieder der SED die Pflicht, ihren Dienst in der KVP ableisten

---

650 Ibid, Bl. 22.
651 Ibid, Bl. 25.
652 Ibid, Bl. 48.
653 BA-MA, DVH 3/2062, Bl. 90 (Hauptaufgaben für die politische und fachliche Ausbildung der Kasernierten Volkspolizei im Jahr 1955). In der Quelle ist „jeder" unterstrichen.

zu müssen. Besonders im Hinblick auf die Tatsache, daß 80 % der Stellen für Truppen-
ärzte nicht besetzt werden konnten, sollten nunmehr auch alle Ärzte mit Parteibuch „in
geeigneter Weise davon überzeugt werden, ihre ärztliche Tätigkeit in der KVP durchzuführen und den sanitätsdienstlichen Engpaß (zu) überwinden helfen.[654]
Außerdem wurde von den Mitgliedern des Gremiums festgelegt, daß bis zum 01. Mai
1955 40.000 jugendliche Parteimitglieder auf „freiwilliger Basis einzuziehen" waren,
womit alle Personalprobleme der bewaffneten Organe zunächst als gelöst gelten konnten.
Weiterhin empfahl die Sicherheitskommission, die Offizierskader und Unterführerkader
der Kasernierten Volkspolizei zu überprüfen, Offiziere und Unterführer mit negativer
Einstellung, die nicht durch Überzeugungsarbeit gewonnen werden können, zu entlassen
und „Konzentrationen von Umsiedlern im Mannschafts- Unterführer und Offiziersbestand durch richtige Verteilung zu beseitigen."[656] Die Umsiedler galten nämlich in den
Augen der SED wegen ihrer meist kritischen Haltung in Fragen der als Folge der nach
1945 vorgenommenen Grenzziehung mit Polen als problematisch, wenngleich man sich
seitens der Führung trotzdem nicht dazu durchringen konnte, deswegen auf diese Gruppe
bei der Aufstellung künftiger Streitkräfte gänzlich zu verzichten.

Während die Proteste gegen die Wiederbewaffnung in der Bundesrepublik mit macht-
vollen Massenkundgebungen, Appellen und Aufrufen auch außerhalb des in dieser Frage
gespaltenen Parlaments im Frühjahr 1955 ihren Höhepunkt erreichten, ratifizierte die
Volkskammer in einmütiger Zustimmung aller Fraktionen am 21. Mai den Warschauer
Vertrag und die darin vorgesehene militärische Eingliederung Ostdeutschlands in die von
der Sowjetunion dominierte Militärorganisation. Auch der Vorsitzende der FDJ, Erich
Honecker, vertrat die eingeschlagene Linie und bemühte sich, den Jugendlichen während
des V. Parlaments der Jugendorganisation am 27. Mai zu erklären, daß es unter den der-
zeitigen Bedingungen seiner Auffassung nach „durchaus normal ist, das Waffenhand-
werk zum Schutz des sozialistischen Vaterlands zu erlernen." Um diese Aussage zu unter-
streichen, begrüßte der Vorsitzende der FDJ die Abordnung der KVP mit ausgesuchter
Freundlichkeit. Eine ähnliche Haltung legte auch der Freie Deutsche Gewerkschaftsbund
(FDGB) an den Tag, der im deutlichen Gegensatz zu den meisten Gewerkschaften der
Bundesrepublik, die meist zu den entschiedensten Gegnern der Wiederbewaffnung zu
zählen waren, während seines 4. Kongreß Mitte Juni 1955 nicht allein den Abschluß des
Warschauer Vertrags begrüßte, sondern in seiner Resolution sogar explizit den Grundsatz
bekräftigte, daß „die Arbeiterklasse, die ihren eigenen Staat geschaffen hat und den Sozialismus aufbaut, auch lernen muß, ihre revolutionären Errungenschaften zu schützen."[657]

---

654 Ibid, Bl. 2.
655 Ibid,, Bl. 8 (Auszug aus dem Protokoll der Sicherheitskommission am 17. März 1955 für Genossen Generalleutnant Heinz Hoff-
    mann).
656 Ibid, Bl. 5.
657 Vgl. Zeittafel der Militärgeschichte der DDR, S. 52 f.

In ähnlicher Weise billigte die Volkskammer ohne den Austausch konträrer Argumente am 26. September die Verfassungsergänzung, die den „Dienst zum Schutze der DDR und der Errungenschaften der Werktätigen zur ehrenvollen nationalen Pflicht" erklärte und den Ministerrat zur Organisierung des Dienstes zum militärischen Schutz der DDR ermächtigte.[658]

Eine Großübung der KVP auf dem Truppenübungsplatz Nochten mit über 2.000 Panzern, Kraftfahrzeugen und Luftunterstützung durch die Aero-Klubs sollte der am Manövergeschehen interessierten Staatsführung die militärische Leistungsfähigkeit der Verbände demonstrieren, wobei Ulbricht sich persönlich bemüht zeigte, Vorbehalte der Bevölkerung gegen die unzweifelhaft als Soldaten auftretenden Volkspolizisten zu zerstreuen. Vor allem sollte durch den persönlichen Einsatz Ulbrichts die breite Front der Ablehnung, auf welche vor allem die gepanzerten Verbände stießen, durchbrochen werden.[659] Dieses Verhalten Ulbrichts, der sich bei dem Versuch der Sympathiewerbung in Gesprächen mit der Bevölkerung des Manövergebiets nicht einmal davor scheute, Traditionslinien zum Auftreten der kaiserlichen Armee zu ziehen, deutete allerdings darauf hin, daß die Zustimmung zur ostdeutschen Wiederbewaffnung nicht so ungeteilt war, wie die Resolutionen der Massenorganisationen und Parteien der DDR dies zu belegen schienen. Ebenso konnte die stark anschwellende Fluchtbewegungen aus der DDR zu diesem Zeitpunkt zumindest im Einzelfall auch als Zeichen des Protests gegen die Aufrüstung gedeutet werden. Die Begründung des Gesetzesentwurfs zur Schaffung der Nationalen Volksarmee am 18. Januar vor der Volkskammer ließ jedoch vordergründig den Eindruck entstehen, daß die Schaffung der Streitkräfte ein unumstrittenes Thema in der DDR war.

Innenminister Stoph, der über den Bestand an militärischem Großgerät und den Stand der militärischen Ausbildung genau im Bilde war, erklärte dem Parlament wider besseres Wissen, daß es bislang in der Deutschen Demokratischen Republik nur Polizeikräfte gegeben habe, zu denen auch die Kasernierte Volkspolizei gehört hätte. Nun sollte jedoch ein neuer Abschnitt im staatlichen Aufbau der DDR beginnen und Stoph führte hierzu aus, daß es jetzt an der Zeit sei „... entsprechend dem elementaren Recht, das jedem souveränen Staat zusteht, eine Nationale Volksarmee in unserer Republik zu schaffen. Die nationale Volksarmee wird aus Land-, Luft- und Seestreitkräften bestehen, die für die Verteidigung der Deutschen Demokratischen Republik notwendig sind... . Diese Volksarmee – deren Angehörige aus den Reihen des Volkes kommen – sol im Interesse der Werktätigen den militärischen Schutz der Heimat und der demokratischen Errungenschaften gewährleisten."[660] Ähnlich eindeutig äußerte sich der Abgeordnete Hans- Joachim Winkler als Sprecher des FDGB, der darauf hinwies, daß die Volksarmee „alles das, was

---

658 *Gesetzblatt der DDR, Bd. 1, Nr. 90, S. 705.*
659 *Vgl. Hoffmann, Moskau, Berlin, S. 348 f.*
660 *Die Nationale Volksarmee der Deutschen Demokratischen Republik, Berlin (Ost) 1961, S. 42 f.*

die Arbeiterklasse in hartem Kampf und mühevoller Arbeit geschaffen und erobert hat; sie verteidigt das, wofür die Besten der Arbeiterklasse seit Generationen ihr Leben ließen, sie verteidigt den Frieden und die glückliche Zukunft unserer Kinder."[661] Auch der Sprecher der NDPD erklärte der Volkskammer, daß die DDR auch das wahre Vaterland der Mittelschichten, der Handwerker, der Geistes- und Kulturschaffenden sei und forderte darum „mit allen anderen Schaffenden eine Nationale Volksarmee." Die CDU stellte sich ebenfalls an die Seite der Regierung, da sie nach Meinung des Abgeordneten Hermann Kalb in der Schaffung der Volksarmee „auch die Verwirklichung echter christlicher Anlegen" erkannte, da die Nationale Volksarmee dazu bestimmt sei, diesen Staat zu schützen und folglich die Zustimmung der Christen in der DDR finden müßte. Für die LDPD erklärte der Volkskammerabgeordnete Kurt Wünsche, daß auch die Mittelschichten bereit wären, den ostdeutschen Staat militärisch zu schützen.[662] Nachdem sogar die Demonstration anläßlich des Jahrestags der Ermordung von Rosa Luxemburg und Karl Liebknecht unter dem Motto „Wir fordern die Schaffung einer Volksarmee zum Schutz unserer Heimat" gestanden hatte, konnte die einmütige Zustimmung der Volkskammer zu dem Gesetzentwurf und die Ernennung Stophs zum ersten Minister für Nationale Verteidigung als Formsache gelten. Daß die Zustimmung zur Schaffung von Streitkräften in Wahrheit jedoch auch in der DDR weitaus geringer war, belegte ein Bericht der Bezirksleitung Leipzig an das ZK der SED, der einen Tag nach Verkündung des Gesetzes zur Schaffung der NVA die politisch und pazifistisch motivierte Ablehnung eines Teils der Jugendlichen thematisierte[663] und das von der SED gezeichnete Bild eines von allen Gruppierungen in der DDR getragenen Konsenses in der Sicherheitspolitik relativierte.

In eine ähnliche Richtung wiesen die auffallenden Bemühungen des Ministeriums, über den staatlichen Rundfunk, Kino, Medien und vor allem durch Einbeziehung aller Mitglieder der SED und vor allem hierbei der Freien Deutschen Jugend und der FDJ zur „patriotischen Erziehung der Jugend und zur Popularisierung der Nationalen Volksarmee"[664] gezielt Einfluß nehmen zu wollen, um die unbefriedigenden Ergebnisse der Freiwilligenmeldungen nachhaltig zu verbessern. Vor allem die vom Minister für Nationale Verteidigung festgestellte Zustimmung der Arbeiterschaft zum eingeschlagenen sicherheitspolitischen Kurs schien bei genauem Hinsehen doch nicht so ausgeprägt zu sein, wie das von der Staatsführung gewünscht wurde, denn der Beschluß des Verteidigungsministeriums, alle derartigen Maßnahmen „vorrangig auf Industriegebiete und Industriebetriebe zu konzentrieren, um den genügenden Ersatz an Facharbeitern für die Nationale

661 *Der Politarbeiter, Heft Januar 1956, o.O. S. 6 - 8.*
662 *Ibid.*
663 *SAPMO-BArch, DY 30 IV2/5/908, Bl. 31 - 36.*
664 *BA-MA, DVW 1/2018, Bl. 52.*

Volksarmee zu gewinnen",[665] wies unübersehbar auf Vorbehalte dieser Bevölkerungsgruppe gegenüber den bewaffneten Organen hin. Um die Akzeptanz der Streitkräfte in der Bevölkerung zusätzlich zu erhöhen, wurde ebenfalls das Ministerium für Kultur angewiesen, „Maßnahmen für die Popularisierung der revolutionären militärischen Traditionen des deutschen Volkes und der deutschen Arbeiterklasse sowie der Nationalen Volksarmee vorzubereiten."[666] Indirekte Rückschlüsse auf die Stimmung in der Bevölkerung zum Zeitpunkt der Aufstellung der Nationalen Volksarmee erlauben allerdings die streng geheimen Protokolle des Kollegiums für Nationale Verteidigung aus dem Jahr 1960, in denen „pazifistischen Tendenzen" in der Bevölkerung für „bestimmte Schwierigkeiten bei der Werbung für die Nationale Volksarmee" verantwortlich gemacht wurden.[667] Obwohl inzwischen fünf Jahre nach der Grundsatzentscheidung der Volkskammer über die Aufstellung der NVA vergangen war, mußte das Ministerium für Nationale Verteidigung eingestehen, daß „die militärpolitische Arbeit unter der Bevölkerung nicht den Erfordernissen (entspricht)" und stieß vielmehr in Aussprachen mit Jugendlichen immer wieder auf eine durch „ideologischen Unklarheiten" hervorgerufene ablehnende Haltung zum Eintritt in die bewaffneten Organe: „Diese Unklarheiten sind zum Teil bei den Erziehern und im Elternhaus vorhanden, weil auch dort auf Grund der nicht ausreichenden militärpolitischen Propaganda die Erkenntnis einer ständigen Verteidigungsbereitschaft fehlt."[668] Sogar von der Führungsebene der SED sah sich die Volksarmeeführung nur unzureichend unterstützt, und bemängelte, daß „die Staats- und Wirtschaftsfunktionäre in erster Linie ihren Schwerpunkt auf die Erfüllung ökonomischer Aufgaben legen." Darüber hinaus beklagte das Gremium, daß einzelne Funktionäre sogar die Anweisung gegeben hatten, daß in bestimmten Industriezweigen keine Jugendliche mehr für den Militärdienst geworben werden durften.[669] Es muß davon ausgegangen werden, daß die Akzeptanzprobleme der ostdeutschen Streitkräfte im Jahr 1956 zumindest nicht geringer waren, als die geschilderten Beispiele aus den Jahren 1960 und 1961 belegen.

Nichtsdestotrotz ging der Verteidigungsminister auf der konstituierenden Sitzung des Kollegiums für Nationale Verteidigung am 10. Februar 1956 davon aus, daß die Werktätigen seiner Auffassung nach in „großer Anzahl" ihre Zustimmung zur Schaffung einer Armee gegeben hätten, wies seine Mitarbeiter an, dafür Sorge zu tragen, eine „ständig einsatzbereite und schlagkräftige Armee" aufzubauen. Er zeigte sich fest davon überzeugt, daß es der DDR gelingen würde, die im Warschauer Vertrag eingegangenen Verpflichtung zur Aufstellung von Streitkräften zu erfüllen.[670]

---

665 *Ibid, Bl. 9.*
666 *Ibid, Bl. 53.*
667 *BA-MA, DVW 1/55505, Bl. 22 (Kollegiumsprotokoll vom 25.05.1960).*
668 *BA-MA, DVW 1/55507, Bl. 55 (Kollegiumsprotokoll vom 17.04.1961).*
669 *Ibid, Bl. 56.*
670 *BA-MA, DVW 1/2027, Bl. 12 u. 13 (Kollegiumsprotokoll Nr. 1/56).*

Gleichzeitig machte er den Anwesenden unmißverständlich klar, daß es sich bei der Bildung von Streitkräften keinesfalls lediglich um eine Umbenennung der KVP, sondern vielmehr um eine Neubildung von Verbänden handeln sollte, zu der allerdings seiner Auffassung nach „selbstverständlich die Kasernierte Volkspolizei herangezogen" werden sollte. Außerdem führte Stoph aus, daß für ihn von Anfang an in den Truppenteilen eine strenge militärische Disziplin vorrangig sein sollte und es in der NVA keine Desertionen mehr geben dürfte. Zur Erreichung dieses Ziels forderte der Minister seine Mitarbeiter auf, sich nicht allein mit dem Rückgang der Desertionen zufrieden zu geben, sondern vielmehr alles zu tun „um unsere Kader von der Richtigkeit der Politik unserer Partei und Regierung sowie von der Stärke und Überlegenheit der Völker des Friedenslagers zu überzeugen."[671]

Für den Chef des Hauptstabes stand im Mittelpunkt seiner Überlegungen, daß sich in den kommenden Monaten die Zahl der bisher eingesetzten sowjetischen Berater reduziert werden und nunmehr nicht mehr die schematische Übernahme sowjetischer Vorstellungen, sondern deren flexible Anpassung an ostdeutsche Gegebenheiten im Mittelpunkt stehen sollte.[672]

Mit der Reduzierung der Zahl der Berater brachte die Besatzungsmacht zum Ausdruck, daß sie nun offenbar stärker als früher bereit war, eigenständige militärpolitische Entscheidungen der DDR zu akzeptieren und die ostdeutschen Streitkräfte als Verbündete anzusehen.

Das Kollegium des Ministers für Nationale Verteidigung mußte im Mai 1956 allerdings enttäuscht feststellen, daß entgegen seiner optimistischen Einschätzung vom Februar „der Stand der Auffüllung der Verbände und Truppenteile und die Ergebnisse der Freiwilligenmeldungen für die Nationale Volksarmee unbefriedigend" geblieben war.[673] Zudem wurde ein „großer Teil von Bürgern der Deutschen Demokratischen Republik, die für den Dienst in der Nationalen Volksarmee bereit waren" von dem Gremium als „nicht geeignet" eingeschätzt.[674] Insgesamt blieben am 1. Mai 12.800 Planstellen unbesetzt, was sich nach Meinung der Planer sehr negativ auf die Ausbildung und den inneren Zustand der Truppe niederschlug.[675] Trotzdem konnte das Ministerium darauf hinweisen, daß es zu diesem Zeitpunkt bereits 80,3 % der Landstreitkräfte, 92,5 % der Luftstreitkräfte und 94,2 % der Seestreitkräfte personell aufgestellt und damit eine Forderung der Staatsführung im wesentlichen erfüllt hatte.[676] Als problematisch galt weiterhin der geringe Bildungsstand der Offiziere, von denen 3,8 % weniger als 8 Klassen der Volksschule,

671 Ibid, Bl. 8.
672 Ibid, Bl. 26.
673 BA-MA, DVW 1/2029, Bl. 81. (Kollegiumsprotokoll Nr. 4/56).
674 Ibid, Bl. 73.
675 Ibid, Bl. 78.
676 Ibid, Bl. 47.

73,5 % 8 Klassen der Vollkschule, 10,4 % die Mittelschule, 10 % die Oberschule und 2,3 % die Universität besucht hatten. Das Kollegium des Ministeriums konstatierte vor allem Mängel in der Allgemeinbildung der Offiziere und schlug vor, die Qualifizierung der Offiziere durch den Besuch der Volkshochschule oder Teilnahme am Fernstudium voranzutreiben und zu überprüfen, inwieweit auf Offiziere mit weniger als 8 Jahren Volksschulbildung verzichtet werden sollte. Im Rahmen der Offizierausbildung an den Schulen der NVA sollte zudem ein dem Abitur vergleichbarer Bildungsabschluß erreicht werden. Der eher hilflos anmutende Beschluß der NVA-Führung, auf „Anleitung durch die Vorgesetzten zu gegenseitiger kameradschaftlicher Hilfe bei der Erfüllung der dienstlichen Aufgaben und zur Förderung der Allgemeinbildung, namentlich in der Kenntnis der deutschen Sprache",[677] zu setzen, wies darauf hin, daß der niedrige Bildungsstand der Offiziere als vorrangig zu lösendes Problem angesehen wurde. Ähnlich äußerte sich der Chef der Verwaltung Kader, Generalmajor Munschke, der den geringen Anteil an Oberschülern unter den Offizieren kritisierte und deswegen die Einrichtung einer Militärakademie an der Hochschule Dresden vorschlug. Für den erfolgreichen Besuch der Militärakademie hielt Munschke allerdings für unverzichtbar, vor der Aufnahme an der Akademie durch Schulungsmaßnahmen nicht nur die naturwissenschaftlichen Kenntnisse der Offiziere zu verbessern, sondern auch das Ausbildungsfach Deutsch im verstärkten Umfang zu lehren.[678] Auch der Chef des Hauptstabs, General Müller, stellte besorgt fest, daß „unsere Offizier die deutsche Sprache schlecht beherrschen" und betonte den direkten Zusammenhang zwischen der Sprachbeherrschung der Vorgesetzten und einer effizienten Befehlsgebung. Insgesamt warnte er jedoch vor zu großen Erwartungen an die Lehranstalten der NVA, denn er schlug dem Minister vor, „daß wir heute lieber niedrigere Forderungen stellen sollten und unsere Forderungen im Laufe der Zeit erhöhen."[679]

Um die Schwierigkeiten auf dem Bildungssektor zu mildern, entschloß sich das Verteidigungsministerium sogar zu einer vorsichtigen Korrektur der bisherigen, vor allem auf der Grundlage des Klassenprinzips durchgeführten Bestimmung für die Gewinnung von Offizieren: Künftig sollten sich die mit Personalfragen befaßten Dienststellen neben geeigneten Angehörigen der NVA verstärkt um Oberschüler, Studenten und Absolventen der Arbeiter- und Bauern-Fakultäten (ABF) bemühen.[680]

Als mindestens ebenso problematisch wie die Bildungssituation des Offizierkorps mußte vor dem Hintergrung der ehrgeizigen Zielsetzungen des Ministers bezüglich der Schlagkraft der aufzustellenden Armee jedoch vor allem die Tatsache angesehen werden, daß im Jahr der Aufstellung der Nationalen Volksarmee 28,8 % des Offizierkorps überhaupt

---

677 BA-MA DVW 1/2028, Bl. 34 (Kollegiumsprotokoll 3/56).
678 Ibid, Bl. 8.
679 BA-MA, DVW 1/2028, Bl. 18 f.
680 Ibid, Bl. 43.

keinerlei militärische Ausbildung vorweisen konnte und weitere 9 % der Offiziere lediglich in sogenannten „Qualifzizierungslehrgängen" im Schnellverfahren und meist nur unzureichend auf ihre Aufgaben in der Truppe vorbereitet werden konnten.[681] Zufrieden zeigten sich die Planer hingegen mit der sozialen Zusammensetzung des ostdeutschen Offizierkorps, das sich im Sommer 1956 zu 82 % aus der Arbeiterschaft, 12 % aus Angestellten, 3 % Bauern und weiteren 3 % aus übrigen Schichten rekrutierte. Vor allem die Tatsache, daß 86 % der Offiziere Mitglieder oder Kandidaten der SED waren, wurde hierbei als besonderer Erfolg der militärischen Personalplaner angesehen.[682] Wie bereits im Februar 1956 vom Ministerium für Nationale Verteidigung beschlossen, wurde zur Aufstellung der Nationalen Volksarmee auf komplette Verbände der KVP zurückgegriffen. Mit der Übergabe der Truppenfahne an die 1. Mechanisierte Division der Nationalen Volksarmee am 30. April in Potsdam[683] begann die planmäßige Überführung der Kasernierten Volkspolizei in die regulären Streitkräfte, die mit der Auflösung der Kasernierten Volkspolizei am 31. Dezember 1956 ihren Abschluß fand.[684] Nach mehr als einer Dekade ohne Militär verfügte jetzt auch der ostdeutsche Teilstaat über eigene Streitkräfte, wobei deren Entwicklung aufgrund der bereits geleisteten personellen und materiellen Vorarbeit durch die Hauptverwaltung für Ausbildung und die Kasernierte Volkspolizei zwar erheblich erleichtert wurde, jedoch gerade mit Blick auf die problematische Bildungs- und Qualifikationsstruktur des neugeschaffenen Offizierkorps noch keineswegs als abgeschlossen gelten konnte.

---

681 BA-MA, DVW 1/55502, Bl. 98 (Kollegiumsprotokoll vom 26.01.1959).
682 BA-MA, DVW 1/2032 Bl. 62 - 66 (Kollegiumsprotokoll 3/57). In einer anderen Quelle (BA-MA, DVW 1/55502, Bl. 97) wird allerdings davon abweichend für das Jahr 1956 der Anteil von Mitgliedern und Kandidaten der SED im Offizierkorps mit 77,7% angegeben.
683 BA-MA, VA-01/1809, Bl. 81 - 84 (Befehl Nr. 23/56 vom 28.03.1956).
684 BA-MA, VA-01/1814, Bl. 74 (Befehl Nr. 99/56 vom 17.10.1956).

C. Schluss

Unmittelbar nach Beendigung der Potsdamer Konferenz stand das politische Leben in Deutschland vor einem Neubeginn, der sich aufgrund der besatzungspolitischen Gegebenheiten in enger Anlehnung an die jeweilige Besatzungsmacht vollzog. Während sich in den Westzonen langsam ein westlichen demokratischen Traditionen entsprechender pluralistischer Aufbau des Parteiwesens entwickelte, nahm die sowjetische Besatzungsmacht durch gezielte Unterstützung und Bevorzugung der KPD und der deutschen kommunistischen Funktionäre sofort gezielt Einfluß auf die politischen Vorgänge in ihrer Besatzungszone. Hierbei stützte sich die Sowjetunion vor allem auf die bereits bei der ideologischen Arbeit unter deutschen Kriegsgefangenen in der Sowjetunion und bei der Gründung des „Nationalkomitees Freies Deutschland" hervorgetretenen Gruppe um Wilhelm Pieck und Walter Ulbricht, die in der kommunistischen Bewegung Deutschlands seit 1918 eine wichtige Rolle gespielt und in den politischen Zuständen der Sowjetunion ihr Vorbild sahen. Außerdem waren Pieck und Ulbricht seit Jahrzehnten mit Stalin persönlich bekannt und die Teilnahme Piecks an der Siegesparade der Roten Armee an der Seite des Kremlherrn nach der Kapitulation des Deutschen Reiches war eine symbolträchtige Geste, die bei den deutschen Kommunisten große Hoffnungen auf eine einflußreiche Rolle im künftigen Deutschland weckte.

Einstweilen ließen die Siegermächte jedoch keinen Zweifel daran, daß sie sich als Träger der Regierungsgewalt in Deutschland sahen und vor allem in der strikten Durchsetzung der in Potsdam festgelegten Entmilitarisierungsbestimmungen ein vorrangiges Ziel sahen und in dieser sensiblen Frage zu keinerlei Zugeständnissen an deutsche Vorstellungen zu machen gewillt waren. Hinzu kam, daß die deutsche Öffentlichkeit unter dem Schock zweier Weltkriege und den auch mit militärischer Macht durchgeführten Verbrechen des nationalsozialistischen Unrechtssystems stehend, gerade für diese Bemühungen der Alliierten besonders offen und aufgeschlossen war.

Die Trümmerlandschaften und der Hunger richteten zudem die politischen Überlegungen im Jahr 1945 auf näherliegende Dinge als auf sicherheitspolitische Konzeptionen für die Zukunft.

Zwar wurden die Gegensätze zwischen der Sowjetunion und den USA immer spürbarer, doch bedeutete weder die Bildung der Bizone im Januar 1947, noch die Verkündung der Truman-Doktrin am 12. März des gleichen Jahres den Startschuß für eine neue staatliche Gesamtorganisation in Deutschland. Dennoch konnte nicht übersehen werden, daß eine deutliche Trennung der Besatzungszonen eingetreten war, die langfristig die Frage der weiteren staatlichen Entwicklung stellen würde. Das Jahr 1948 leitete mit der Währungsreform in den Westzonen und der Berlin-Blockade durch die Sowjets auch ein neues

Verhältnis zwischen den Besatzungsmächten und den Deutschen ein, in deren Folge sich die Westmächte verstärkt als Schutzmächte ihrer Zonen begriffen und die Sowjetunion zunehmend auf die Sozialistische Einheitspartei setzte. Mit der Erlaubnis der Sowjetischen Militäradministration – Ulbricht sprach im Parteivorstand sogar von einem „Befehl der Besatzungsmacht"[685] – wurde im Herbst 1948 in der SBZ mit dem Aufbau kasernierter Bereitschaften begonnen, die sich vor allem aus Kriegsgefangenenlagern in der Sowjetunion geworbenen ehemaligen Soldaten zusammensetzte. Von besonderem Interesse für die Besatzungsmacht waren die sich unter den Rückkehrern befindenden 5 Generäle und 100 Offiziere, von denen erstere sogar persönlich vom Chef der SMAD empfangen wurden. Auch wenn die SED-Führung gerade beim Aufbau bewaffneter Organe im Interesse der Sicherung ihrer Machtstellung ihre Vorstellungen von der bewußten klassenmäßigen Auswahl durchsetzen wollte, blieben die Offiziere zur Führung der Verbände unverzichtbar, da es erhebliche Schwierigkeiten gab, militärische Experten aus den Reihen der alten KPD zu gewinnen und die deutsche Linke traditionell ein sehr distanziertes Verhältnis zum Militär hatte. Zur gleichen Zeit als die ersten kasernierten Verbände in der SBZ unter strengster Geheimhaltung aufgestellt wurden, beschäftigte sich auch der Präsident des Parlamentarischen Rates, Konrad Adenauer, theoretisch mit militärischen Denkschriften, die davon ausgingen, daß eine erfolgversprechende Verteidigung Westeuropas lediglich mit deutscher Beteiligung möglich sei.

Als mit der Gründung der Bundesrepublik und der Wahl Adenauers zum Kanzler am 15. September 1949 die vorstaatliche Phase Westdeutschlands beendet und die militärischen Überlegungen des neuen Regierungschefs eine neue Bedeutung erhielten, verfügten die bewaffneten Organe in der SBZ bereits über 40 bataillonsähnlich organisierte Bereitschaften, die sogar über einige Kampfpanzer verfügten.[686] Damit hatte die SED im Gegensatz zur Bundesrepublik bereits vor der Staatsgründung ein zumindest paramilitärisches Instrument geschaffen. Allerdings konnte auch nach Gründung der DDR nicht übersehen werden, daß es unter den Angehörigen der kasernierten Polizeibereitschaften erhebliche Vorbehalte gegen die militärische Ausbildung gab, die sich in pazifistischen Tendenzen und in Desertionen ausdrückten.

Der Beginn des Koreakriegs bedeutete für beide deutsche Staaten eine sicherheitspolitische Aufwertung ihrer Rolle. Mit der Berufung des ehemaligen Generals Gerhard Graf von Schwerin als Sicherheitsberater Adenauers im Mai und der Erarbeitung der Himmeroder Denkschrift im Oktober, in der 15 ehemalige hochrangige deutsche Militärs mit Billigung der Alliierten ihre militärischen Vorstellungen erarbeiteten, wurde deutlich, daß die junge Bundesrepublik vor allem von den USA als künftiger Verbündeter gesehen wurde, dessen Militärpotential im Zuge der globalen Auseinandersetzung mit der Sowjet-

---

685 Vgl. Anmerkung 460..
686 Vgl. Anmerkung 495.

union zur Verteidigung Westeuropas als unverzichtbar angesehen wurde. Die gewandelte Bedeutung der Bundesrepublik ließ sich auch an der Bereitschaft zu einer Revision des Besatzungsstatuts und der generellen Zustimmung zur Aufstellung von Polizeiverbänden ablesen.

Gleichzeitig wies die strikte Geheimhaltung derartiger Überlegungen und der Rücktritt von Bundesinnenminister Gustav Heinemann darauf hin, daß im Zuge einer Wiederbewaffnung nicht nur Vorbehalte der Alliierten, sondern auch Ängste und Befürchtungen der deutschen Bevölkerung zu überwinden waren. Für die DDR war der Koreakrieg gleichbedeutend mit der Erlaubnis der Sowjetischen Kontrollkommission, wehrsportliche Interessengemeinschaften im Rahmen der Freien Deutschen Jugend bilden zu können und führte zu einer offensiven Auseinandersetzung und Bekämpfung mit offensichtlich weit verbreiteten pazifistischen Anschauungen.[687]

Während Adenauer die offen geführte Diskussion in den westlichen Hauptstädten über die Notwendigkeit der Einbeziehung der Bundesrepublik mitverfolgen konnte, blieb die Staatsführung der DDR aufgrund der Tatsache, daß Stalin militärische Fragen nicht einmal im engsten Beraterkreis zu erörtern pflegte, weitgehend auf Spekulationen über die weiteren sicherheitspolitischen Pläne der Sowjets angewiesen. Allerdings wies die Aufstellung der Volkspolizei-Luft im Oktober 1950 darauf hin, daß der Kreml einen künftigen militärischen Beitrag der DDR für erstrebenswert hielt.

Mit der offiziellen Zustimmung Adenauers zum Pleven-Plan, der Schaffung einer Europäischen Verteidigungsgemeinschaft und nicht zuletzt durch die Berufung von Theodor Blank zum „Beauftragten des Bundeskanzlers für die mit der Vermehrung der alliierten Truppen zusammenhängenden Fragen" im Oktober 1950 zeigte Adenauer, daß die Zeit des geheimen Planens vorüber war, wenngleich diese wichtigen Entscheidungen meist im Alleingang unter Umgehung des Kabinetts und der Fraktion erfolgten. Ein weiteres Problem für den Kanzler war der sich formierende Widerstand gegen seine Pläne zur Aufrüstung Westdeutschlands, während es keine öffentliche Diskussion über die künftige sicherheitspolitische Rolle in der DDR gab und das Machtmonopol der SED gerade auf dem Feld der Sicherheitspolitik jeglichen Protest oder Widerstand im Vorfeld erstickte.

Eine weitere Zäsur für die sicherheitspolitischen Ambitionen beiden deutschen Staaten bedeuteten die Stalin-Noten vom Frühjahr 1952, bei deren Beantwortung Adenauer schon mehr als Verbündeter der Westmächte auftrat und sein ganzes politisches Gewicht in die Waagschale werfen konnten, während Stalin die SED-Führung von seinen – in letzter Konsequenz sogar die staatliche Zukunft der DDR gefährdenden – Notenwechsel nicht einmal unterrichtet hatte und in der DDR-Führung latent vorhandene Ängste weckte, von Stalin zugunsten weitreichender sicherheitspolitischer Zielsetzungen fal-

---

687 Vgl. Anmerkung 530.

lengelassen zu werden. Immerhin hatte Stalin bereits mit dem deutsch-sowjetischen Grenz- und Freundschaftsvertrag von 1939 unter Beweis gestellt, daß sowjetische Sicherheitsinteressen für ihn höhere Priorität hatten als die ideologische Verbundenheit mit seinen deutschen Genossen.

Dementsprechend kam der am 1. April 1952 von Stalin an Pieck erteilte Auftrag, eine 30 Divisionen starke Volksarmee ohne Geschrei zu schaffen, einer von Pieck ersehnten Bestandsgarantie für den ostdeutschen Teilstaat gleich.[688] Vor allem die Einbindung der Jugendorganisation FDJ und der vormilitärische Aufgabenstellung der Gesellschaft für Sport und Technik unterscheidet die beiden deutschen Staaten, denn in der Bundesrepublik stand eine vormilitärische Ausbildung der Jugend niemals zur Debatte. Vor allem die gewerkschaftlich organisierte Jugend sollte in Ostdeutschland zur Popularisierung des Wehrgedankens genutzt werden, während in Westdeutschland gerade unter den gewerkschaftlich organisierten Arbeitnehmern und in der den Gewerkschaften nahe stehenden SPD der Widerstand gegen die Aufrüstungspläne besonders stark ausgeprägt war.

In auffallendem Gegensatz zur Diskussion über den westdeutschen Wehrbeitrag spielen die Kirchen für den Fortgang der sicherheitspolitischen Entwicklung in der DDR keine nennenswerte öffentliche Rolle.

Das Jahr 1952 läutete mit der Bildung der Kasernierten Volkspolizei im Juli und der forcierten Zuführung von Kampfpanzern und Großgerät eine neue Etappe im Aufbau ostdeutscher Verbände ein, die auf der 2. Parteikonferenz der SED eine wichtige Aufgabe beim „planmäßigen Aufbau des Sozialismus in der DDR" zufallen sollte.

Plötzlich wurde der bislang strikt gewahrte Kurs der Geheimhaltung verlassen und die „Organisierung der Verteidigung der Heimat" zur „ersten Pflicht jedes Patrioten in der DDR" erklärt.[689]

In beiden deutschen Staaten wurde verstärkt ab 1952 auf die militärischen Aktivitäten des jeweils anderen deutschen Staates hingewiesen und das eigene Handeln damit legitimiert: Während im Westen von den Befürwortern eines Wehrbeitrags immer wieder auf die Gefahr eines Bürgerkrieges bei dem die „5. Kolonne" und die besonders hierfür ausgebildete Volkspolizei Erwähnung fand, wurde von der DDR-Führung die Organisierung der bewaffneten Streitkräfte mit der „Abwehr feindlicher Diversions- und Sabotagemaßnahmen" begründet, während Ulbricht seinerseits in der „Wehrlosigkeit der DDR" eine Einladung zur Kriegsprovokation erblickte.[690]

Letztere Aussage Ulbrichts war allerdings nicht zutreffend, da die ostdeutschen Polizeiverbände im Gegensatz zum 1951 aufgestellten Bundesgrenzschutz bereits über eine erhebliche Anzahl von Kampfpanzern verfügte und sich die westdeutschen Planer eines

---

688 Vgl. Anmerkung 566..
689 Vgl. Anmerkung 583..
690 Vgl. Anmerkungen 220 u. 585..

Verteidigungsbeitrages ausschließlich theoretisch mit der Gestalt und Struktur künftiger Streitkräfte beschäftigten.

Im Unterschied zur Bundesrepublik stand auch die Frage der Souveränitätsrechte, die sich aus einem möglichen Wehrbeitrag ergeben würden, nicht zur Debatte, sondern die DDR bemühte sich durch Kopieren des Vorbildes der Roten Armee und vor allem durch Schaffung eines, den militärpolitischen Forderungen der KPD entsprechenden Offizierkorps aus der Arbeiterschaft, sich zuverlässige bewaffnete Organe zu schaffen. Im Gegensatz zu den bundesdeutschen Militärexperten, die bereits in ihren ersten personalpolitischen Überlegungen seit 1950 das Abitur als unverzichtbare Voraussetzung des Zugangs zur Offizierlaufbahn ansahen, schuf sich die Kasernierte Volkspolizei ein neues Offizierkorps, das sich fast gänzlich aus der Arbeiterschaft rekrutierte und dessen Bildungsstand Ulbricht sogar veranlaßte, über Hilfestellung beim Erlernen der deutschen Sprache und der Grundrechenarten für die Offiziere nachzudenken.[691] Unter diesen schwierigen Bedingungen konnte die DDR nicht auf die wenigen Offiziere aus der Wehrmacht verzichten, die allein in der Lage waren, eine effiziente militärische Ausbildung zu organisieren. Ähnlich wie in anderen Bereichen des Staatsapparats war die SED dazu übergegangen, eine eigene, der Partei ergebene Elite zu schaffen und nur sehr bedingt auf traditionelle Eliten zurückzugreifen. Hinzu kam erschwerend, daß gerade diese alten Eliten einen besonders hohen Anteil unter der aus der DDR geflohenen Bevölkerung stellten. Allerdings hat die SED bei der Neuschaffung eines Offizierkorps zweifellos eine der wichtigsten militärpolitischen Forderungen der KPD, nämlich die Forderung nach der bewußten „klassenmäßigen Auswahl" weitgehend verwirklicht.

Mit der Niederschlagung des Volksaufstandes am 17. Juni 1953 stellte die sowjetische Führung unmißverständlich klar, daß sie bereit war, ihre politischen Ziele in ihrem Einflußbereich auch mit militärischer Gewalt durchzusetzen.

Die nachgeordnete Rolle, die die Besatzungsmacht der Staatsführung und der KVP bei der blutigen Bekämpfung des Volksaufstandes zuwies, unterstrich, daß die Sowjetunion in der DDR noch keinen Bündnispartner sah, dem ein eigener Handlungsspielraum zugestanden werden konnte, wenn vitale Sicherheitsinteressen der Sowjets bedroht schienen. Immerhin hatte sich die Staatsführung der DDR in der Krise eindeutig an die Seite der Sowjetunion gestellt und die Verbände der KVP sich in der Masse als so „zuverlässig" erwiesen, daß der sowjetische Staatschef Malenkow im August veranlaßt sah, Pieck den Austausch von Botschaftern anzukündigen.

Die Einführung eines Militärjustizapparates unter sowjetischer Anleitung im Juli 1953 war ein weiterer Meilenstein der staatlichen Festigung der DDR, die ihre militärpolitischen Vorstellungen nun auch mit den Mitteln des Strafgesetzbuches durchsetzen konnte.

---

691 Vgl. Anmerkungen 154, 266, 546 u. 67.

Auf der Gegenseite schien gerade die blutige Niederschlagung des Volksaufstandes den Kurs Adenauers zu bestätigen, der sich zudem mit seinem plebiszitären Wahlerfolg bei der Bundestagswahl 1953 den Westalliierten zunehmend als ernstzunehmende politische Größe und Garant der Verläßlichkeit präsentieren konnte.

Außerdem hatte der im Januar 1953 neugewählte amerikanische Präsident Eisenhower bereits in seiner Antrittsrede überaus plakativ der Weltöffentlichkeit zu verstehen gegeben, daß seine Administration „das Sturmgepäck leichter als die Ketten der Gefangenschaft"[692] einschätzte und damit auf die Gewinnung der Bundesrepublik als militärischen Bündnispartner zu setzen bereit war.

Im März 1954 gestand die sowjetische Führung der DDR das Recht zu, nach eigenem Ermessen über ihre inneren und äußeren Angelegenheiten entscheiden zu dürfen und unterstrich die neue Rolle der DDR als Bündnispartner.

Adenauer gelang es nach dem Scheitern der EVG-Konzeption, seine Sicherheitspolitik schnell auf die Forderung nach einem NATO-Beitritt der Bundesrepublik umzustellen und mit Unterzeichnung der Pariser Verträge und der Aufnahme der Bundesrepublik als gleichberechtigter Partner in die NATO den deutschen Wehrbeitrag zu einem völkerrechtlich verbindlichen Abschluß zu bringen. Im Gegensatz zur DDR verfügte die Bundesrepublik vor der Aufnahme in die das westliche Bündnis nicht über militärische Verbände, während die DDR bei ihrem Beitritt zur Organisation des Warschauer Pakts lediglich die Überführung kompletter Verbände der KVP in die Nationale Volksarmee vornehmen mußte.

In der Gesamtschau ist neben der signifikanten Unterschiede in der sozialen und bildungsmäßigen Zusammensetzung des Offizierkorps beider deutscher Armeen vor allem die unterschiedliche Wehrstruktur erwähnenswert: Während die Bundeswehr als Wehrpflichtarmee konzipiert wurde, hielt die DDR am Prinzip der Freiwilligkeit fest, wenngleich dieses Prinzip durch die für alle Parteimitglieder „grundsätzlich bestehende Pflicht, ihren Dienst in der KVP ableisten zu müssen"[693] bereits vor Einführung der allgemeinen Wehrpflicht in der DDR im Jahr 1961 durchbrochen wurde.

Die Bundeswehr wurde als Armee in der Demokratie der parlamentarischen Kontrolle unterstellt, während die SED die bewaffneten Organe von Anfang an als Armee unter Führung der Partei entwickelt hatte und vor allem in der „klassenmäßigen Zusammensetzung" die Garantie für die Zuverlässigkeit der Verbände sah.

---

692 *FAZ vom 21.01.1953.*
693 *BA-MA, DVH 3/2062, Bl. 22.*

Als wichtige Gemeinsamkeit beim Aufbau der beiden deutschen Armeen kann die Tatsache angesehen werden, daß die politisch Verantwortlichen in beiden deutschen Staaten die staatliche Einheit Deutschlands der Logik des Kalten Krieges unterzuordnen bereit waren und es vorzogen, durch die Aufstellung von Koalitionsarmeen ihren politischen Status im jeweiligen Bündnissystem aufzuwerten. Ebenfalls stießen die Aufrüstungspläne in beiden deutschen Staaten bei der Bevölkerung auf wenig Gegenliebe, wenngleich die Proteste in der DDR unter den Bedingungen der SED-Diktatur naturgemäß leiser bleiben mußten als in der Bundesrepublik.

Zusammenfassend betrachtet, erscheint die Bildung zweier deutscher Staaten mit eigenen Streitkräften als ein Ergebnis des Kalten Krieges, zu dessen Überwindung letztlich mehr als vier Jahrzehnte notwendig waren.

Wenn man die beiden deutschen Staaten als Geschwister des Kalten Krieges ansieht, muß man konsequenterweise in den Streitkräften der beiden deutschen Staaten sicherlich die ungeliebten aber der Logik der globalen Systemauseinandersetzung folgenden Stiefgeschwister des Kalten Krieges erkennen.

ABKÜRZUNGEN

a.D.	*außer Dienst*
AHK	*Alliierte Hohe Kommission*
AK	*Armeekorps*
Art.	*Artillerie*
BA	*Bundesarchiv, Koblenz*
BA-MA	*Bundesarchiv-Militärarchiv, Freiburg*
BA MZAP	*Bundesarchiv, Militärisches Zwischenarchiv, Potsdam*
BDO	*Bund Deutscher Offiziere*
BGBl	*Bundesgesetzblatt*
BHI	*Bund der Heimatvertriebenen und Entrechteten*
BMVg	*Bundesminister/Bundesministerium der Verteidigung*
BND	*Bundesnachrichtendienst*
BzG	*Beiträge zur Geschichte der Arbeiterbewegung*
CDU	*Christlich-Demokratische Union Deutschlands*
CSU	*Christlich-Soziale Union in Bayern*
DBfF	*Deutsches Büro für Friedensfragen*
DDR	*Deutsche Demokratische Republik*
DGB	*Deutscher Gewerkschaftsbund*
DP	*Deutsche Partei*
DRP	*Deutsche Reichspartei*
DVdI	*Deutsche Verwaltung des Innern*
DVP	*Deutsche Volkspolizei*
EA	*Europa-Archiv*

EAC	*European Advisory Committee*
EVG	*Europäische Verteidigungsgemeinschaft*
EWG	*Europäische Wirtschaftsgemeinschaft*
FAZ	*Frankfurter Allgemeine Zeitung*
FDGB	*Freier Deutscher Gewerkschaftsbund*
FDJ	*Freie Deutsche Jugend*
FDP	*Freie Demokratische Partei*
FRUS	*Foreign Relations of the United States*
GSBD	*Gruppe der sowjetischen Besatzungstruppen in Deutschland*
GST	*Gesellschaft für Sport und Technik*
HVA	*Hauptverwaltung Ausbildung*
HZ	*Historische Zeitschrift*
i.G.	*im Generalstab*
Inf.	*Infanterie*
Inf.Rgt.	*Infanterieregiment*
JCS	*Joint Chiefs of Staff (USA)*
KAG	*Keesing's Archiv der Gegenwart*
Kdr.	*Kommandeur*
Komintern	*Kommunistische Internationale*
KPD	*Kommunistische Partei Deutschlands*
KPdSU	*Kommunistische Partei der Sowjetunion*
KVP	*Kasernierte Volkspolizei*

LDP	*Liberal-Demokratische Partei Deutschlands*	SKK	*Sowjetische Kontrollkommission*
		SMA	*Sowjetische Militäradministration*
MA	*Militärarchiv*	SMAD	*Sowjetische Militäradministration in Deutschland*
MC	*Military Committee*		
MdB	*Mitglied des Bundestages*		
MGFA	*Militärgeschichtliches Forschungs-amt der Bundeswehr*	SPD	*Sozialdemokratische Partei Deutschlands*
MGI	*Militärgeschichtliches Institut der Nationalen Volksarmee*	Sten. Ber.	*Stenographische Berichte*
Mot.	*motorisiert*	UdSSR	*Union der Sozialistischen Sowjetrepubliken*
NATO	*North Atlantic Treaty Organization*	Uffz.	*Unteroffizier*
		UNO	*United Nations Organization*
NDPD	*Nationaldemokratische Partei Deutschlands*	USA	*United States of America*
NKFD	*Nationalkomitee „Freies Deutschland"*	VEB	*Volkseigener Betrieb*
		VP	*Volkspolizei*
NVA	*Nationale Volksarmee*	VPD	*Volkspolizei-Dienststelle*
		VSK	*Vereinte Streikräfte*
OB	*Oberbefehlshaber*		
Offz.	*Offizier*	WEU	*Westeuropäische Union*
OKW	*Oberkommando der Wehrmacht*	WVO	*Warschauer Vertrags-Organisation*
PK	*Polit-Kultur*		
Pt	*Polizeitruppen*	z.b.V.	*zur besonderen Verwendung*
PV	*Parteivorstand*	ZfH	*Zentrale für Heimatdienst*
Pz.Div.	*Panzerdivision*	ZK	*Zentralkomitee*
Pz.Gren.Div.	*Panzergrenadier-Division*		

RGW	*Rat für gegenseitige Wirtschaftshilfe*

SAPMO-BArch	*Stiftung Parteien und Massenorganisationen der DDR im Bundesarchiv*
SBZ	*Sowjetische Besatzungszone*
SED	*Sozialistische Einheitspartei Deutschlands*

BIBLIOGRAPHIE

Benutzte Quellen:

Adenauer, Konrad, Erinnerungen 1945 - 1965, 4 Bde., Frankfurt am Main 1965 - 1968

Adenauer, Konrad, Teegespräche 1950 - 1954, bearb. von Hans Küsters, Berlin 1988

Adenauer, Konrad, Reden 1917 - 1967. Eine Auswahl, hrsg. von Hans-Peter Schwarz, Stuttgart 1975

Akten zur Vorgeschichte der Bundesrepublik Deutschland 1945 - 1949, 5 Bde. hrsg. vom Bundesarchiv und Institut für Zeitgeschichte, München 1976 - 1985

Albrecht, Willy (Hrsg.) Kurt Schumacher - Reden - Schriften - Korrespondenzen 1949 - 1952, Berlin und Bonn 1985

Baring, Arnulf, Sehr verehrter Herr Bundeskanzler! Heinrich von Brentano im Briefwechsel mit Konrad Adenauer 1949 - 1964, Hamburg 1974

Befehle des Obersten Chefs der Sowjetischen Militärverwaltung in Deutschland. Aus dem Stab der Sowjetischen Militärverwaltung in Deutschland. Sammelheft 1945, Berlin (Ost) 1946
Die Berner Konferenz der Kommunistischen Partei Deutschlands (30. Januar - 1. Februar 1939), hrsg. und eingeleitet von Karl Mammach, Berlin (Ost) 1974

Beziehungen DDR - UdSSR 1949 - 1955. Dokumentensammlung von M. A. Charlamov u. a. (Redaktionskollegium), Berlin (Ost) 1975

Blankenhorn, Herbert, Verständnis und Verständigung. Blätter eines politischen Tagebuchs 1949 - 1979, Frankfurt am Main 1980

Die Brüsseler Konferenz der Kommunistischen Partei Deutschlands (3.-15. Oktober 1935), hrsg. und eingeleitet von Karl Mammach, Berlin (Ost) 1975

Buchstab, Günther (Bearb.) Adenauer: „Es muß alles neu gemacht werden." Die Protokolle des CDU-Bundesvorstandes 1950 - 1953, Stuttgart 1986
Bulletin des Presse- und Informationsamts der Bundesregierung, Bonn 1952 ff.

Bundesgesetzblatt (BGBl), Bonn 1951 ff.

Churchill, Winston Spencer, Der zweite Weltkrieg, 2 Bde. Stuttgart 1954.

Clay, Lucius, Decision in Germany, Garden City 1950

Dehler, Thomas, Reden und Aufsätze, Köln 1969

Der Warschauer Pakt, Dokumentensammlung, hrsg.. von Boris Meissner, Köln 1962

Deuerlein, Ernst, Die Einheit Deutschlands. Darstellung und Dokumente, 2 Bde., Frankfurt am Main 1961

Die Nationale Volksarmee der Deutschen Demokratischen Republik. Eine Dokumentation. Berlin (Ost) 1961

Djilas, Milovan, Gespräch mit Stalin, Frankfurt am Main 1962

Die Auswärtige Politik der Bundesrepublik Deutschland, hrsg. vom Auswärtigen Amt unter Mitwirkung eines wissenschaftlichen Beirats, Köln 1972

Dokumente zur Deutschlandpolitik, 5 Reihen mit insgesamt bisher 20 Bänden, Frankfurt am Main und Berlin 1961 - 1987

Dokumente der Außenpolitik der DDR, 2 Bde, Berlin (Ost) 1954

Dokumente des geteilten Deutschland, hrsg. von Ingo von Münch, Stuttgart 1968

Dokumente zur Geschichte der SED, Berlin (Ost) 1986

Dokumente zur Geschichte der FDJ, Berlin (Ost) 1981

Einigkeit und Recht und Freiheit. Westdeutsche Innenpolitik 1945 - 1955, hrsg. von Theo Stammen, München 1965 (dtv-Dokumente, 286)

Eisenhower, Dwight D., Die Jahre im Weißen Haus 1953 - 1956, Düsseldorf 1964
Europa - Archiv, 1. Jg. - 12 Jg. (1945 ff.)

Flechtheim, Ossip, Dokumente zur parteipolitischen Entwicklung in Deutschland seit 1945. 9 Bde., Frankfurt am Main 1962 - 1971

Foreign Relations of the United States (FRUS), Diplomatic Papers, hrsg. vom Departement of State, Washington 1955 ff.

Gesetze der Amerikanischen Militärregierung und des Alliierten Kontrollrats. Sammlung der vom Alliierten Kontrollrat und der amerikanischen Militärregierung erlassenen Proklamationen, Gesetze, Verordnungen, Befehle, Direktiven im englischen Originalwortlaut mit deutschen Übersetzungen. Zusammengestellt von Ruth Hemken, 2 Bde. Stuttgart 1946 (mit Nachträgen bis 1950)

Gniffke, Erich, Jahre mit Ulbricht, Köln 1966

Grewe, Wilhelm, Rückblenden 1976 - 1951. Aufzeichnungen eines Augenzeugen deutscher Außenpolitik von Adenauer bis Schmidt, Frankfurt am Main, Wien, Berlin 1979

Handbuch der Inneren Führung, hrsg. vom Bundesministerium der Verteidigung, Bonn 1957

Handbuch der NATO hrsg. von Franz-Wilhelm Engel, Frankfurt am Main 1957

Heinemann, Gustav, Deutsche Friedenspolitik, Reden und Aufsätze, Darmstadt 1952

Hoffmann, Heinz, Moskau, Berlin. Erinnerungen an Freunde, Kampfgenossen und Zeitumstände, Berlin (Ost) 1989

Hoffman, Heinz, Sozialistische Landesverteidigung. Aus Reden und Aufsätzen 1974 bis Juni 1978, Berlin (Ost) 1979

Honecker, Erich, Zuverlässiger Schutz des Sozialismus, Ausgewählte Reden und Schriften zur Militärpolitik der SED, Berlin (Ost) 1977

Honecker, Erich, Aus meinem Leben, Berlin (Ost) 1981

Jahn, Hans Edgar, An Adenauers Seite. Sein Berater erinnert sich. München 1987
Jäckel, Eberhard, Die deutsche Frage 1952 - 1956. Notenwechsel und Konferenzdokumente der vier Mächte, Frankfurt am Main 1957

Jahrbücher der Sozialdemokratischen Partei Deutschlands, Hannover und Bonn, o. J.

Jahrbuch der öffentlichen Meinung 1947 - 1955, hrsg. von Elisabeth Noelle-Neumann und Erich Peter Neumann, Allensbach 1956

Die Kabinettsprotokolle der Bundesregierung, hrsg. für das Bundesarchiv von H. Booms, 4 Bände, Boppard 1988

Keesings Archiv der Gegenwart 1949 ff.

Kirchliches Jahrbuch für die Evangelische Kirche in Deutschland, hrsg. von Joachim Beckmann, 76. - 86. Jg. 1949 - 1959, Gütersloh 1950 - 1960

Leber, Julius, Ein Mann geht seinen Weg. Schriften, Reden und Briefe, Frankfurt und Berlin 1952

Lenin, Wladimir Iljitsch, Werke, Übertragen nach der 4. russischen Ausgabe, 40 Bde., Berlin (Ost) 1955 - 1965

Lenin, Wladimir, Iljitsch, Über die Verteidigung des sozialistischen Vaterlandes, Berlin (Ost) 1987

Lenz, Otto, Im Zentrum der Macht. Die Tagebücher des Staatssekretärs Otto Lenz 1951 - 1953, Bearb, von Klaus Gotto, Hans-Otto Kleinmann und Werner Schreiner, Düsseldorf 1989

Liebknecht, Karl, Gesammelte Reden und Schriften, 10 Bde. Berlin (Ost) 1968

Löwke, Udo, Für den Fall, daß... Die Haltung der SPD zur Wehrfrage 1949 - 1955. Mit einem dokumentarischen Anhang und dem letzten Interview Fritz Erlers. Hannover 1969

Luxemburg, Rosa, Gesammelte Werke, Berlin 1972

Manifest der Gesamtdeutschen Volkspartei, Frankfurt am Main 29.11.1952, Essen 1953

Mendès-France, Pierre, Gouverner c'est choisir. Sept mois et dix-sept jours, juin 1954 - février 1955, Paris 1955

Die Militär- und Sicherheitspolitik der SED. 1945 - 1988, Berlin (Ost) 1989

Militärische Traditionen der DDR und der NVA, Berlin (Ost) 1968

NATO Basic Documents. NATO - Information Service, Brüssel 1981

Ollenhauer, Erich, Reden und Aufsätze, hrsg. von F. Sänger, Hannover 1964

Pieck, Wilhelm, Gesammelte Reden und Schriften, 5 Bde, Berlin (Ost) 1959

Organisation des Warschauer Vertrages. Dokumente und Materialien 1955 - 1980 Berlin (Ost) 1980

Programmatische Dokumente der deutschen Sozialdemokratie, hrsg. von Klotzbach, Berlin und Bonn 1973

Protokoll des Vereinigungsparteitages der SPD und der KPD, Berlin (Ost) 1946

Protokoll des III. Parteitages der SED. 20. - 24. Juli 1950 in der Werner-Seelenbinder-Halle zu Berlin, Berlin (Ost) 1951

Protokoll des IV. Parteitages der SED. 30. März bis 6. April 1954 in der Werner-Seelen-binder-Halle zu Berlin, Berlin (Ost) 1955

Rautenberg, Hans-Jürgen und Norbert Wiggershaus. Die „Himmeroder Denkschrift" vom Oktober 1950. Politische und militärische Überlegungen für einen Beitrag der Bundesrepublik Deutschland zur westeuropäischen Verteidigung, in: MGM 1/77, Text-edition der „Denkschrift des militärischen Expertenausschusses über die Aufstellung eines deutschen Kontingents im Rahmen einer übernationalen Streitmacht zur Vertei-digung Westeuropas vom 9. Oktober 1950"

Reden der deutschen Bundespräsidenten Heuss, Lübke, Heinemann, Scheel, eingeleitet von D. Sternberger, ausgew. von H. Sprenger, München 1979

Schumacher, Kurt, Bundestagsreden, hrsg. von Annemarie Renger, Bonn 1972
Schmid, Carlo, Erinnerungen, Bern, München, Wien 1979

Schmückle Gerd, Ohne Pauken und Trompeten. Erinnerungen an Krieg und Frieden, Stuttgart 1982

Schneller, Ernst, Arbeiterklasse und Wehrpolitik, Ausgewählte Reden und Schriften 1925 - 1929, Berlin (Ost) 1960

Seifert, Jürgen, Grundgesetz und Restauration. Verfassungsrechtliche Analyse und dokumentarische Darstellung des Textes des Grundgesetzes vom 23. Mai 1949 mit sämtlichen Änderungen einschließlich des 34. Änderungsgesetzes, Darmstadt 1977

Seydlitz, Walther von, Sie kämpften für Deutschland. Zur Geschichte des Kampfes der Bewegung „Freies Deutschland" bei der 1. Ukrainischen Front der Sowjetarmee, Berlin (Ost) 1951

Sozialdemokratie und Wehrfrage. Dokumente aus einem Jahrhundert. Wehrdebatten, zusammengestellt von Karl Drott, Berlin 1956

Sozialistisches Recht und Nationale Verteidigung. Leitfaden für den Angehörigen der Nationalen Volksarmee. Hrsg. von einem Autorenkollektiv, Berlin 1967

Spaak, Paul Henri, Memoiren eines Europäers, Hamburg 1969

Speidel, Hans, Aus unserer Zeit. Erinnerungen, Berlin, Frankfurt, Wien 1977

Stalin, Josef, Über den Großen Vaterländischen Krieg der Sowjetunion, Berlin (Ost) 1952

Statistische Jahrbücher der Bundesrepublik Deutschland, hrsg. vom Statistischen Bundesamt Wiesbaden, Bd. 1 (1952) bis Bd. 11 (1962)

Steininger, Rudolf, Eine Chance zur Wiedervereinigung? Die Stalin-Note vom 10. März 1952. Darstellung und Dokumentation auf der Grundlage unveröffentlichter britischer und amerikanischer Akten, Bonn 1985

Steltzer, Theodor, Sechzig Jahre Zeitgenosse, München 1966

Strauß, Franz-Josef, Die Erinnerungen, München 1989

Suckut, Siegfried, Die Entscheidung zur Gründung der DDR. Die Protokolle der Beratungen des SED-Parteivorstands am 4. und 9.10.1949, in: VjZG, 39 (1991), S. 125 - 175

Tjulpanow, Sergej, Deutschland nach dem Kriege (1945 - 1949).Erinnerungen eines

Offiziers der Sowjetarmee. Herausgegeben und mit einem Nachwort von Stefan Doernberg, Berlin (Ost) 1986

Truman, Harry, S., Memoirs, 2 Bde. Garden City 1956

Um ein antifaschistisch-demokratisches Deutschland. Dokumente aus den Jahren 1945 - 1949. Hrsg. vom Ministerium für Auswärtige Angelegenheiten der DDR und vom Ministerium für Auswärtige Angelegenheiten der UdSSR, Berlin (Ost) 1949

Ursachen und Folgen. Vom deutschen Zusammenbruch 1918 und 1945 bis zur staatlichen Neuordnung Deutschlands in der Gegenwart. Eine Urkunden- und Dokumentensammlung zur Zeitgeschichte, hrsg. und bearb. von Herbert Michaelis und Ernst Schraepler unter Mitwirkung von Günter Scheel, 26 Bde., Berlin o. J.

Verhandlungen des Deutschen Bundestages. Stenographische Berichte, 1. - 3. Wahlperiode 1949 - 1957, Bonn 1949 - 1957

Die Verfassung der Deutschen Demokratischen Republik, Berlin (Ost) 1949

Verhandlungen des Deutschen Bundesrates. Stenographische Berichte. Bd. 1 ff., Bonn 1949 ff.

Washington, George, Abschiedsbotschaft 1796, Müllheim/Baden 1948

Zeittafel zur Militärgeschichte der Deutschen Demokratischen Republik 1949 - 1984, Berlin (Ost) 1985

Literatur:

Anfänge westdeutscher Sicherheitspolitik 1945 - 1956, hrsg vom Militärgeschichtlichen Forschungsamt, Bd. 1: Von der Kapitulation bis zum Pleven-Plan, München, Wien 1982, Bd. 2: Die EVG-Phase, München 1990, Bd. 3: Die NATO-Option, München 1993

Armee für Frieden und Sozialismus. Geschichte der Nationalen Volksarmee, hrsg. von einem Autorenkollektiv des Militärgeschichtlichen Instituts unter Leitung von Reinhard Brühl, Berlin (Ost) 1987

Azzola, Axel, Die Diskussion um die Aufrüstung der Bundesrepublik im Unterhaus und in der Presse Großbritanniens, November 1949 - Juli 1952, Meisenheim 1971 (Marburger Abhandlungen zur Politikwissenschaft Bd. 12)

Bald, Detlef, Der deutsche Offizier. Sozial- und Bildungsgeschichte des deutschen Offizierkorps im 20. Jahrhundert, München 1982

Baring, Arnulf, Außenpolitik in Adenauers Kanzlerdemokratie. Westdeutsche Innenpolitik im Zeichen der Europäischen Verteidigungsgemeinschaft, 2 Bde. München 1971

Baring, Arnulf, Im Anfang war Adenauer. Die Entstehung der Kanzlerdemokratie, München 1982

Blank, Anton, Die Zusammenkunft Wilhelm Piecks mit kriegsgefangenen deutschen Offizierender Hitlerwehrmacht in Susdal. In: Beiträge zur Geschichte der Arbeiterbewegung, Berlin (Ost) 1959

Birke, Adolf, Nation ohne Haus, Deutschland 1945 - 1961, Berlin 1989

Buchheim, Hans, Adenauers Sicherheitspolitik 1950 - 1951, in: Aspekte der deutschen Wiederbewaffnung bis 1955, hrsg. vom Militärgeschichtlichen Forschungsamt, Boppard 1975

Buttlar, Walrab von, Ziele und Zielkonflikte in der sowjetischen Deutschlandpolitik 1945 -1947, Stuttgart 1980

Buczylowski, Ulrich, Kurt Schumacher und die deutsche Frage. Sicherheitspolitik und strategische Offensivkonzeption vom August 1950 bis September 1951, Stuttgart 1973
Czempiel, Ernst-Otto, Das amerikanische Sicherheitssystem 1945 - 1949. Studie zur Außenpolitik der bürgerlichen Gesellschaft, Berlin 1966

Im Dienst der Partei. Handbuch der bewaffneten Organe der DDR, hrsg. von Torsten Dietrich, Hans Ehlert und Rüdiger Wenzke, Berlin 1998

Diedrich, Torsten, Die Organisation der Verteidigungsbereitschaft und -fähigkeit als

Bestandteil der Politik der SED zur Sicherung des Friedens und zum Aufbau der Grundlagen des Sozialismus in der DDR in Abhängigkeit von der internationalen Klassenkampfsituation und den möglichen Alternativen auf deutschem Boden, Diss. Potsdam 1988

Doering-Manteuffel, Anselm, Die Kirchen und die EVG. Zu den Rückwirkungen der Wehrdebatte im westdeutschen Protestantismus und Katholizismus auf die politische Zusammenarbeit der Konfessionen, in: Die Europäische Verteidigungsgemeinschaft. Stand und Probleme der Forschung, hrsg. vom Militärgeschichtlichen Forschungsamt, Boppard 1985

Donat, Helmut und Karl Holl, Die Friedensbewegung. Organisierter Pazifismus in Deutschland, Österreich und der Schweiz, Düsseldorf 1983

Erdmann, Karl Dietrich, Die Zeit der Weltkriege. Das Ende des Reiches und die Entstehung der Republik Österreich, der Bundesrepublik Deutschland und der Deutschen Demokratischen Republik, Stuttgart 1976 (Gebhardt. Handbuch der deutschen Geschichte, Bd. IV, 2)

Sommer, Theo, Wiederbe-waffnung und Verteidigungspolitik, in: Die zweite Republik. 25 Jahre Bundesrepublik Deutschland, eine Bilanz, hrsg. von Richard Löwenthal und Hans-Peter Schwarz, Stuttgart 1974

Thelen, Friedrich, Zur Wiederbewaffnung der Bundesrepublik Deutschland 1950 - 1955. Strategische Intentionen und Konzeptionen der westlichen Alliierten. Erlangen 1975

Thoß, Bruno, Sicherheits- und deutschlandpolitische Komponenten der europäischen Integration zwischen EVG und EWG 1954 - 1957, in: Vom Marshallplan zur EWG. Die Eingliederung der Bundesrepublik Deutschland in die westliche Welt, hrsg. von Ludolf Herbst, Werner Bührer und Hanno Sowade, München 1990

Tönnies, Norbert, Der Weg zu den Waffen. Die Geschichte der deutschen Wiederbewaffnung 1949 - 1957, Köln 1957

Vogel, Johanna, Kirche und Wiederbewaffnung. Die Haltung der evangelischen Kirche in Deutschland in den Auseinandersetzungen um die Wiederbewaffnung der Bundesrepublik 1949 - 1956, Göttingen 1978

Vogelsang, Thilo, Das geteilte Deutschland, München 1966

Volkmann, Hans-Erich, DGB und Verteidigungsbeitrag in der EVG-Phase, in: Die Europäische Verteidigungsgemeinschaft. Stand und Probleme der Forschung, Boppard 1985 (Militärgeschichte seit 1945, Bd. 7)

Volksarmee schaffen ohne Geschrei! Studien zu den Anfängen eier verdeckten Aufrüstung in der SBZ/DDR 1947 - 1952, hrsg. von Bruno Thoß im Auftrag des Militärgeschichtlichen Forschungsamtes, München 1994

Voßke, Heinz und Gerhard Nitzsche, Wilhelm Pieck. Biographischer Abriß. Berlin (Ost) 1975

Wagner, Dietrich, Die FDP und die Wiederbewaffnung. Die wehrpolitische Orientierung der Liberalen in der Bundesrepublik Deutschland 1949 -1955, Boppard 1978 (Militärgeschichte seit 1945, Bd. 5)

Der Warschauer Vertrag. Bündnis für Frieden und Sozialismus, hrsg. vom Militärverlag der Deutschen Demokratischen Republik, Berlin (Ost) 1980

Weber, Hermann, Die DDR 1945 - 1986, München 1988

Weinert, Erich, Memento Stalingrad, Berlin (Ost) 1957

Wettig, Gerhard: Entmilitarisierung und Wiederbewaffnung in Deutschland 1943 - 1955, München 1967

Wiggershaus, Norbert, Zur Frage der Planung für die verdeckte Aufstellung westdeutscher Verteidigungskräfte in Konrad Adenauers sicherheitspolitischer Konzeption 1950, in: Heinz Ludger Borgert, Walter Stürm, Norbert Wiggershaus, Dienstgruppen und westdeutscher Verteidigungsbeitrag. Vorüberlegungen zur Bewaffnung der Bundesrepublik Deutschland, Boppard 1982 (Militärgeschichte seit 1945, Bd. 6)

Wiggershaus, Norbert, Außenpolitische Voraussetzungen für den westdeutschen Verteidigungsbeitrag, in: Wiederbewaffnung in Deutschland nach 1945, hrsg. von Alexander Fischer, Berlin 1986

Wiggershaus, Norbert und Roland G. Foerster, Die westliche Sicherheitsgemeinschaft 1948 - 1950. Gemeinsame Probleme und grundsätzliche Nationalinteressen in der Gründungsphase der Nordatlantischen Allianz, Boppard 1985 (Militärgeschichte seit 1945, Bd. 8)

Wolf, Willy, An der Seite der Roten Armee. Zum Wirken des Nationalkomitees „Freies Deutschland" an der sowjetisch-deutschen Front 1943 - 1945, Berlin (Ost) 1973

Yergin, Daniel, Shattered Peace. The Origins of the Cold War und the National Security State, Boston 1977

Ziebura, Gilbert, Die deutsch-französischen Beziehungen seit 1945, Mythen und Realitäten, Pfullingen 1970